国有企业法研究

——深化国有企业改革若干法律问题透视

李昌庚◎著

GUOYOUQIYE FA YANJIU

SHENHUA GUOYOU QIYE GAIGE RUOGAN
FALÜ WENTI TOUSHI

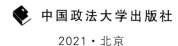

中国政法大学出版社

2021·北京

图书在版编目（ＣＩＰ）数据

国有企业法研究/李昌庚著. —北京：中国政法大学出版社,2021.4
ISBN 978-7-5620-9894-2

Ⅰ.①国… Ⅱ.①李… Ⅲ.①国有企业－企业法－研究－中国 Ⅳ.①D922.291.914

中国版本图书馆 CIP 数据核字(2021)第 066120 号

出 版 者	中国政法大学出版社
地 址	北京市海淀区西土城路 25 号
邮寄地址	北京 100088 信箱 8034 分箱　邮编 100088
网 址	http://www.cuplpress.com (网络实名：中国政法大学出版社)
电 话	010-58908586(编辑部) 58908334(邮购部)
编辑邮箱	zhengfadch@126.com
承 印	固安华明印业有限公司
开 本	720mm×960mm　1/16
印 张	19
字 数	310 千字
版 次	2021 年 4 月第 1 版
印 次	2021 年 4 月第 1 次印刷
定 价	79.00 元

　　国有企业是一个世界性、世纪性话题。十月革命开启了人类历史上空前的国有企业实践，但是受到行政性计划经济和"大锅饭"拖累，随着苏联垮台而毁于一旦；之后俄罗斯采用强权手段，从在私有化中轻易攫取了人民的企业和财富的"大亨"手中拿回了支撑国计民生的国有企业。外国的国有企业从 18 世纪、19 世纪的邮政、城市公交、电报、铁路等公用事业开始，到 20 世纪 70 年代末 80 年代初，也累积起官商作风、人浮于事、扯皮拖拉等积弊，于是进行以市场化、公司化为特征的私有化（Privatizotion）改革，国家和政府仍以股权或超经济的"黄金股"方式掌握着国有企业的控制权。我国改革开放以后，国有企业经历了长期全行业亏损和职工大面积下岗的阵痛，直至 21 世纪初，通过股份制在国有企业中引进资本关系、让国有企业面向市场与其他各种所有制平等竞争、设立国务院国有资产监督管理委员会明晰产权并维护企业的国有性质等，国有企业才涅槃重生，重新成为我国国民经济的主导和骨干的力量。

　　昌庚教授曾就职于国有企业，后来攻读博士学位，我是他的导师。由于企业工作的阅历，他对国有企业和国有企业法近乎痴迷，思考研究十分执着，相关成果丰富。他在研究具有相当难度的国有财产法的基础上，进而研究国有企业法，内容涉及国有企业及其改革的法理解读、国有企业法一般范畴和原理、企业国有资本出资人、国有企业设立、企业国有产权登记、国有企业治理、国有企业高管考核和薪酬、企业国有产权交易、企业国有资本收益、国有资本经营预算、国有企业变更和终止等，形成了较为完整的体系，不仅回应了颇具中国特色的国企改革法律问题，而且还研究、搭建起国有企业法体系。这对于国企改革实践和经济法部门体系的构建，均不无裨益。

当然，经济社会发展无止境，社会主义市场经济方兴未艾，中国的国有企业和国有企业法律制度仍在改革完善中，相信昌庚教授会在自己钟爱的领域不断深耕，比如对国有企业存在的必然性和必要性、其营利性是否意味着"与民争利"、国有企业是国家"公产"还是国家"私产"、党管企业如何有机地内嵌于国有企业法人治理等做深入思考。我期待他进一步推出相关研究成果。

史际春

2020 年 12 月 11 日于人大明德法学楼

前　言
Foreword

关于国有企业法的研究，学界并不多见。较早专门研究国有企业法的专著，当属笔者的导师史际春教授的《国有企业法论》。[1]也正是史际春教授引领笔者逐渐迈入了国有财产暨国有企业法的研究！

学界之所以对此研究不多，主要有如下几个原因：一是从国际上来看，许多国家尤其是市场经济发达的国家国有企业比重很小。二是国有财产暨国有企业公权力因素决定了国有财产暨国有企业治理关键取决于公权力制度安排，尽管公权力制度安排的背后仍需依赖法律规制及其法治，但国有财产立法在某种程度上多具有间接意义。因而，世界各国关于国有财产暨国有企业的直接立法并不凸显，也并非立法关注热点。[2]三是从国内来看，我国经历了从社会主义计划经济向市场经济转型变迁的过程，国有企业经历了全民所有制企业向公司制转型改革的过程，企业立法经历了所有制立法（如《全民所有制工业企业法》等）向企业组织形式和责任承担方式立法（如《公司法》等）转变的过程。公司法成了企业法研究最主要的内容。

但这并不否定国有企业法治化要求，无论从国际还是从国内来看，国有企业法研究都是必要的，尤其是基于中国国有企业的积弊，改革显得更加必要。理由主要如下：

---

〔1〕　参见史际春：《国有企业法论》，中国法制出版社1997年版。

〔2〕　李昌庚：《国有财产法基本制度研究——"国有资产法"正本清源之二》，法律出版社2015年版，第2页；李昌庚："国有企业治理拷辨"，载张守文主编：《经济法研究》（第9卷），北京大学出版社2011年版，第254~267页。

第一，世界各国都有一定比例的国有企业存在，虽然公权力制度安排是其核心所在，但相应的立法仍是必要的。从国外来看，其立法规范更多地被纳入宪法、行政法等公法范畴；从国内来看，虽然其立法规范也多是如此，但在部门法上更多地被纳入经济法体系。部门法划分只是相对而言，多具有形式意义，这并不影响其实质内容的研究。

第二，随着我国市场经济体制改革深化和国有企业公司化改制的推进，《全民所有制工业企业法》等所有制立法被逐渐淡化，《公司法》等逐渐占据企业法主导地位。但也存在一个误区，似乎国有企业公司化改制一概适用《公司法》等普通商事企业立法，包括《公司法》规定的国有独资公司等。其实，在市场经济社会，国有企业更多地具有国家公产性质，[1]具有特殊企业属性，更多适用公法规范，而非《公司法》等私法规范。因而，其后我国也颁布了具有公法属性的《企业国有资产法》等相关法律法规。但无论是《企业国有资产法》还是《公司法》等，对国有企业的适用均具有时代局限性。在市场经济社会，国有企业与普通商事企业以及不同类型的国有企业如何区别法律规制，正是需要研究的话题。

第三，虽然我国经历了近四十年的国有企业改革，但国有企业无论是数量还是总量都依然较大，市场定位不够明晰，从而与市场经济不相适应。国有企业改革如同其他改革一样，已经进入了"深水区""攻坚区"。这也正是党的十八大以来我国进一步深化国有企业改革的原因所在，这直接关系到能否为我国社会平稳转型及其国家治理现代化提供适宜的经济土壤。因此，以史为鉴、以国际经验教训为鉴，我国需要进一步深化国有企业混合所有制改革，进一步推动产权多元化，从而适应市场经济要求。为此，研究国有企业改革（尤其是混合所有制改革）中所面临的若干法律问题就显得很有必要，可以为国有企业改革提供法治保障。

笔者在博士课题和教育部课题基础上相继出版了《国有财产法原理研究》和《国有财产法基本制度研究》。《国有企业法研究》是继国有财产法原理篇和基本制度篇之后的后续研究，从而形成了国有财产法分支部门法篇之一。其目的是形成国有财产法系列研究，不仅是为了深化国有财产暨国有企业改

---

〔1〕 关于国家公产和国家私产的详细论述参见李昌庚：《国有财产法原理研究——"国有资产法"正本清源之一》（修订版），中国社会科学出版社 2011 年版，第 60~72 页。下文同。

革，而且也是为国有财产暨国有企业管理与运营等提供法治保障。

在全面深化国有企业改革的特殊时期，本书力求为国有企业改革提供一些思路、对策与建议，以及相应的法治保障，尽可能减少并防范国有企业改革过程中可能出现的经济、政治等各种风险，尽可能减少并防范国有资产流失，从而有助于构建适应市场经济要求的国有企业体系及其法律制度，有利于建立健全社会主义市场经济体制以及稳妥实现国家治理现代化。

最后想说的是，自从2015年《国有财产法基本制度研究》问世以来，笔者就开始构思本书，历经5年，直至2019年底2020年初新型冠状病毒肺炎疫情期间得以有足够时间完成最终定稿。

遵循历史惯性，以史为鉴，方能走得更远！

目 录
CONTENTS

第一章 国有企业法理解读

第一节 企业概念、特征和分类

一、企业概念

企业（Enterprise）是当今社会使用频率最高的概念之一，是当代社会中最重要的主体之一。企业主要是一个经济学概念。一般认为，企业是依法设立，从事经营性活动的经济组织。经济学界关于企业的定义在一般情况下并无多少争议，主要是从资源配置和降低交易成本等方面考虑。

无论是经济学界还是法学界，许多学者均认为企业是以营利为目的的一种经济组织。比如，有学者认为，企业是由一定生产要素所构成的，以营利为目的持续从事经济活动的，有独立财产并自主经营和独立核算的，具有法人资格或其他市场主体资格的经济组织。〔1〕也有学者认为，企业是指依法成立并具有一定的组织形式，以营利为目的，专门从事商业生产经营活动和商业服务的经济组织。〔2〕

笔者认为，企业总体而言具有营利性，这是企业最主要的宗旨，也是企业存在的重要理由。就此而言，认为企业是一种营利性经济组织是可以理解的。毫无疑问，私有企业具有营利性特征。但如果从市场经济社会中作为特殊企业的国有企业或公共企业来看，一概认为企业是一种营利性经济组织是不妥的。许多学者之所以认为国有企业也具有营利性，主要原因在于在从计划经济向市场经济转型的过程中，我国国有企业自身定位尚未明晰，大量国有企业一直是直接进入市场竞争领域的，甚至在某些领域存在"与民争利"的问题。

---

〔1〕 刘大洪主编：《企业法新论》，中国财政经济出版社1993年版，第3页。
〔2〕 甘培忠：《企业与公司法学》（第3版），北京大学出版社2004年版，第2页。

此外，也并非所有企业都具有法人资格，诸如个人独资企业、合伙企业一般不具有法人资格。

因此，笔者认为，所谓企业，是指依法设立的，从事商品生产或商业服务等经营性活动并具有法人资格或其他市场主体资格的经济组织。

这也是法学视角与经济学视角关于企业定义的差异，其目的是更加严谨地表述企业，以便更好地分析各种企业法律形态及其法律问题。这也是不同专业学科对于同一个问题基于不同目的作出的表述的差异，从而进一步体现了法律术语的自身特点。

现代意义上的企业往往是与商品经济相伴随的，是市场经济社会的最主要主体。一般而言，在计划经济社会，企业普遍依附于政府，此时也就无市场意义上的企业。这主要是从不同经济形态的视角考量企业而产生的差异性，具有中国社会发展及其企业变迁的阶段性特征。

从世界范围来看，随着社会经济的发展，企业的外延不断扩大，尤其是商业服务的领域不断扩大。对于中国而言，由于从计划经济向市场经济转型变迁，原先由政府干预或计划的事务逐渐回归市场，走向企业化。比如，在体育、新闻媒体、教育、卫生等许多领域，原先的政府机关或事业单位逐渐转型为企业化经营。从某种意义上说，这是企业回归市民社会。因此，企业外延扩大对于计划经济或由初级阶段市场经济向市场经济转型的国家而言还有其特殊性。

二、企业特征

企业作为现代市场经济社会最主要的经济组织，一般而言，主要具有如下特征：

（一）企业必须依法设立

在人类社会商业团体或企业出现的早期，曾经有过自由主义原则，即企业设立既不需要法律强制性规定，也无需政府审批，完全由当事人自由为之。但在当今的市场经济社会，企业设立主要包括许可主义原则、准则主义原则和特许主义原则。[1]无论是许可主义原则、特许主义原则，还是准则主义原

---

[1] 所谓许可主义原则，是指企业设立除了符合法律规定外，还需要得到政府审批。所谓准则主义原则，是指企业设立只要符合法律规定即可，并不需要政府审批。所谓特许主义原则，是指依据

则，都强调企业设立需要符合法律规定。其中尤以准则主义原则最为典型，并成为世界各国企业设立的主要原则和发展趋势，我国也不例外。从某种意义上说，市场经济就是法治经济。企业是必须依法成立，获得法律认可的主体资格的一种经济组织。

（二）企业是从事经营性活动的经济组织

企业是专门从事商品生产或商业服务的一种经济组织。因而，企业集聚了一定的生产要素，持续性地从事商品生产或商业服务等经营性活动，体现了经营性特点，是一种经济组织。这是企业区别于其他社会组织的重要特征。这也说明企业是市场经济社会最重要的市场主体。

（三）企业主要体现了营利性目标

一般而言，营利性目标是企业成立的最主要宗旨，这是社会经济发展的需要。当然，企业从事经营性活动，并非以营利性为唯一目标。除此以外，还有企业的社会责任。但营利性目标是企业承担社会责任的前提和基础。

但并非所有企业都以营利作为目标，也有一部分企业（尤其是特殊企业性质的国有企业）并不以营利作为目标，这类企业的设立主要体现国家政策性和社会公共性功能。这类企业经营领域常常是私有企业不想或难以介入的非市场竞争领域。一般而言，如果是能够营利的领域，政府原则上会更多地交给私人去做。世界上很少有国家把利润作为国有企业的首要目标。如果单纯为了盈利，国有企业原则上就没有成立的必要了。这是国有企业与私有企业的一种社会分工，体现了国有企业具有私有企业所无法取代的特殊职能。

但从我国企业的发展史来看，在计划经济时代或社会主义商品经济发展早期，国有企业和集体企业过多地强调企业的社会责任，而忽视了企业的营利性目标，使企业承担了许多本应由政府承担的职能。这不同于国有企业在市场经济社会的定位，而是国有企业不合理地存在于更多的市场竞争领域，同时又背负着诸多政府职能，导致企业畸形发展。因此，国家所有权的市场边界及其国有企业的合理市场定位至关重要。

（接上页）议会颁布的特别法、专门法或行政命令而设立的企业。具体参阅本书第三章"国有企业设立"的相关内容。

（四）企业具有独立或相对独立的法律人格

企业有法人企业和非法人企业之分，两者的区别主要在于能否独立承担法律责任。但无论是具有独立的法人资格还是具有相对独立的非法人资格，企业均是依法获得的市场主体资格，是一种独立的经济组织。主要表现为：有独立的企业名称、组织机构和经营场所；有独立或相对独立支配的财产和经费；财务上独立核算；有相应的企业经营自主权；对外独立或相对独立地承担法律责任等。

三、企业分类

关于企业分类，经济学界、法学界等按照不同的标准有不同的分类方式。比如：按照企业是否具有法人资格，可以分为法人企业和非法人企业；按照企业是否具有涉外因素，可以分为内资企业和外资企业；按照所有制性质，可以分为全民所有制企业、集体所有制企业和私营企业；按照企业组织形式和责任承担方式，可以分为个人独资企业、合伙企业和公司企业；按照企业规模，可以分为特大型企业、大型企业、中型企业和小型企业；等等。

企业分类往往与一个国家或地区的社会制度、经济体制、经济发展水平以及历史文化传统等有密切关系。一般而言，以市场经济为基础的国家多以企业组织形式和责任承担方式为标准进行企业分类，世界上的多数国家均是如此；以计划经济为基础的传统社会主义国家多以所有制性质为标准进行企业分类。对于资本主义国家而言，企业分类有传统的典型企业和传统的非典型企业之说。按照私人投机冒险要求资本扩张、规避风险的逻辑和近代资本主义的传统，传统的典型企业可以被分为个人独资企业、合伙企业和公司企业这三种典型的企业法律形态。这实际上是以企业组织形式和责任承担方式为标准来划分的。传统的非典型企业主要包括合作社和国有企业。[1] 对于以市场经济为基础的资本主义国家而言，公司企业、合伙企业和个人独资企业是经济社会中企业的最主要形态；国有企业和合作社主要存在于非竞争性领域，往往以特殊企业形态表现出来。而对于传统社会主义国家而言，在其计划经济时代，往往以所有制性质为标准，将企业分为全民所有制企业、集体

---

[1] 参见史际春、温烨、邓峰：《企业和公司法》，中国人民大学出版社 2001 年版，第 5~8 页。

所有制企业和私营企业等。[1]

本书从法学视角对企业进行分类，主要将其分为如下几种：

（一）公司、合伙企业和个人独资企业

这是以企业组织形式和责任承担方式为标准来划分的，也是市场经济社会最主要的一种企业分类。公司、合伙企业和个人独资企业是市场经济社会最典型的企业形态，相应的就有《公司法》[2]、《合伙企业法》和《个人独资企业法》等。

（二）国有企业、集体企业、私有企业和公私混有企业

这是以所有制性质和企业财产的隶属关系为标准来划分的，也是传统社会主义国家在计划经济时期的典型分类。国有企业过去又被称为全民所有制企业、国营企业等，在市场经济社会被称为"国有企业"更为科学，主要存在于市场机制无法或难以发挥作用的领域，发挥弥补市场失灵和实施再分配政策等作用。集体企业即集体所有制企业，是传统社会主义国家在计划经济时期一定阶段的特殊产物，随着市场经济的逐步深化，国家正逐步进行产权明晰的股份制改制，实行公司化。至于当今社会出现的农民专业合作社等，是在农村家庭承包经营基础上，同类农产品或相关产品的生产经营者或同类农业生产经营服务的提供者自愿联合、民主管理的互助性经济组织，不是一般人认为的集体所有制企业，也不同于企业法人或社团法人，而是一种基于我国农村土地产权属性及其经营方式等因素考量的特定阶段的新型经济组织，其由专门的法律调整，如《农民专业合作社法》等。个人独资企业、合伙企业和许多公司都是私有企业，公司也是公私混有企业的基本企业形态，它们都是市场经济社会一般市场竞争领域的主要主体。

之所以这样分类，是因为这些企业在市场经济社会所适用的法律存在差异，而这种差异又不同于传统社会主义国家计划经济时期的全民所有制企业、集体所有制企业和私营企业的法律适用差异。对此，笔者将在下文及第二章

---

〔1〕 李昌庚："试论我国现代企业分类及其法律调整"，载《理论界》2005 年第 2 期。

〔2〕《公司法》，即《中华人民共和国公司法》，为表述方便，本书涉及的我国法律直接使用简称，省略"中华人民共和国"字样，全书统一，后不赘述。

中做进一步的详细阐述。[1]

(三) 特殊企业和普通商事企业

这是以企业存在的市场领域及其法律适用的特殊性为标准来划分的。在市场经济社会，依据普通商事公司法、合伙企业法等设立和运作的企业一般被称为普通商事企业，主要存在于一般市场竞争领域。特殊企业相对于普通商事企业而言，是指依据特别法、专门法规或行政命令设立和运作的企业。[2]在市场经济社会，国有企业主要存在于非市场竞争或特定市场功能领域，这类国有企业一般被作为特殊企业对待。

这种分类的意义在于，国有企业主要作为特殊企业，适用特殊企业立法，而非简单适用《公司法》等普通商事立法。

(四) 法人企业和非法人企业

这是以企业能否独立承担法律责任为标准来划分的。法人企业是指企业能够独立承担法律责任，企业投资者仅仅以其出资额为限承担有限责任。现代意义上的公司是典型的法人企业。对于非法人企业而言，企业本身不能独立承担法律责任，企业投资者对企业债务承担无限责任。合伙企业和个人独资企业一般都是非法人企业。

这种企业分类的意义在于，在市场经济社会，以公司（尤其是股东多元化的股份有限公司）为主导的法人企业是最主要的企业形态，这是企业发展的趋势，也是国有企业改革的重要方向和目标。因为投资者对法人企业享有的是股权并承担有限责任，政府对国有企业投资也是如此，而法人企业则享有独立的财产权（即法人所有权）并承担有限责任。至于股权则是一种新型的权利形态，是投资者（股东）财产所有权的客体，但投资者并不直接拥有法人企业本身。正如有学者所指出的，现代公司不仅服务于所有者或者支配者，也服务于整个社会。[3]这种克服了传统私有制和传统公有制之不足而兼采两者之长的兼具公民个人对法人财产拥有股权和法人对其财产拥有相对所

---

〔1〕 参阅本书第二章"国有企业法一般原理"的相关内容。

〔2〕 史际春、温烨、邓峰：《企业和公司法》，中国人民大学出版社 2001 年版，第 12 页。

〔3〕 See Adolf A. Berle, Jr. and Gardiner C. Means, *The Modern Corporation and Private Property*, New York：Commerce Clearing House, 1932, p. 356.

有权的法人所有权理应成为所有权社会化的重要途径，进而实现马克思、恩格斯所言的在资本主义社会基础上更高层次的"重新建立个人所有制"，[1]以最终达至公共所有权目标。如同外国学者所言，从个人占有向非个人占有的转变已经改变了而不是消灭了资本家阶级。[2]这种制度设计既符合法人之所以有必要存在的逻辑特征，也有利于投资者与法人企业的相对独立性，较好地实现了所有权与经营权的分离；既适应了人性私欲以便于调动投资者的积极性，也适应了所有权社会化及其社会化大生产的需要，极大地加速了资本积累，解放了生产力。[3]

除此以外，传统法学视角的企业分类还包括外商投资企业和内资企业，主要原因在于当时的内外资企业适用不同的法律规定，以便更好地引进外资和先进技术等。但随着我国改革开放和社会主义市场经济的进一步发展，遵循国际惯例，市场经济在发展到一定程度时必然要求遵循市场主体国民待遇原则，内外资企业将按照企业组织形式和责任承担方式适用同样的立法，如公司企业均同等适用《公司法》等普通商事立法。至于外商投资企业的特殊规定可以通过诸如《外国投资法》等单独立法来解决。因此，这种企业分类从法学视角来看已经没有多大意义。对此，笔者将在第二章做进一步的详细阐述。[4]

第二节　国有企业概念和特征 *

一、国有企业概念

（一）境外关于国有企业的界定

在国外实践及其相关文献中，国有企业一般被表述为国家所有企业或政府所有企业（State-owned Enterprises 或 Government Enterprises、Government-owned Corporation）；也有的表述为公有企业或公营企业（Publicly Owned Cor-

---

〔1〕《马克思恩格斯全集》（第 23 卷），人民出版社 1972 年版，第 832 页。

〔2〕［英］约翰·斯科特：《公司经营与资本家阶级》，张峰译，重庆出版社 2002 年版，第 278 页。

〔3〕李昌庚："国家所有权理论拷辨"，载《政治与法律》2011 年第 12 期。

〔4〕参阅本书第二章"国有企业法一般原理"的相关内容。

＊ 本章节主要内容以"国有企业涵义的法理辨析"为题发表于张守文主编：《经济法研究》（第 19 卷），北京大学出版社 2018 年版，第 147~156 页。

poration）；也有部分国有企业类型被称为政府赞助企业（State-sponsored Enterprises 或 Government-sponsored Enterprises）等。其中，国有企业最为常见的表述就是"State-owned Enterprises"（简称SOEs）。

在国际上尤其是市场经济发达国家或地区，基于一般意义上的市场经济逻辑，政府往往将国有企业视为主要弥补市场失灵（market failure）和推行再分配政策的政府干预经济的一种手段或方式，以便实现特定的社会政策目标。其政治意义往往大于经济意义，更多地被作为一种特殊企业对待。因而，一方面，国有企业比重较低，在某些国家甚至非常低；另一方面，国有企业界定除了依据政府投资比例外，还涉及政府对企业的控制或影响程度能否达到弥补市场失灵从而实现特定社会政策的目标。

因此，依国际惯例，对国有企业的界定主要有三种标准：

（1）中央或联邦政府投资或控制的企业。在国际上，国有财产普遍实行分别所有原则，许多国家和地区仅将中央政府投资所有的财产称为"国有财产"，其余的地方政府投资的所有财产则被冠以地方财产等称呼。比如，法国、意大利、西班牙、日本、蒙古国、越南和墨西哥等。[1]

相应地，中央或联邦政府投资或控制的企业被称为国有企业，或公营企业、联邦政府企业等，地方政府投资或控制的企业被称为地方企业、地方公营企业或地方自治企业等，并被不同的法律规制。如日本有专门的《地方公营企业法》等。无论是国有企业还是地方企业，往往都被称为公共企业。

（2）政府投资达到或超过50%的企业。比如，韩国1984年颁布的《国有企业管理法》第2条明确规定，国有企业包括政府全部投资和政府投资达到或超过50%的企业。德国将公共机构（联邦、州、镇等各级政府）拥有多数资本或多数投票权的企业划为公共企业。[2]

（3）政府投资未达到50%，但政府实际上可加以控制的企业。比如，欧共体委员会（现为欧盟）《关于企业透明度条例》第2条规定，凡"政府当局可以凭借它对企业的所有权、控股权或管理条例，对其施加直接或间接的支

---

〔1〕 李昌庚：《国有财产法原理研究——"国有资产法"正本清源之一》（修订版），中国社会科学出版社2011年版，第57页。

〔2〕 参见〔德〕迪特尔·格罗塞尔主编：《德意志联邦共和国经济政策及实践》，晏小宝等译，上海翻译出版公司1992年版，第222页。

配性影响"的企业，都是公共企业。[1]德国将政府参股达到 25% 以上且其他股东均为小股东的大企业视为国有企业。[2]日本也是如此。日本的国有企业主要被分为直营事业、特殊法人和第三部门，其中，第三部门是指由中央政府和地方政府、私有企业等共同投资设立的企业，政府在其中的投资超过 25%。[3]

（二）中国关于国有企业的界定

1949 年之后，在很长一段时期内，基于计划经济的逻辑，我国认为国有企业是公有制的最主要形态。在此阶段，国有企业经历了全民所有制企业、国营企业等说法。作为最主要和普遍存在的企业形态，国有企业也是无需界定或定义的概念。因而，无论是经济学界还是法学界在当时都很少对此作出专门的概念界定。

随着改革开放和市场经济的深化、私有企业及其私有或混合经济的发展，国有企业的内涵、外延及其功能等也发生了很大变化。1993 年的《宪法（修正案）》明确提出了"国有企业"的说法，从而取代了"国营企业"的说法。虽说仅有一字之差，但足以表明国有企业在市场经济社会发生了深刻变化。因而，关于国有企业的界定是很有必要的。

我国关于国有企业的界定必须厘清如下两个问题：

1. 国有财产的中央与地方分别所有问题

依国际惯例，许多国家针对国有财产均在中央与地方之间实行分别所有原则，只有中央或联邦政府投资或控制的企业才被称为国有企业。我国目前实行国有财产的统一所有，学界也少有人提出异议。因而，关于国有企业的定义也少有人给予关注。不过，史际春教授较早关注到了这一问题，在《国有企业法论》中曾有讨论，[4]在后来的论著中也有专门讨论。比如，国有企业的概念比较复杂，从较为狭义的角度而言，国有企业是指中央或地方政府经由投资暨资本联系所控制、对其全部或部分拥有所有者权益的企业；再狭义一些，依国际惯例，国有企业仅指中央或联邦投资或参与控制的企业，不

---

〔1〕　参见欧共体文件 1980L195/35、1985L229/20，转引自［英］亨利·帕里斯等：《西欧国有企业管理》，张冀湘、鲁奇译，东北财经大学出版社 1991 年版，第 2 页。

〔2〕　张仲福：《联邦德国企业制度》，中国法制出版社 1990 年版，第 87 页。

〔3〕　参见中国社会科学院工业经济研究所、日本总合研究所编辑：《现代日本经济事典》，中国社会科学出版社、日本总研出版股份公司 1982 年版，第 586~592 页。

〔4〕　参见史际春：《国有企业法论》，中国法制出版社 1997 年版，第 14 页。

包括地方投资经营或参股的企业。[1]

尽管我国长期以来一直奉行国有财产的统一所有原则，但笔者主张国有财产在中央与地方之间实行分别所有原则。[2]同时，考虑到地方财产与中央所有的财产都是公共财产，适用同样的运行原理、管理机制和法治精神，以及考虑到我国的传统习惯，建议采用广义上的国有财产概念，即包括中央和地方各级政府所有的财产。[3]国有企业也不例外。

依此观点，厘清这个问题虽然并不会影响国有企业的界定，但有助于准确理解和把握国有企业的界定及其概念，既能与国际惯例接轨，又能结合中国国情。

2. 政府投资比例问题

毫无疑问，政府全部投资或绝对控股（50%以上）的企业属于国有企业。我国理论界也多采取此种观点。比如，有学者认为，国有企业是资本全部或主要由国家投入，该资本或由该资本形成的股份归国家所有的企业。[4]也有学者认为，国有企业为资本全部或主要由国家或国有性质的投资主体投入，国家可以根据资本联系或其他方式对其实施控制或控制性影响的企业。[5]

我国实务界也采取此种观点。比如 2003 年 4 月 23 日《财政部关于国有企业认定问题有关意见的函》（财企函〔2003〕9 号）认为：①从企业资本构成的角度看，"国有公司、企业"应包括企业的所有者权益全部归国家所有、属《全民所有制工业企业法》调整的各类全民所有制企业、公司（指《公司法》颁布前注册登记的非规范公司）以及《公司法》颁布后注册登记的国有独资公司、由多个国有单位出资组建的有限责任公司和股份有限公司。②从企业控制力的角度看，"国有公司、企业"还应涵盖国有控股企业。其中，对于国有股权超过 50% 的绝对控股企业，因国有股权处于绝对控制地位，应属"国有公司、企业"范畴；对国有股权处于相对控股的企业，因股权结构、控

---

〔1〕 史际春、温烨、邓峰：《企业和公司法》，中国人民大学出版社 2001 年版，第 292 页。

〔2〕 参见李昌庚：《国有财产法原理研究——迈向法治的公共财产》，中国社会科学出版社 2011 年版，第 199~211 页。

〔3〕 参见李昌庚：《国有财产法原理研究——迈向法治的公共财产》，中国社会科学出版社 2011 年版，第 56~57 页。

〔4〕 漆多俊主编：《经济法学》（修订版），武汉大学出版社 2004 年版，第 289 页。

〔5〕 王新红等：《国有企业法律制度研究》，中央编译出版社 2015 年版，第 23 页。

制力的组合情况相对复杂，如需被纳入"国有公司、企业"范畴，须进行认真的研究并提出具体的判断标准。

这里需要澄清的一个问题是，虽然理论上存在"由多个国有单位出资组建的有限责任公司和股份有限公司"，但在国有企业实践中，多个国有单位出资组建的有限责任公司是存在的；而多个国有单位出资组建的股份有限公司在国有企业股份制改革早期存在过，但随着国企改革的深入，这种股份有限公司应当而且已经引入了私人资本等社会资本，纯粹国有资本的股份有限公司已经没有存在的必要，目前也基本没有这种类型的股份有限公司。因此，本书其后提到的国有企业的种类和范围将不再涉及"多个国有单位出资组建的股份有限公司"。相应地，我国未来的国有企业特殊立法应当对此予以明确规定。

国有股权处于相对控股（低于50%）的企业是否应被认定为国有企业目前并不明确。我国长期以来对此问题还没有提起足够关注。原因如下：一是我国国有企业比重依然较高；二是政府职能市场转型还未到位，政府对国有股权绝对控股、相对控股企业甚至参股的影响区别不是很大。因而，国有股权处于相对控股的企业是否有必要被认定为国有企业意义不大，依传统惯例的国企界定并不影响政府的政策意图。

在国际上许多国家之所以把国有股权低于50%，但政府可以加以控制或施加影响的企业视为国有企业是基于以下几点理由：一是这些国家国有企业的比重本身就很低；二是许多政府投资的企业股权都比较分散。基于此，政府只能通过对这些股权比较分散，而政府投资比例相对较高的企业施加影响来弥补市场缺陷，或实现某些特定的社会政策目标。

从我国来看，虽然国际上这种现象在我国现阶段还不存在或还不明显，但随着我国市场经济以及国企改革的进一步深化，国有企业的比重将会进一步降低，国有企业将逐渐回归市场经济社会应有的地位。此时，政府通过对某些股权比较分散、国有股权比例虽然低于50%但相对较高的企业施加控制性或支配性影响来弥补市场缺陷，或实现某些特定社会政策目标就将成为可能。

已有学者认识到了这一问题。比如，史际春教授认为，国有企业是指企业的资本全部或部分属于国家所有，并为国家直接或间接控制的企业。从原则上说，国有企业应该包括国家或政府可以根据资本联系对其实施控制或控制性影响的各种企业。国有资本比例低于 50% 的企业在有些情况下可以被视为国有企业。[1]

从我国当前的实践来看，2016 年颁布的《企业国有资产交易监督管理办法》已经将国有实际控制企业纳入调整范围，并在其第 4 条规定，国有实际控制企业是指政府部门、机构、事业单位、单一国有及国有控股企业直接或间接持股比例未超过 50%，但为第一大股东，并且通过股东协议、公司章程、董事会决议或者其他协议的安排能够对其进行实际支配的企业。由此可以推定，国有相对控股并能实际控制的企业应当被认定为国有企业。

那么，国有相对控股比例达到多少才能被视为国有企业呢？我国《企业国有资产交易监督管理办法》等相关立法对此并没有明确规定。笔者认为，对此需要有具体标准，不能笼统推断，否则将难以操作。前文提及的《财政部关于国有企业认定问题有关意见的函》也表达了此层意思。在国际上，德国、日本等国均将政府参股达到 25% 以上，企业股权分散，其他股东股权比例均低于国有股东的企业视为国有企业。我国于 1994 年颁布的《股份有限公司国有股权管理暂行办法》（已失效）第 11 条规定，国有股权控股分为绝对控股和相对控股。绝对控股是指国有股权持股比例占 50% 以上（不含 50%）；相对控股是指国有股权持股比例高于 30% 低于 50%，但因股权分散，国家对股份公司具有控制性影响。笔者认为，尽管该法案颁布于 1994 年，但将国有股权持股比例高于 30% 低于 50% 且其他股东低于国有股权比例的股权分散企业视为相对控股企业比较合理。因为，随着我国市场经济以及国企市场转型改革的逐渐到位，国有股权持股比例高于 30% 低于 50% 的相对控股企业已经相对稀缺，且考虑到我国经济总量、企业数量等国情，对于国有相对控股企业而言，政府完全能够通过国有股权对企业施加控制性或支配性影响来弥补市场缺陷，或实现某些政府目标或特定社会政策目标。因此，这类企业应当被认定为国有企业。

对于国有资本低于 30%，且其他股东大体相当或低于国有股东持股比例的股权分散的企业而言，即使国有股东相对而言仍是大股东，但这类企业不

---

[1] 参见史际春：《国有企业法论》，中国法制出版社 1997 年版，第 13~15 页；史际春、温烨、邓峰：《企业和公司法》，中国人民大学出版社 2001 年版，第 295 页；史际春等：《企业国有资产法理解与适用》，中国法制出版社 2009 年版，第 28 页。

宜被认定为国有相对控股企业，同样也不能被认定为国有企业。理由在于：在市场经济社会，国有股权低于30%，且股权分散的企业一般都是存在于市场竞争领域的普通商事企业，已经不具有国有企业的特殊企业属性，主要适用私法规范，且面临着国有资本不宜进入该领域和需要进一步退出的问题，故不宜被称为国有企业。这类企业属于典型的以私人资本为主导的混合所有制企业，也可被视为国有参股企业，这类企业的国有股权比例往往会随着市场经济的深化而逐渐调整变化。

综上所述，笔者认为，从广义上说，国有企业是指中央或地方政府或其授权单位代表国家全部投资或控股，并能通过国有股权施加控制性或支配性影响的法人企业。从狭义上说，国有企业仅指中央政府或其授权单位代表国家全部投资或控股，并能通过国有股权施加控制性或支配性影响的法人企业，即所谓的中央国有企业（"央企"）。至于地方政府或其授权单位投资或控股的企业，则为地方企业。从我国的现实情况来看，本书在没有特定说明的情况下将采用广义上的国有企业概念。

当然，关于国有企业的界定，尤其是其中涉及国有相对控股企业的国有企业界定标准，随着将来条件的成熟，我国应当对此有相应的立法规定。国有企业界定的意义就在于：公权力对国家出资企业的影响程度不同决定了国有企业与非国有企业所适用的立法规定有区别，前者更多地涉及公法规范，后者更多地涉及私法规范；进而决定了两者进入的领域也存在差异，前者更多地进入非市场竞争领域或特定政策目标领域，后者更多地进入市场竞争领域。比如，国有企业原则上不宜进入一般市场竞争领域，而是应更多地立足于非市场竞争领域，如关系到国计民生的基础产业和公用事业等，或为完成国家特定社会政策目标的特殊或有限市场竞争领域等。

（三）国有企业与国家出资企业的关系

我国于2007年颁布的《物权法》（已被《民法典》取代）首先提出了"国家出资企业"这一概念，其后于2008年颁布的《企业国有资产法》又进一步阐述了"国家出资企业"。《企业国有资产法》第5条规定，国家出资企业是指国家出资的国有独资企业、[1]国有独资公司，以及国有资本控股公司、

---

〔1〕 随着我国国有企业公司化改制的推进和完成，国有独资企业将逐步消失。以下遇到同样概念做相同解释。参阅本书第一章第四节"国有企业改革"的相关内容。

国有资本参股公司。

但从《企业国有资产法》第 5 条的规定来看，这里提到的"国有独资公司"似乎不同于《公司法》所规定的"国有独资公司"，不仅包括以国家作为单一投资主体的有限责任公司，而且还包括多个国有投资主体的有限责任公司，否则无法涵盖国家出资企业范围。但该法对此却并未解释清楚。为了避免概念混淆和误解，本书提到的"国有独资公司"均指《公司法》规定的"国有独资公司"，即以国家作为单一投资主体的有限责任公司。但条件成熟时，作为适用于普通商事企业的《公司法》应不再规定"国有独资公司"，应当通过国有企业特殊立法规定，对国家出资企业、国有企业和国有独资公司等含义及其范围作出进一步的明确规定。这恰是我国《公司法》《企业国有资产法》以及未来国有企业特殊立法需要修订之处。[1]

毫无疑问，国有独资企业、国有独资公司、多个国有投资主体的有限责任公司、国有资本控股公司是国有企业。其中，国有独资企业、国有独资公司和多个国有投资主体的有限责任公司即为国有全资企业。根据 2015 年颁布的《中共中央、国务院关于深化国有企业改革的指导意见》和 2017 年颁布的《国务院办公厅关于进一步完善国有企业法人治理结构的指导意见》，多个国有投资主体的有限责任公司被称为"国有全资公司"。笔者认为不妥，因为国有独资公司也是国有全资公司，且会与国有全资企业相混淆。国有资本控股公司包括国有资本绝对控股和相对控股两种类型，即为国有控股企业。国有资本参股公司不是国有企业，但是国家出资企业。国有资本控股公司和国有资本参股公司属于混合所有制企业，这是国有企业改革的重要内容，其目的是进一步降低国有股权比例，直至使国有资本原则上退出一般市场竞争领域。

因此，国有企业都是国家出资企业，但国家出资企业并非都是国有企业。笔者不同意有学者提出的"两者是交叉关系"的观点。《物权法》和《企业国有资产法》之所以会提出"国家出资企业"这一说法，原因就在于国有企业并不能全部涵盖国家出资的企业。"国家出资企业"能够更科学、全面地反映国家投资关系，但这并非意味着"国家出资企业"取代了"国有企业"。两者是在不同逻辑层面和不同视角的概念表述。国家出资企业是基于国家投资主体视角的表述，而国有企业则是基于所有制（或所有权）视角相对于私

---

〔1〕 参阅本书第二章"国有企业法一般原理"的相关内容。

有企业的国际通说，两者的内涵、外延范围及其法律规制、市场定位等均存在差异。

二、国有企业的特征

（一）国有企业资本由政府或其授权单位代表国家全部投资或控股

国有企业是公有制的最主要企业形态。国有企业的资本构成主要有如下几种情形：一是国家全部投资，如国有独资企业（或公司）；二是国家绝对控股投资，国有股权达到 50% 以上；三是国家相对控股投资，国有股权低于 50% 但高于 30%，且企业股权分散，其他股东的股权比例均低于国有股权，政府能够通过国有股权对企业施加控制性或支配性影响。

（二）国有企业体现了政府意志和国家利益

既然国有企业由政府或其授权单位代表国家全部投资或控股，则政府或其授权单位是国有企业的主要股东，政府必然通过国有股权依法对国有企业施加控制或支配性影响，从而体现政府意志和国家利益。国有企业理应体现国家意志和利益，从而回馈于民和社会，但政府意志能否体现和代表国家意志和利益，则取决于一个国家的民主和法治机制。因而，国有企业依据国有股权比例不同程度地体现了国家公权力因素。这也说明了国有企业治理不同于一般的企业治理。[1]

（三）国有企业经营范围及其功能具有特殊性

在计划经济社会，国有企业作为公有制最主要的企业形态，也是最普遍存在的一种企业。但是，在市场经济社会，尤其是在市场经济较为发达的国家，国有企业主要是作为政府干预经济的一种手段以弥补市场失灵。虽然每个国家的国情不同，但市场经济有其共通性，我国也不例外。对于我国而言：一方面，政府需要以国有企业作为干预经济的一种手段来弥补市场失灵；另一方面，我国作为后发型发展中国家，为了赶超发达国家，在社会发展的一定阶段，需要借助于国有企业进行产业引导、产业扶持和技术创新。因此，在市场经济社会，国有企业原则上不宜进入一般市场竞争领域，应更多地立

---

[1] 参阅本书第六章"国有企业治理"的相关内容。

足于非市场竞争领域（如关系到国计民生的基础产业和公用事业等），或为完成国家特定社会政策目标的特殊或有限市场竞争领域（如战略性新兴产业等）。而且，基于国有股权比例的不同，国有企业进入市场竞争领域的程度也不同。一般而言，国有股权比例越高，国有企业越不宜进入一般市场竞争领域。由此可见，国有企业更多地具有非竞争性、自然垄断性、公共性（外部性）等特点。

（四）国有企业原则上不以营利为首要目标或主要目的

毫无疑问，私有企业是以营利为最主要目的的，社会公益性是与私有企业营利性目的相伴而生的。但国有企业经营范围及其功能定位的特殊性决定了国有企业在市场经济社会作为政府干预经济的一种手段主要是为了弥补市场缺陷，或为了实现某种特定的社会政策目标，不以营利为首要目的或主要目的，原则上不与民争利，社会公益性才是国有企业存在的最主要理由。如果单纯为了盈利，国有企业原则上就没有成立的必要了。这是国有企业与私有企业的一种社会分工，体现了国有企业具有私有企业所无法取代的特殊职能。

至于存在于特殊或有限市场竞争领域的国有企业营利性，也是与国有企业的社会公益性目的相伴而生的，这并非是国有企业的首要目标，而且多具有历史发展阶段性。

虽然我国在现实中还存在为数不少的市场竞争领域的以营利性为主要目的的国有普通商事企业（或国家私产性质的国有企业），但这是计划经济向市场经济转型过程中的阶段性现象，其自身面临国企市场转型改革的问题，并非是国有企业的初衷。即便是市场经济发达的国家，也会因国情差异而或多或少地存在这类国有企业，但这并非是国有企业的主流。

（五）国有企业法律适用的特殊性

在市场经济社会，尤其是在市场经济发达的国家，作为政府干预经济的一种手段，政府通过国有股权对企业施加控制或支配性影响，体现了国家公权力因素，从而有别于普通商事企业，被作为特殊企业对待。因而，国有企业更多地具有国家公产性质，主要适用公法规范。在国际上，国有企业主要作为特殊企业，实行"一特一法"或"一类一法"，即一个特殊国有企业一个立法，或一类特殊国有企业一个立法，具有公法特点。比如，美国的田纳西河流域管理局（TVA）有专门的《田纳西河流域管理局法》（the TVA Act）、全国铁路客运公司有相应的《铁路客运法》；日本有专门的《电信电话株式会社法》《邮政股份有限公司法》《国营铁路公司法》等。我国于 2008 年颁布的《企业国有资产法》被视为公法规范也是例证。同样，我国《公司法》规定的"国有独资公司"显然不符合公司法性质，随着条件的成熟，国有独资公司应被从公司法中分离出来单独立法。〔1〕

当然，对于特殊或有限市场竞争领域的国有企业而言，公私法规范时常混合适用，但这往往具有历史发展阶段性和较强的政策性。尤其是对于包括中国在内的后发型发展中国家而言更是如此。

如前所述，我国在现实中还存在为数不少的主要适用私法规范的国有普通商事企业（或国家私产性质的国有企业），这只是一种阶段性现象，其自身面临着国企市场转型改革的问题。

（六）国有企业具有法人资格

国际上存在独立法人的国有企业和非独立法人的国有企业，但主要表现为独立法人的国有企业。非独立法人的国有企业都是国家全资，主要存在于公共产品领域，比如日本官厅企业等。美国、意大利、新加坡等国也有类似的企业。严格而言，这类企业不是真正意义上的企业，而是政府附属物或是政府机构的延伸。从我国历史来看，计划经济时期似乎缺乏或模糊了"法人"概念，事实上存在大量非独立法人的国有企业，但从现有的《全民所有制工业企业法》《公司法》等法律法规来看，国有企业均必须具有法人资格。之所以如此，主要有如下几点理由：一是我国国有企业改革以及构建现代企业制度的要求；二是政府作为国有股东应当而且尤其需要承担有限责任，尽管这具有相对性，但这是政府投资的必然要求，也是由政府性质决定的；三是国有企业只有具有独立法人资格才会有企业法人所有权及法人财产权，这是理顺政府与企业关系并将其纳入法制轨道的重要因素。

从市场经济发达国家来看，由于国有企业市场定位明晰，国有企业比重很低，国有企业是否具有法人资格并非问题的关键。但从我国来看，在从计划经济向市场经济转型过程中，由于存在大量模糊"法人"资格的国有企业，国有企业改革及其现代企业制度要求国有企业具有法人资格的改革趋势实属

─────────────────

〔1〕　参阅本书第二章"国有企业法一般原理"的相关内容。

必然，也更为科学合理。

第三节　国有企业分类[*]

按照不同标准，国有企业有不同分类。国有企业在不同国家的不同社会发展阶段往往有着不同分类。

一、国外国有企业分类

（一）国外国有企业分类概述[1]

1. 法国

法国是一个国有企业比重相对较高的国家。法国把国有企业分为竞争性国有企业和非竞争性（垄断性）国有企业。前者在生产经营和投资等方面享有较大的经营自主权，如同私有企业一样。其可以参与市场竞争，主要适用私法规范。法国的制造、化工、冶金等行业的国有企业多属于竞争性国有企业。后者受到政府较大控制，如企业高层管理人员由政府任命、企业经营计划和预算需由政府审批、企业生产经营活动受到政府控制或限制等。其一般不参与市场竞争，主要适用公法规范。非竞争性国有企业主要存在于自然垄断或国家基于特定政策目标而实行垄断经营的领域，主要为非市场竞争领域。比如法国电力公司、巴黎城市公共交通公司等。

2. 德国

德国国有企业从法律上主要分为私法上的国有企业和公法上的国有企业。[2]所谓私法上的国有企业，是指依据公司法等私法规范设立和管理，并由政府控股投资的企业。私法上的国有企业一般为国有控股公司，多为股份有限公

---

*　本章节部分内容以"国有企业分类及其价值属性的法理辨析"为题发表于《经济法论丛》2017年第2期。

〔1〕　史际春教授较早讨论了国外国有企业分类，笔者参考和借鉴了史际春教授关于此问题的讨论。参见史际春编著：《国际惯例：当代国有资产管理》，海南出版社1993年版，第702~710页；史际春：《国有企业法论》，中国法制出版社1997年版，第34~46页；史际春、温烨、邓峰：《企业和公司法》，中国人民大学出版社2001年版，第298~303页。

〔2〕　参见［德］迪特尔·格罗塞尔主编：《德意志联邦共和国经济政策及实践》，晏小宝等译，上海翻译出版公司1992年版，第222~223页。

司或有限责任公司，可以参与市场竞争，有较大的企业经营自主权，主要适用私法规范。

所谓公法上的国有企业，是指依据国家的专门法律或行政命令设立，由政府直接投资并隶属于政府的企业。公法上的国有企业依据不同的法律地位或受政府控制程度又被分为四类：一是具有独立法人地位的公法自主机构，主要涉及政策性金融机构等，如德国联邦中央银行、财政负担平衡银行、住宅建设信贷银行等；二是自主化的特殊资产，这类企业没有独立法人资格，但其资产独立于政府预算，主要包括公用事业企业和联邦铁路系统；三是在组织上和财务上均不独立的市镇直接控制企业，企业收支被直接纳入财政预算；主要包括小城镇的公用事业企业等；四是"经济联合体"，即德国相互毗邻的地方政府之间联合投资经营的交通、水电等公用事业企业。公法上的国有企业主要存在于非市场竞争领域，主要由政府投资，受政府控制程度高，主要适用公法规范。

3. 意大利

意大利的国有企业基本上被分为国家参与制企业和非国家参与制企业。国家参与制企业主要包括国有控股公司和国有参股公司。意大利政府早先设立了国家参与部，2003年改设为国家参股局，专门执行国有资本出资人职能。这类企业多可以参与市场竞争，有较大的企业经营自主权，主要适用私法规范。非国家参与制企业主要包括中央或地方政府直接投资经营的企业，也就是政府全部投资控制的企业。比如，中央政府投资的交通、邮政、烟草、电力、金融、保险等企业，地方政府投资经营的供水、供电、供气、公共交通等公用事业企业等。这类企业多存在于非市场竞争领域，主要由政府直接控制经营或施加影响，主要适用公法规范。

4. 美国

美国国有企业主要包括政府直接控制的企业、政府参股企业等。美国联邦直接控制的企业一般由政府全部或绝对控股投资，原则上不涉及市场竞争领域，主要在非市场竞争领域承担政府政策性职能，如美国进出口银行等。这类企业主要适用公法规范。政府参股企业只有在股权分散而政府相对控股的情况下才被视为国有企业。这类企业可以参与市场竞争，常由政府采用项目招标的方式选择政府参股企业承包经营，完成国家任务。这类企业主要适用私法规范。

美国的国有企业主要具有如下特点：①国有企业相对很少；②主要为非市场竞争领域的政府直接控制企业；③美国对国有企业普遍采取私人承租或承包的方式经营，公用事业企业等也不例外，其中PPP（公私合作）模式也是常见方式。

5. 日本[1]

日本的国有企业主要被分为直营事业、特殊法人和第三部门。其中，直营事业和特殊法人被统称为公共企业。

直营事业是指政府直接投资、经营、管理的企业。其中，中央政府的直营事业的主要领域为邮政、造币、印刷、林业、酒类专卖等，企业虽实行独立核算，但采用的却是不同于一般会计的特别会计制度。地方政府的直营事业又被称为地方"公营事业"，主要包括交通、供水、供电、供气等。这类企业主要适用公法规范，如《地方公营企业法》等。

特殊法人是指依据专门法律设立，并由政府投资或控股的企业。特殊法人主要包括公社、公团、事业团、公库、金库、特殊公司等。这类企业主要分布在基础产业、科技开发、政策性金融等非市场竞争领域或政府需要控制的领域，比如，日本电信电话公社（日本公社后都改制为国有控股股份公司）、住宅与城市建设公团、日本原子能船舶事业团、国家金融公库、日本开发银行等。这类企业主要适用公法规范，常常"一特一法"或"一类一法"，如《日本电信电话株式会社法》《日本国营铁路公司法》《日本住宅公团法》等。

第三部门是指由中央政府和地方政府、私有企业等共同投资设立的企业，政府在其中的投资超过25%。这类企业的经营领域不受限制，主要在市场竞争领域，企业经营自主权较大，主要适用私法规范。

6. 新加坡[2]

新加坡的国有企业比重相对较高。新加坡的国有企业主要被分为政府资本直接介入的国有企业和政府资本间接介入的国有企业。其中，政府资本直接介入的国有企业又被分为两种：一种是法定机构，这类企业依据国家专门

---

[1] 参见中国社会科学院工业经济研究所、日本总合研究所编辑：《现代日本经济事典》，中国社会科学出版社、日本总研出版股份公司1982年版，第586~592页。

[2] 参见陈乔之、曹云华：《新加坡的宏观经济管理》，广东人民出版社1992年版，第212~224页。

法律或行政命令而设立，兼有行政职能，主要承担公共基础设施开发建设等职能。比如，公共工程局、建屋发展局、金融管理局等。这类企业存在于非市场竞争领域，直接受政府控制，主要适用公法规范，如《新加坡建屋发展局法》《新加坡金融管理局法》等。另一种是政府独资公司，这类企业也是依据国家专门法律或行政命令设立的，主要采取公司形式，包括新加坡著名的三大国有控股公司（淡马锡控股公司、国家发展部控股公司、胜利控股公司）。这类企业相对于法定机构经营范围更宽，既涉及非市场竞争领域，也涉及市场竞争领域，公私法规范混合适用。

政府资本间接介入的国有企业主要是新加坡三大国有控股公司下属的拥有全部或部分股份的国有企业，或者说由它们的子公司组成。这类企业参与市场竞争，不受国家直接干预，享有较大的经营自主权，主要适用私法规范。

（二）国外国有企业分类的经验与启示

（1）国有企业分类是一种适应时代需要的历史动态过程。在以私有制和市场经济为主导的基础上，西方国家经历了资本主义经济危机、两次世界大战、社会主义国家计划经济影响等，国有企业也随之经历了创建、国有化措施、发展、衰败、亏损和私有化浪潮等阶段。比如，美国在 1929 年到 1933 年的经济大危机时期以及第二次世界大战时期建立了一批国有企业；英国工党执政时期的国有化运动；20 世纪 70 年代后期以来的私有化浪潮等。因而，国有企业分类也是一种适应时代需要的历史动态过程，具有相应的时代特征。

（2）普遍将国有企业分为公益类国有企业（非竞争性）和商业类国有企业（竞争性）。前者被视为特殊企业，采取政府预算制，主要由政府全部或主要控股投资，存在于非市场竞争或特定市场领域，以弥补市场缺陷或承担特定功能与专项任务等，政府控制性强，主要适用公法规范等。后者被视为普通商事企业，采取准商业制、商业制，主要由政府相对控股投资，存在于市场竞争领域，政府通过国有股权施加股东影响，企业经营自主权相对较大，除了适用国有企业特殊立法等公法规范外，还与私有企业一道适用私法规范。

（3）公益类的国有企业相对较多，而商业类的普通商事国有企业很少。发达国家的国有企业一般很少进入市场竞争领域，除非是在经济危机、战争、产业政策调整等特殊时期，因而商业类国有企业常因社会环境变化而私有化，具有鲜明的发展阶段性。在市场竞争领域，政府至多通过国有参股的方式参与市场竞争，获得商业利润，而这类企业并不是一般意义上的国有企业。

（4）国有企业主要被作为特殊企业对待，按照特殊企业立法，主要采取"一特一法"或"一类一法"等方式。而国有普通商事企业很少，这类企业除了适用国有企业特殊立法等公法规范外，还与私有企业一道适用私法规范。

二、我国国有企业分类

针对国有企业，在社会发展的不同历史阶段，经济学界和法学界从不同研究视角依据不同的标准对此进行了不同分类。

（一）传统国有企业分类梳理

在计划经济时代，以及计划经济向市场经济转型的过程中，传统国有企业分类主要包括如下几点：

（1）依据行业标准，可以将国有企业分为工业企业、金融企业、商业企业、农业企业、交通运输企业、林业企业等，而其中的工业企业甚至还可以被进一步细分为钢铁、冶金、化工、纺织、机械等。

这种分类在计划经济时代按照行业属性管理国有企业的时期有其意义，但在市场经济社会意义不大。在市场经济社会，这些行业或产业更多的是从垄断性或竞争性视角来分析国有资本能否进入以及进入程度如何。

（2）依据政府是否直接参与经营，可以将国有企业分为国营企业和非国营国有企业。

国营企业是指由政府直接投资经营的企业，主要是全部资本都由政府投资的全民所有制企业。非国营国有企业实行所有权与经营权分离，主要适用于国有控股公司等。[1]这种分类在由计划经济向市场经济转型早期有其意义，但随着时代变迁，其显现出了历史局限性。我国 1993 年《宪法（修正案）》明确提出了"国有企业"这一概念，取代了"国营企业"。在市场经济社会，国有企业都要实行所有权与经营权分离，政府依据国有股权比例对国有企业行使股东权利，政府对国有企业的控制程度主要取决于国有股权比例。而降低政府对国有企业的干预程度则不是"政企分开"的问题，关键是"政资分开"，降低国有股权比重，直至在许多市场竞争领域逐步退出国有资本。对于

---

〔1〕 参见刘大洪主编：《企业法新论》，中国财政经济出版社 1993 年版，第 125 页。

市场经济社会为了弥补市场失灵等因素确需设立或保留下来的国有企业而言，"政企不分"是其本性。

（3）依据企业规模的大小，可以将国有企业分为大型国有企业、中型国有企业和小型国有企业等。

这种分类在计划经济时代有其意义，因为国有企业是计划经济时期最主要的企业形态，不同规模的国有企业承担的任务、功能以及贡献程度不同。但是，在市场经济社会，原先的许多国有企业（尤其是中小型国有企业）更多地存在于市场竞争领域，国企改革就是要求国有资本逐步退出市场竞争领域，国有企业比重降低，国有企业更多地作为特殊企业存在。因此，国有企业并不苛求也不在于规模大小，而在于国有资本进入的产业领域以及产业领域属性所决定的企业规模。一般而言，在市场经济社会，国有企业规模都是相对比较大的（比如美国的田纳西河流域管理局、法国电力公司等），中国也不例外。

（4）依据国有企业是否采用公司组织形式，可以将国有企业分为公司制国有企业和非公司制国有企业（或传统国有企业）。

公司制国有企业是指改制或直接设立为国有独资公司、多个国有投资主体的有限责任公司、国有控股公司，并依据现有法律规定适用《公司法》等。非公司制国有企业主要是指并未改制为公司的国有独资企业，主要适用《全民所有制工业企业法》等。这种分类在国有企业改制转型过程中有其价值，但其随着市场经济的发展以及国有企业改革的深化已经没有多大意义了。理由如下：一是我国国有企业都要进行公司化改制；二是《全民所有制工业企业法》等规定将被逐渐淘汰；三是公司化改制的国有企业也并非都适用《公司法》，国有独资公司等应该从《公司法》中分离出来，国有企业作为特殊企业应该适用单独的立法规定。[1]

当然，有学者提出，以国有企业所处相关市场的竞争程度为标准，可以将国有企业分为垄断性国有企业和竞争性国有企业。[2]这种分类有一定的局限性。理由在于：一是有的国有企业属于非市场竞争领域，如公益类或政策类国企，但不能一概被视为垄断性国企；二是自然垄断领域的国有企业也有

---

〔1〕　参阅本书第二章"国有企业法一般原理"的相关内容。
〔2〕　王新红等：《国有企业法律制度研究》，中央编译出版社2015年版，第39页。

竞争性业务；三是市场竞争领域的国有企业因公权力因素也有行政垄断的倾向。

（二）现代国有企业分类

随着市场经济发展和国有企业改革的深化，传统国有企业分类已经难以适应市场经济及国有企业发展的需要。国有企业分类不能仅满足于学理上的探讨，还要立足于社会实践的需要，以适应市场经济和国有企业的发展以及相应的立法要求。因此，在遵循市场经济规律和借鉴国际经验的基础上，立足于我国市场经济发展及国企改革实践，现代国有企业分类主要包括如下四种：

（1）依据投资主体是中央政府还是地方政府，可以将国有企业分为中央国有企业、地方国有企业以及中央与地方合营国有企业等。

这种分类在计划经济时期意义不是很大，因为在中央集权和国有财产国家统一所有的前提下，无论是中央、地方还是中央与地方合营国有企业都没有太大的区别。

但是，在市场经济社会，一方面，国有财产暨国有企业为中央与地方分别所有（或分级所有）是普遍现象。虽然我国目前仍采取国有财产的统一所有原则，但前已述及，笔者主张国有财产的分别所有原则，国有企业是其中的重要内容。另一方面，中央与地方合理分权也是各国的发展趋势，我国也不例外。中央与地方合理分权主要体现为中央与地方的财权与事权的合理划分。其中，国有企业在中央与地方的划分及其功能定位就是一项重要内容。

在中央与地方合理分权以及国有财产分别所有的前提下，将国有企业分为中央国有企业、地方国有企业以及中央与地方合营国有企业可以凸显出应有的意义。主要包括如下：①虽然本书采用广义上的国有企业概念，但这种分类有助于准确理解国有企业的含义，并与国际惯例接轨；②这种分类有助于更好地理解中央与地方的合理分权，以及中央与地方的财权与事权的划分；③这种分类有助于更好地理解中央国有企业与地方国有企业的功能定位、经营领域及其范围。一般而言，中央国有企业主要提供全国性公共产品及其公共服务，以及关系到国家经济安全、国家战略需要和特定功能性目标的行业等，比如中国电信集团有限公司等；而地方国有企业主要提供地方性公共产品及公共服务，主要包括公共交通、供水、供电、供气等，比如江苏省铁路集团有限公司等。这在国外尤其是市场经济发达国家已经表现得较为充分。

从我国目前来看，截至 2019 年，国务院国有资产监督管理委员会（以下简称"国资委"）管辖的中央国有企业数量已经下降至 96 家。随着市场经济及国企改革的进一步深化，这几年中央国有企业一直在不断兼并重组，企业数量不断下降，最终将控制在 30 家到 50 家，甚至更低。至于地方国有企业，虽然企业数量较多，但企业规模大多都远远不及中央国有企业，同时也将继续面临兼并重组、市场退出等方面的改革重任。无论是中央国有企业还是地方国有企业，这种改革过程都是中央与地方合理分权以及中央与地方国企功能定位及其经营范围合理界定的过程。

（2）依据国有企业主营业务和核心业务范围及其功能，可以将国有企业分为公益类国有企业和商业类国有企业。

所谓公益类国有企业，是指主要提供社会公共产品和公共服务，以保障民生、服务社会为主要目标的国有企业。公益类国有企业又被称为公益保障类、公共政策类或非竞争类国有企业等。这类企业存在不同程度的垄断现象，产品和价格等都要受到政府调控，以社会效益为首要任务，甚至要承担政策性亏损等。比如，公共交通、城市绿化、供水、供电、供气、造币、邮政、粮油储备、军工等行业的国有企业。这类企业主要为国有独资或绝对控股公司，但也可以通过 PPP 等方式引入民间资本经营运作。

所谓商业类国有企业，是指主要以营利为目标，参与市场竞争，进行商业化运作的国有企业。商业类国有企业又被称为营利类、商业竞争类国有企业等。这类企业除了企业国有资本及其相应的国有股权受政府控制外，更多地参与市场竞争，遵循市场规律。我国目前商业类国有企业比重较高，现有中央国有企业的绝大部分都是参与市场竞争的企业。

商业类国有企业又被分为商业一类和商业二类两种：商业一类是主业处于充分竞争行业的商业类国有企业，比如，中国旅游集团有限公司、中粮集团有限公司等；商业二类是主业处于关系国家安全、国民经济命脉或具有战略性竞争职能的重要行业、新兴产业和关键领域，主要承担重大专项任务的商业类国有企业，比如，中国航天科技集团有限公司、中国石油天然气集团有限公司、中国长江三峡集团有限公司、中国商用飞机有限责任公司等。前者充分竞争，主要以经济效益为目标，国有资本要求退出或国有股权比例要求不断降低，还需进行进一步的混合所有制改革；后者则存在不同程度的寡头竞争或有限竞争，以实现经济效益、国家安全效益和社会效益的有机统一，虽然支持民间资本介入，但要保持国家控股甚至绝对控股地位。

以企业主营业务和核心业务范围及其功能为标准的国有企业分类，无论是在理论界还是在实务界均已基本达成共识，但对于如何分类，还存在一定争议。其中，最主要的就是采取"两分法"还是"三分法"。"两分法"就是前已述及的把国有企业分为公益类和商业类国有企业。"三分法"就是在公益类国有企业基础上，把商业类国有企业的两种与公益类国有企业平行分类，即公益类、商业竞争类（即商业一类）和特定功能类（即商业二类）国有企业。有学者针对"两分法"，把特定功能类央企作为商业类国有企业的子类之一，称为"隐性三分法"。[1]我国地方实践中，既有采取"两分法"的，比如广东等地曾将国有企业分为准公共性和竞争性两类等；也有采取"三分法"的，比如上海、江苏等地曾将国有企业分为公共服务类、特定功能类和一般竞争类等。国资委、财政部和国家发展和改革委员会（以下简称"国家发改委"）于2015年12月发布的《关于国有企业功能界定与分类的指导意见》明确规定了"两分法"，即把国有企业分为公益类和商业类两种。其中，商业类国有企业又被分为商业一类（一般竞争类）国有企业和商业二类（特定功能类）国有企业两种，包括"三分法"的特定功能类国有企业。至于国资委于2016年8月发布的《关于完善中央企业功能分类考核的实施方案》提及的三种分类考核，是指公益类以及商业类中的两种共计三种分类考核，这一点同样在《关于国有企业功能界定与分类的指导意见》中有所体现，而并非是国有企业分类的调整与变化。

笔者也同意"两分法"观点。理由如下：在市场经济社会，国有资本要逐步退出充分竞争领域，或至多是国有资本参股充分竞争领域。即便是涉及竞争领域的国企，也应当有其特定功能，即所谓的特定功能类国有企业。商业类国有企业的第一种情形将面临国企市场转型改革，将更多地表现为第二种情形，即具有特定功能。这符合市场经济规律的要求，也代表国有企业发展趋势。从特定功能视角来看，公益类国有企业本身就具有特定功能性；从公益视角来看，社会效益和国家经济安全是特定功能类国有企业的重要目标之一，公益性是特定功能类国有企业的应有要求。具有商业性或商业竞争性也是公益类国企与特定功能类国企的主要区别。因此，从概念的对应性来看，

---

[1] 参见黄群慧："央企分类要适合国情"，载《光明日报》2015年1月8日。

采取"两分法"更为科学，即把国有企业分为公益类和商业类两种，其中，商业类国有企业又被分为商业一类（一般竞争类）国有企业和商业二类（特定功能类）国有企业，即一般竞争类和特定功能类两种。

这种分类符合市场经济规律，符合市场经济关于国有企业发展定位的要求，符合国际惯例。这种分类与发达国家关于公法上的国有企业与私法上的国有企业、国家参与制企业与非国家参与制企业等诸如此类的划分大同小异。这种分类的最大意义在于：两者分类改革、分类考核、分类监管，并且适用不同的法律规制。公益类国有企业类似于国家公产，主要适用公法规范。商业类国有企业涉及国家私产，涉及私法规范适用。其中，一般竞争类商业类国企类似于国家私产，主要适用私法规范；特定功能类商业类国企涉及国家公私产，公私法规范混合适用。

（3）依据国有企业法律规制的特殊性，可以将国有企业分为特殊国有企业和普通商事国有企业。

所谓特殊国有企业，是指依据特别法、专门法等公法规范或行政命令（政策）设立和调整的国有企业。所谓普通商事国有企业，是指依据《公司法》等私法规范设立和调整的国有企业。从国有财产性质来看，前者更多地具有国家公产属性，后者更多地具有国家私产属性，两者的法律调整存有差异。

在国外尤其是发达国家，国有企业主要是为了弥补市场失灵或承担特定功能与任务，其一般不介入市场竞争领域，所以主要表现为特殊国有企业，而非普通商事企业。国有企业主要按照特殊企业立法，主要采取"一特一法"或"一类一法"等方式。

在我国，主要适用公法规范的公益类国有企业和公私法混合适用的特定功能类国有企业（商业二类）应当被归类为特殊国有企业，按照特殊企业立法，主要具有公法特点。一般竞争类国有企业（商业一类）应当被归类为普通商事国有企业，与私有企业一道主要适用私法规范。

这种分类是公益类和商业类国有企业分类在法律调整等方面的进一步延续和深化。其最大意义在于：在市场经济社会，特殊国有企业与普通商事国有企业应当区别监管及其法律规制；国有企业主要被作为特殊企业对待，按照特殊企业立法，而非简单适用普通商事企业法。

但是，在我国，由于受诸多因素影响，国有企业改革还未到位，就此种分类而言，主要表现在：一是国有企业仍大量进入一般市场竞争领域，并被按照普通商事企业对待；二是公益类与商业类以及商业一类（一般竞争类）和商业二类（特定功能类）等区别定位还不是很明晰；三是国有企业及其监管并未严格区别法律规制，大多一概适用《公司法》等私法规范，不仅未能管束国有企业，而且也使《公司法》等私法规范异化。这也是党的十八大以来进一步深化国企改革的原因所在。[1]

（4）依据国家投资比例及国有控股程度，可以将国有企业分为国有全资企业、国有绝对控股企业和国有相对控股企业。

所谓国有全资企业，是指由政府或其授权单位代表国家全部投资的企业，包括国有独资企业、国有独资公司和多个国有投资主体的有限责任公司。2017年7月国务院颁布的《中央企业公司制改制工作实施方案》等相关政策文件要求所有中央国有企业均完成公司化改制。同样，地方国有企业也是如此。这意味着国有企业将不再存在尚未被改制为公司的国有独资企业，从而为国企混合所有制改革打下了基础。所谓国有绝对控股企业，是指政府或其授权单位独家或多家联合投资使国有股比例合计超过50%的企业。比如，中国联通股份有限公司于2017年进行了混合所有制改革后，虽然中国联通集团有限公司持股比例降低为36.7%，但加上中国人寿等三家国有股东，国有股权合计仍超过53%，由此可以认定该公司仍是国有绝对控股企业。所谓国有相对控股企业，是指政府或其授权单位独家或多家联合投资使国有股比例合计超过30%、低于50%的企业。

依市场经济规律及其一般要求，国有全资企业和国有绝对控股企业一般为公益类或特定功能类国有企业，被作为特殊企业对待。而国有相对控股企业一般为市场竞争性商业类国有企业，也有某些特定功能类国有企业，多被作为普通商事企业对待。市场竞争程度越低，国有股比重越高；市场竞争程度越高，国有股比重越低，直至退出一般市场竞争领域。

这种分类的意义在于，公益类和特定功能类国有企业多以国有独资或绝对控股公司的形式出现，这类企业并非因国企公司制改革而简单适用《公司法》等私法规范，而是作为特殊企业主要适用特殊企业立法等公法规范。而市场竞争类国有企业多以国有相对控股公司的形式出现，既适用《公司法》

---

[1] 参阅本书第一章第四节"国有企业改革"的相关内容。

等私法规范，也适用公法规范。而这类国有企业原则上要逐步退出一般市场竞争领域，宜作为个案而非常态存在于市场经济社会。

第四节　国有企业改革 *

一、国有企业市场定位

关于国有企业的缺陷与不足，理论界已经阐述得很清楚，实践也足以证明。从表象来看，主要包括效率低下、亏损严重、资产流失、债务危机、负担沉重等。从深层原因来看，主要包括两点：一是国有企业产权主体模糊，容易缺位，信息不对称严重，委托代理成本高；二是国有企业与行政权力存在千丝万缕的关系，具有公权力因素和超经济性，容易形成政经混合体，具有行政垄断倾向，有违市场公平竞争规律。因此，国有企业原则上难以成为一般市场竞争领域的主要主体。[1] 20 世纪 70 年代末 80 年代初，发达国家国有企业在国内生产总值中所占比重平均为 7.7%，相对比重最高的意大利也仅占 24.7%。[2] 世界银行列举的 8 个发达工业国家在 1978 年到 1991 年间国有企业产值占 GDP 的平均值为 7.8%（未加权平均），列举的 40 个主要发展中国家国有企业产值占 GDP 的平均值为 10% 左右。[3] 由此可见，无论是发达国家还是发展中国家，国有企业都不是一般市场竞争领域的主要主体，[4] 但发展中国家相对于发达国家而言国有企业比重稍微高一些。至于极少数非市场化国家和依赖石油等资源的国家则另当别论。

在市场经济社会，国有企业作为国家调控经济和促进社会公平的一种手段，主要存在于市场机制无法或难以发挥作用的领域，以弥补市场失灵和起到推行再分配政策等作用。一般而言，国有企业主要存在于关系国家安全、国家经济命脉以及涉及国计民生的公共基础设施等特殊行业。国有企业在世

---

* 本章节部分内容以"论中国国企改革路径依赖"为题发表于《团结》2017 年第 3 期。

〔1〕 参见李昌庚："金融危机视野下经济法价值拷辨——以国有企业为例的实证分析"，载《政治与法律》2010 年第 6 期。

〔2〕 参见世界银行：《1983 年世界发展报告》，中国财政经济出版社 1983 年版，第 67 页。

〔3〕 参见袁易明、魏达志：《危机与重构：世界国有企业研究》，中国经济出版社 2000 年版，第 84~85 页。

〔4〕 在市场经济社会，市场竞争领域并非一概排除国有企业，尤其是特殊市场竞争领域。下文同。

界各国的产业分布总体上具有趋同性，主要分布在规模经济突出的自然垄断产业、资本技术密集型产业、公共性（或外部经济性）产业、基础产业、技术先导产业等。因此，国有企业总体上往往具有社会公共性、外部经济性、必要垄断性、非竞争性、非营利性等特点。国有企业也只有在这些领域才能更好地发挥集中资源配置、集中力量办大事等特有的制度优势。

从市场经济及国有企业发展的历史经验来看，一旦市场机制因战争、经济危机等因素受到较大破坏，再加上当时不同程度的意识形态影响，往往是国有化比重相对较高时期。许多国家在两次世界大战和经济危机时期，都通过政府投资或国有化等方式产生了一批国有企业，政府在大企业集团发展方面起到了推动作用。比如，英国第一次世界大战时期投资成立了800多个军事企业，还将铁路收归国有。法国在第二次世界大战时期建立了法兰西电力公司、法国雷诺汽车公司、法兰西银行等国有企业。美国在第二次世界大战期间建立了大约2600个国有企业。但是，一旦战争或经济危机等影响市场机制发挥作用的因素消失，这些国家又会将战时或危机时期成立的许多国有企业通过私有化等方式清理掉。因而，许多国家均经历了多次国有化和私有化交替的浪潮。即使是在这些国家的国有化浪潮时期，国有企业也从来没有占据市场经济社会的主体地位，这些国家仍把国有企业作为国家调控经济的一种手段，以弥补市场缺陷作为基本原则。比如，在英国，1974年至1979年经过第二次国有化浪潮后，国有企业总产值约占国民生产总值的13%。即便是在国有企业比重较高的法国，当时的国有企业总产值也才只达到全国工业总产值的20%；到1990年，国有企业总产值更是仅占国内生产总值的18%。[1]

然而，随着市场经济的进一步发展以及国家治理水平的不断提高，处于充分管制下的私有企业也开始发挥纠正市场失灵的作用，国有企业也并非是推行再分配政策的唯一有效工具。凡是私有企业及社会资本能够解决的领域，政府原则上都要实现国有资本有进有退。因此，国有企业的生存空间被进一步收缩和限制。从发达国家来看，国有企业主要集中在交通运输业、邮电通信业、供水、供电、供气等公用事业和基础设施产业。即使是在这些垄断性产业、基础设施产业和公共事业领域国有企业也没有形成绝对垄断，也开始引入私人资本，在航空、铁路、石油、煤炭、汽车、钢铁、造船等重要领域

---

〔1〕 参见史树林等：《国有资产法研究》，中国财政经济出版社2003年版，第482~490页。

大量引入私人资本，某些领域甚至全部实行私有化，在管理上实行特许经营、政府监管等多种方式。比如，英国的通信业、运输业的45%由私有企业承担，比利时的供水、供电、供气的国有化程度只有19.7%，日本国铁也实现了私有化。在美国、加拿大、英国等国，除了邮政全部由国家投资外，其他领域都向私人资本开放。[1]

当然，对于后发型的发展中国家而言，为了发展经济和赶超发达国家，建立国有企业除了弥补市场失灵外，还要考虑构建国家工业及国民经济体系、奠定经济基础、技术创新与先导、培育和扶持企业市场竞争力等因素。比如许多国家均在第二次世界大战以后通过政府干预在较短时间内推动了大企业集团发展。这些都值得包括我国在内的发展中国家借鉴。同时，作为发展中国家，无论是国家治理水平还是法治化水平都相对不高，社会管制能力不足。以上因素决定了国有企业在包括中国在内的发展中国家的存在空间更大一些。但不管如何，市场经济以及国有企业发展方向具有规律性，这取决于不同国家历史发展阶段的国情差异。

由此看来，立足于作为后发型发展中国家及其市场经济发展的阶段性，中国要进一步深化国企改革，合理界定国有企业的国家所有权市场边界。这是习近平总书记强调的"把国有企业做强、做优、做大"的逻辑前提。在国有资本应当进入的领域，把国有企业做强、做优、做大则是毫无疑问的。这是政府有所为、有所不为的重要体现。唯此才能更好地理解和把握习近平总书记讲话的内涵及其精神实质。

二、中国国有企业改革现阶段所面临的问题

对于从社会主义计划经济向市场经济转型的中国而言，国有企业改革经历了扩大企业经营自主权、"利润包干""利改税""两权分离""企业承包经营责任制""公司化改制"为主导的产权改革以及现代企业制度等诸多阶段。国有企业改革也经历了从"政企分开"到"政资分开"的改革路径探索。

从中国社会平稳转型视角来看，相对于传统社会主义国家的"休克疗法"，我国国有企业改革采取的渐进式模式比较可行，实践证明也是比较成功

---

〔1〕 参见袁易明、魏达志：《危机与重构：世界国有企业研究》，中国经济出版社2000年版，第94~95页。

的，初步实现了"软着陆"。但同时也带来了一系列问题，比如国企改革不彻底、反复、停滞等，今天提出的许多国企改革的问题以及对策与建议甚至早在多年前就出现了。具体而言，主要包括如下几个方面：①国有企业市场定位在国家立法和政策层面上还不是很明晰，虽然国有企业不断从一般竞争性领域退出，但比重依然较高，多数国有企业仍存在于一般市场竞争领域；②虽然国有企业（尤其是中央国有企业）数量大幅下降，但依然相对较多，比如截至2019年，国资委管辖的中央国有企业仍有96家，其中，每家企业集团内含许多大型国有或国有控股子公司，还不包括财政部管辖的国有企业；③国有经济比重虽然不断下降，但仍达到国内生产总值的1/3左右，远高于世界平均水平；④中央与地方国有企业分工及其关系与中央与地方的财权和事权划分不是很协调；⑤国有企业按照公益类与商业类进行的分类监管以及区别法律规制还没有解决；⑥国有企业治理与普通商事企业治理混淆与模糊，不仅异化了公司法等私法规范及其公司治理，而且也没有真正解决国有企业治理问题；⑦国有企业的社会职能及其历史遗留问题还没有得到彻底解决。

之所以如此，笔者认为，原有的渐进式改革模式具有探索性与尝试性，不确定的改革思路、政府换届更替、人事变动、决策者之间的观念分歧等因素容易导致国企认识模糊不定或缺乏明确的国企市场定位以及改革方向，甚至容易出现波折、反复或倒退等现象。而这种在其他领域体制改革滞后的情况又会进一步延缓国有企业深化改革。

这些问题若不能得到及时、有效的解决，必将直接影响到社会主义市场经济体制的建立健全，进而影响到能否为中国社会平稳转型以及国家治理现代化提供适宜的经济土壤。这也是党的十八届三中全会进一步提出全面深化国企改革的原因所在。

三、国有企业改革的国际经验教训

对于传统社会主义国家而言，计划经济向市场经济转型是历史选择。毫无疑问，以意识形态为主导的计划经济基础上的国有企业应当进行市场化取向的改革。所以，这类国家的国有企业改革最为引人注目。即便是以市场为基础的发达国家以及其他许多发展中国家，在经历了国有化浪潮之后，一旦战争、经济危机等影响市场机制发挥作用的因素消除，也会面临国有企业改革问题。

学界早已有关于国外国有企业改革的详细介绍，重复介绍并无多大意义，但从中梳理能够对中国国有企业改革有所助益的经验教训则是必要的。具体而言，主要包括如下几个方面：

（1）普遍设立国有企业改革主管机构。无论是发达国家还是转型国家、其他发展中国家大多如此。比如，法国的国家参股局，意大利的国家参与部，西班牙的国家工业局（INI）（后来改制为国家工业控股公司）和资产剥离操作局（DOO），俄罗斯的国家和地方国有财产管理委员会、企业私有化委员会，东德的国有财产委托管理局（托管局），波兰的所有制改造部，匈牙利的国家财产局、国家私有化署，罗马尼亚的私有化署，巴西的国有企业管理委员会，印度的国有企业局、工业与财政复兴局等。

（2）普遍为国有企业改革立法。无论是发达国家还是转型国家、其他发展中国家大多如此。比如，俄罗斯于1991年颁布了《俄罗斯联邦所有制法》《俄罗斯关于国家企业和地方企业私有化法》，随后又颁布了《小私有化法》《长期归国家所有的财产使用法》等；匈牙利于1988年颁布了《经济结社法》《改造法》等；波兰于1990年颁布了《国有企业私有化法》《设立所有制改造部法》等；捷克斯洛伐克于1990年颁布了《经济改革纲要》《财产归还法》、私有化法案，随后捷克也颁布了《小私有化法》和《大私有化法》等一系列私有化法案；保加利亚于1992年颁布了《私有化法》等；美国于1945年颁布的《政府公司控制法案》等；日本的《国有铁路改革法》《电信电话株式会社法》等；法国于1983年颁布了《公营部门民主化法》等；阿根廷于1989年颁布了《国家改革法》等。

（3）苏联和东欧国家普遍采取"休克疗法"，付出了沉重的社会代价。苏联和东欧社会主义国家在经济领域普遍采取了"休克疗法"。国有企业改革也不例外。东欧剧变前，许多国家国有经济比重高达80%以上，甚至90%以上。[1]这些国家政府与国有企业的关系还没有理顺，还存在非常严重的"大锅饭"问题。这些国家经济转轨普遍缺乏相应的市场基础，比如资本市场、金融市场、人力资源市场等。[2]有效的私有化需要相应高效的金融市场等诸多市场基础支撑。没有巩固的经济制度和完善的竞争框架的私有化是毫无用

---

〔1〕　资料来源：《经互会成员国统计年鉴》（1986年、1989年）。

〔2〕　王金存主编：《世界国有企业》，企业管理出版社1995年版，第323页。

处的。[1]因此，这些国家国有企业私有化改革付出了沉重的社会代价，比如"权贵资本主义"、外来资本垄断、国有资产流失严重、贫富差距迅速拉大、失业率严重、金融动荡等，进而导致国家政局动荡与冲突，社会撕裂与对立，甚至国家分裂等。

当然，这些经验教训具有相对性和历史局限性，但对于历史惯性下今天的中国而言，如何实现社会平稳转型以及国家治理现代化，国有企业改革借鉴上述经验教训是非常必要的。

四、中国进一步深化国企改革的路径依赖

我国国有企业改革已经进入了与政治等因素处于胶着状态的攻坚期和深水区。现在的问题是，我国是继续采取原有的渐进式改革模式还是激进式改革模式（或"休克疗法"）？笔者认为，一方面，原有的渐进式改革模式相对于容易改革的领域是行得通的，但如果继续原有的改革模式，国企改革的攻坚期和深水区便无法突破，改革实践中面临的上述后遗症就证明了这一点，并将进一步延续。20世纪90年代提出的许多国企改革观点和对策至今依然存在就充分说明了这一点。因为这种改革模式最大的特点是：有时是主动的，有时是被动的，有时甚至是倒退的，缺乏明确的顶层设计。这势必会影响到我国市场经济体制的完善。另一方面，我国没有必要采取"休克疗法"，不应当重复苏联以及东欧国家国企私有化改革的教训，也不应当重走英国、美国等资本主义早期的资本原始积累的道路。理由在于：

（1）我国国有企业改革已经初步实现了"软着陆"，国有企业数量和经济比重的下降、混合所有制改革和私有企业的发展、市场基础的培育、社会保障制度的建立等都是当初的苏联以及东欧国家所无法比拟的。

（2）公司尤其是股份有限公司作为社会化企业所具有的公司法人所有权属性已经突破了传统私有制与公有制的局限，形成了一种全新的既符合股东经济人特性又能适应社会化大生产以及社会责任的社会所有制，适应了现代市场的经济需要。[2]我国近四十年的国企股份制以及公司化改革尤其是当下

---

　　〔1〕 王建铆、史璞兰主编：《国有企业改革：中国的实践和西班牙的经验》，上海远东出版社2003年版，第39页。

　　〔2〕 参见李昌庚："公司：社会化企业命题——兼论马克思主义所有制的反思与重构"，载《商丘职业技术学院学报》2008年第1期。

推进的混合所有制改革，已经逐渐实现了国企产权多元化的公司法人所有权或正在向此方向迈进。

（3）国有企业改革不是单纯的企业改革，还涉及经济体制改革、政治体制改革等一系列配套改革。当国企改革进入攻坚期和深水区，尤其涉及诸多政治问题等胶着状态困扰时，更需要顶层设计。此时，"休克疗法"不仅涉及国企改革，还涉及政治体制改革等，而这基于中国国情则是一件必须予以非常慎重对待的事情。即便是当初英国等许多国家，在国有化浪潮之后的私有化过程中有些国家的国有企业改革也经历了十多年之久，更何况是中国国情下的国有企业改革。基于当下的国企改革基础，我国不能毕其功于一役。

鉴于此，我国必须突破原有的渐进式改革模式和激进式改革模式。一方面，在已有国企改革的基础上，主动深化经济、政治等领域的全方位改革，加强顶层设计，制定改革路线图，破除国企改革的瓶颈。另一方面，在主动改革的前提下，吸取苏联以及东欧国家"休克疗法"的经验教训，做好配套改革措施的衔接与完善。对此，既不能简单地以市场经济发达国家的标准衡量中国，也不能简单地以苏联以及东欧国家转型变迁后的现状苛求中国，而应当基于中国的特殊国情，立足已有改革基础，遵循历史惯性，以史为鉴，在政治权威主导下主动改革，以尽可能小的成本与代价完成国企改革、实现社会平稳转型以及国家治理现代化应当是我国较为理想的选择。[1]

基于上述思路，我国进一步深化国有企业改革应当充分考虑如下几个方面：

（1）借鉴国际做法，设立或授权类似国企改革领导机构，专门负责国企改革。我国现有的兼具出资人职能和监管职能的国资委以及财政部门等均面临改革，[2]不宜承担国企改革重任。较为理想的做法是，在党的十八届三中全会成立"全面深化改革领导小组"的基础上，下设或授权类似专门负责国企改革的主管机构。2015年成立的国务院国有企业改革领导小组即体现了这一思路，从而减少或避免了部门之间的相互推诿、扯皮、利益冲突或内耗等问题。由国企改革主管机构按照市场规律列出改革路线图、时间表和改革清

---

〔1〕　参见李昌庚："中国社会转型的路径依赖及其法治回应"，载《青海社会科学》2016年第2期。

〔2〕　参见李昌庚："企业国有资本出资人：国际经验与中国选择"，载《法学论坛》2014年第2期；李昌庚："国有财产监管制度研究"，载《法治研究》2014年第4期；等等。

单。设立或授权类似专门机构负责国企改革，有利于国企改革的顶层通盘设计，既能把握改革实质和方向，也能尽可能减少或避免国有资产流失。

（2）借鉴国际做法，加强国有企业改革立法，从而为国企改革提供法治保障。具体包括如下几点：一是现实环境具备立法条件的，应当立法，如《企业国有资产法》《国家出资企业产权登记管理暂行办法》等；二是现实环境尚不具备立法条件的，因为国企改革本身就具有探索性与突破性，留待条件成熟再考虑立法，如特殊企业立法、中央与地方国有企业关系问题等；三是某类产业或某个国有企业改革能够单独立法的，可以考虑单独立法，如《金融企业非上市国有产权交易规则》等，诸如当初的中国铁路总公司（现改制为中国国家铁路集团有限公司）、中国盐业总公司、中国林业集团有限公司等改革可以考虑单独立法；四是国有企业以及国企改革立法不要苛求一步到位，暂不宜提高立法位阶的，或具有临时性、阶段性特点的立法，尽量以规范性文件或部门规章等形式出现，如《国务院关于国有企业发展混合所有制经济的意见》《关于国有企业功能界定与分类的指导意见》等。我国目前关于国企改革的专门立法并不多见，还需进一步加强。其目的在于：从立法高度明确国企改革方向和具体措施，为国企改革提供法治保障，尽可能减少或避免国有资产流失等。

（3）成立国企改革发展基金，为国企改革提供保障资金，减少改革阵痛。自从 2014 年以来，我国多地均通过企业联合或政企联合等多种方式成立了国企改革发展基金，进一步拓宽了国企改革保障资金的来源渠道，支付改革成本与代价，减少改革阵痛。比如，北京成立了京国瑞国企改革发展基金、上海成立了信达国鑫国企混合所有制改革促进基金、广东成立了广东国资改革发展基金、云南成立了国资壹号产业基金、厦门成立了国有企业产业升级基金等。这些都是非常好的改革尝试与做法，值得进一步探索与推广。除此以外，还可以进一步探索国企改革保障资金筹集渠道。

（4）凡是现有体制下能够改革的领域，优先改革。从我国目前来看，主要包括如下几点：

第一，国有企业按照公益类与商业类以及商业一类（一般竞争类）与商业二类（特定功能类）进行分类改革和分类监管。根据《关于国有企业功能界定与分类的指导意见》的规定，国有企业分为公益类和商业类两种。所谓公益类国有企业，是指主要提供社会公共产品和公共服务，以保障民生、服务社会为主要目标的国有企业。商业类国有企业又分为商业一类（一般竞争类）国有企业和商业二类（特定功能类）国有企业两种。商业一类（一般竞争类）国有企业是指主业处于充分竞争行业的商业类国有企业，即一般竞争类；商业二类（特定功能类）国有企业是指主业处于关系国家安全、国民经济命脉的重要行业和关键领域，主要承担重大专项任务的商业类国有企业，即特定功能类。在市场经济社会，国有企业要进行分类改革，国有资本主要向公益类和商业二类（特定功能类）国有企业集聚，向国家"命脉"和"民生"等领域倾斜，比如国防、网络信息、粮食安全、公共服务、基础设施、能源资源、金融投资、战略性新兴产业等，并使其成为国有企业的主导类型。

在国有企业分类改革的基础上，国有企业按照公益类和商业类以及商业一类（一般竞争类）和商业二类（特定功能类）等国家公私产类别进行区别法律规制，加强国有企业特殊立法，合理构建国有企业治理模式及其监管制度。

至于理论界和国家政策层面推行的"国企分类改革、分类监管"，国资委等实务部门提出了许多困惑，如国企如何区分公益类和商业类、财政部门和国资委如何分类监管等。由于历史原因，国企的公益类与商业类存在许多交叉领域，区分及分类监管在操作层面上的确存在难点。笔者以为，一是要进一步深化国企市场转型改革，尤其是要剥离和转变商业类国企业务；二是认识到国企公益类与商业类划分是相对的；三是统一由财政部门履行国企出资人职能，国资委作为统一的纯粹监管机构对不同性质的国有财产（包括公益类国有企业和商业类国有企业）进行区别监管；[1]四是市场转型下或特定发展阶段的商业类国企虽然可以与私有企业一道适用《公司法》等私法规范，相对于公益类国企更多地借鉴普通商事企业的公司治理，但只要国有资本占据主导地位便仍具有国有企业公权力因素的特殊性，因而仍更多地具有国有企业治理及其监管的共性。一旦如此，国资委等实务部门在国企分类监管改革中所面临的困惑与问题便能迎刃而解。

第二，国有企业在市场经济社会的合理定位。按照国有企业市场定位目标以及分类改革要求，国有资本原则上逐步退出了一般市场竞争领域，进一步重组并降低国有企业数量，推进国有企业瘦身健体。在我国，国有企业改

---

[1]　参阅本书第五章"企业国有资本出资人"的相关内容。

革已经进入当前阶段的环境下，以下几种方式是适合国情、较为稳妥的做法：

其一，进一步深化国有企业公司化改制以及混合所有制改革。根据《中共中央、国务院关于深化国有企业改革的指导意见》的规定，到 2020 年要基本完成所有国有企业的公司改制。根据《中央企业公司制改制工作实施方案》的要求，2017 年底前完成所有国资委管辖的中央国有企业的公司改制。通过公司化改制，依产业或行业特点，以及产业和国家安全等因素，在电信、电力、石油、天然气、铁路、民航、军工、船舶、化工、装备制造、有色金属、钢铁等领域，有序推进国有企业战略性重组、专业化整合以及混合所有制改革和员工持股计划等，分类逐渐降低国有股比重，进一步实现产权多元化。从 2013 年到 2016 年，中央国有企业混合所有制企业户数占比从 65.7% 提高到了接近 70%。比如，中国宝武集团通过混合所有制改革和员工持股计划使国有股比例下降到 72%。对此，还有待进一步深化混合所有制改革以及员工持股计划等。其中，国有企业资产评估和设立公众投资公司等是重要前提和保障。此外，许多国家国有企业改革曾经使用的"黄金股"制度在我国国企转型改革过程中值得借鉴。[1] 为此，根据《国务院办公厅关于进一步完善国有企业法人治理结构的指导意见》的要求，应适时制定国有资本优先股和国家特殊管理股管理办法。

其二，划转部分国有资本充实社保基金。根据 2017 年 11 月国务院颁布的《划转部分国有资本充实社保基金实施方案》的规定，目前先确定划转 10% 国有股权充实社保基金。这不仅有利于降低企业国有资本比重，而且有利于国有资本收益分配公平，同时还有利于实现基本养老保险制度的代际公平等。对此，还有待进一步改革探索。

第三，改革和完善国有资本授权经营体制以及国有资本出资人制度。本着出资人职能与社会公共管理职能分离的原则，我国应改革国资委和财政部门等国有企业主管机构，加快推进国有资本授权经营体制改革，改革和完善以管资本为主的国有财产管理体制，加大授权放权力度，建立若干国有资本投资运营公司，履行具体出资人职能，行使股东权利，构建科学、合理的企

---

〔1〕 所谓"黄金股"制度，是指国企改革中，基于国家利益，发行由政府持有的特权优先股，不代表任何财产权利，没有投票权和收益权等，即便政府不再或少量持有企业股份，但政府可以通过特权优先股保留或在一定阶段保留企业某些重大经营决策中的"一票否决权"。该制度最早源于英国，以英国电信为典型。

业国有资本出资人制度和相应的监管制度。[1]对此，2019年颁布的《改革国有资本授权经营体制方案》作了较为详细的规定，进一步深化了国有资本授权经营体制改革，但国资委、财政部等在国有企业中的定位问题还有待进一步改革与探索。

第四，加快剥离国有企业办社会职能和解决历史遗留问题。中央及地方要制定相应的改革进度计划和时间表。以江苏省为例，根据江苏省国资委发布的《全省国有企业改革近期工作要点》，力争到2020年基本完成剥离国有企业办社会职能和解决历史遗留问题。

（5）在现有体制下难以改革的领域通过政治、经济等领域的改革进行协同推进。比如，某些领域的混合所有制改革、中央与地方国有企业的功能定位区分及其关系等。这些领域的改革尤其需要政治体制、金融财税、社会保障等领域改革的协同推进，而这些改革又需要置身于整个国家改革的顶层设计通盘考虑。因而，在立足历史惯性下的今日中国，某些领域的国企改革暂时滞后是必要的，而非图一时之仓促改革而紊乱改革布局或致改革失败。

五、进一步深化国企改革需要注意的几个问题

（1）妥善、谨慎使用国企改革用语。国企改革在有些国家推行私有化阶段有不同的称谓，如墨西哥的"非参与化"、巴西的"灵活化"、玻利维亚的"资本化"等。考虑到中国国情、历史惯性以及路径依赖等因素，尤其是国企改革已经到了国有资本有进有退的阶段，我国更需要谨慎处理，所谓的"民营化"以及当下提出的"混合所有制改革""员工持股计划""划转部分国有资本充实社保基金"等均体现了决策者的政治智慧与策略，绝非某些人所说的中庸或折中做法。关键要看国企改革的实质与方向是否符合市场规律。

（2）无论是理论界还是实务界均存在一个误区，即认为商业类国企尤其是商业一类（一般竞争类）国有企业应当按照完全市场化方式运作，进退应由市场来选择。[2]笔者以为，这是一种理想化的愿景，国有企业的公权力因素决定了其容易产生行政垄断倾向，有违市场公平竞争规律，挤压私人空间。

---

〔1〕　参阅本书第五章"企业国有资本出资人"的相关内容。

〔2〕　参见杨春学、杨新铭：《"十三五"时期国有企业改革重点思路》，社会科学文献出版社2016年版，第18页。

因此，政府在一般市场竞争领域要尽可能减少既制定游戏规则又直接参与游戏规则的现象，国有资本原则上要主动退出一般市场竞争领域或尽可能降低国有资本比例。

（3）通过社会保障制度、国企改革发展基金、供给侧改革等措施，尽可能减少或避免国有企业尤其是央企混合所有制改革过程中可能出现的"下岗潮"，使我国的失业率保持在合理的控制范围。

（4）通过专门机构，加强国企改革领导和国资监管，尽可能减少或避免"权贵资本主义"、某些不必要的外来资本垄断和国有资产流失严重等问题的发生。

总之，必要的改革成本与代价是需要付出的，但立足于当下中国的国情，遵循历史惯性，以史为鉴，主动改革，以尽可能小的成本与代价实现国企改革以及市场经济体制平稳转型成功，则是较为理想的选择。既要认清国企改革的问题实质和改革方向，也要妥善选择改革路径。看不清国企改革的问题实质或激进做法均是改革天敌！当然，这种改革路径依赖有时会因既得利益障碍或决策者人事变迁等因素而有碍于改革，步入原有的渐进式改革陷阱，甚至异化改革，从而延缓国企改革进程。这关键取决于党和政府的政治智慧与勇气！

第二章 国有企业法一般原理

第一节　企业法概述

一、企业法概念和特征

（一）企业法概念

企业法是规定企业的法律地位，调整企业设立、变更、终止等过程中所产生的各种社会关系的法律规范的总称。虽然学界对此表述略有差异，但均只是形式问题，对企业法的概念并无争议。

企业法的调整对象主要是企业的内外部组织关系，规范企业的市场主体地位，而不是规范企业的市场行为。企业的市场行为主要由合同法、票据法、信托法、竞争法等若干法律法规调整。虽然企业法也有可能涉及企业的市场行为（如企业兼并重组、企业股份或债券发行等），但这些都是企业组织范畴的行为。凡是超出企业组织范畴的行为，均不属于企业法的调整范围，如企业的市场交易行为由合同法等相关法律法规调整。

企业法有广义和狭义之分。广义上的企业法不仅包括一般意义上的公司法、合伙企业法、个人独资企业法、国有企业特殊立法等，还包括商业银行法、保险法等。狭义上的企业法仅包括一般意义上的公司法、合伙企业法、个人独资企业法、国有企业特殊立法等。虽然商业银行、保险公司等也是企业，但由于商业银行、保险公司等经营领域以及行业或产业具有特殊性，因而表现出了法律调整和规制的差异性和特殊性，除了受到一般意义上的企业法（如公司法、国有企业特殊立法等）调整外，还受到商业银行法、保险法等调整。其中，商业银行法、保险法等应由金融法、保险法等相应的部门法加以专门研究。因此，在无特殊说明的情况下，一般是从狭义上理解企业法。

企业法不同于公司法，公司法是企业法的重要组成部分。在现实中，之所以常常出现"企业与公司法"等说法，原因在于公司法是企业法中最重要的组成部分。

（二）企业法特征

（1）企业法是主体法和组织法。企业法主要规定企业的市场主体地位，调整企业的内外部组织关系，并不调整企业的市场交易行为或商事活动。企业法即使涉及企业的行为，也是企业组织范畴内的行为，如企业兼并重组等。因此，企业法主要体现为主体法和组织法。这是企业法最主要的特征。

（2）企业法具有综合性。企业法并非仅指某单一企业形态的立法，也没有一部统一的企业法典。由于不同国家和地区的企业性质和形态不同，企业立法也存在差异。资本主义国家主要是以企业组织形式立法，如《公司法》《合伙企业法》《个人独资企业法》等；国有企业比重很低，一般以特殊企业立法对待。在我国，由于从计划经济向市场经济转型，以及国有企业改革的渐进性等因素，既有传统的所有制形式立法（如《全民所有制工业企业法》《城镇集体所有制企业条例》等），也有企业组织形式立法（如《公司法》《合伙企业法》《个人独资企业法》等），同时还有三资企业立法等。以上均是企业法的组成部分。因此，企业法体现了综合性。这种综合性因不同国家企业法律形态的差异而存在差异，而在我国因国有企业转轨改制等诸多因素而显得更为错综复杂。

（3）企业法是强制性规范与任意性规范的结合。企业法有强制性规范和任意性规范之分，法律属性决定了其主要体现为强制性规范。首先，企业法具有强制性，尤其是其中的公司法，比如，公司设立、变更、登记、股份发行的条件等。其次，企业法具有一定程度的任意性。企业法作为市场主体法，更多地具有商事主体的私法属性，在强制性规范的前提下，赋予商事主体意思自治原则。比如，企业章程可以通过股东或合伙人自由约定排除法律适用，或在没有法律规定的情况下可以自由约定等。当然，在我国，由于市场经济发展程度不够，强制性规范过多而任意性规范不足，尤其是公司法等。这是我国企业立法随着市场经济的发展需要逐渐完善之处。

（4）企业法是实体法和程序法的结合。在法律体系中，纯粹的程序法并不多，诸如民事诉讼法、刑事诉讼法等；纯粹的实体法也几乎没有；大多是实体法与程序法的结合，从而在总体上归属于实体法。企业法也不例外。毫无疑问，企业法属于实体法，但同时企业法相对于其他实体法而言具有较多的程序性规范。比如，企业的设立、变更、登记，企业兼并重组，企业破产，股票或债券发行等。

（5）企业法主要是成文法。世界上主要有两大法系，即英美法系和大陆法系。英美法系主要体现为判例法，大陆法系主要体现为成文法。但随着社会的发展，两大法系出现了相互学习借鉴和融合的趋势。这是世界法治和人类文明进步的标志，企业法也不例外。无论是大陆法系国家还是英美法系国家，虽然也存在企业法判例，尤其是公司法判例，但企业法均主要表现为成文法。在我国，无论是企业法还是其他部门法，在成文法的基础上，均还需要进一步学习和借鉴判例法的经验。这对于我国的法治进步具有重要意义。

（6）企业法具有一定程度的国际性。除了后文专门讨论的国有企业法外，企业法总体而言更多的是商事主体法，是商法范畴。作为调整商事关系的商法是最具有国际性法律规范的部门法，因为商事关系以市场经济为基础，而市场经济具有较多的普适性经济规律，从而打破了地域性限制。因此，企业法作为市场经济社会的商事主体法具有一定程度的国际性，其中公司法表现得更为明显，欧盟甚至开展了制定统一欧洲公司法的尝试与实践。

二、现代企业法体系

（一）我国现有企业法体系存在的问题与不足

社会主义计划经济时期，我国的企业一直是以全民所有制企业和集体所有制企业为主导的公有制企业为主，并且国家制定了相关法律法规，如《全民所有制工业企业法》《城镇集体所有制企业条例》和《乡村集体所有制企业条例》等。

20世纪80年代改革开放以来，我国在已有的全民所有制企业和集体所有制企业基础上，又出现了私营企业和三资企业，也有了相应的《私营企业暂行条例》（已失效）和三资企业立法等。随着我国改革开放的进一步深化和市场经济的发展，国有企业股份制改制、私有企业和三资企业的发展，我国也出现了股份制公司企业、合伙企业和个人独资企业，以及国有企业的特殊形态（如国家开发银行、中国农业发展银行等），因而也相应出台了《公司法》

《合伙企业法》《个人独资企业法》等相关法律法规。上述不同时期所出现的企业形态及其相关企业立法大多数仍有效。

综观我国现有企业分类及其法律调整现状，明显存在着企业法体系紊乱的问题。具体而言，主要存在如下几个问题：

（1）我国现有企业立法既以所有制性质表现出来（如《全民所有制工业企业法》《城镇集体所有制企业条例》等），又以企业组织形式和责任承担方式表现出来（如《公司法》《合伙企业法》和《个人独资企业法》等），从而导致不同企业分类在立法上的并存。不同企业分类的并存是正常现象，但在立法方面的并存则易带来立法混乱和法律适用的模糊。同时，以所有制性质进行企业分类作为理论研究是可行的，但作为立法实践则明显具有消极性和滞后性。受此影响，以企业组织形式和责任承担方式进行企业分类的立法实践也存在缺陷与不足。

（2）同一性质的企业却由不同的法律调整。比如，尚未进行公司化改制的全民所有制企业由《全民所有制工业企业法》等调整，但国有独资公司、多个国有投资主体的有限责任公司和国有控股公司却又受到《公司法》等调整。又比如，许多全民所有制企业和集体所有制企业等虽受全民所有制和集体所有制企业立法调整，但在许多形式上却又按照《公司法》等运作；许多国有独资公司、多个国有投资主体的有限责任公司和国有控股公司虽受《公司法》等商事企业立法调整，但在实质上却仍按照《全民所有制工业企业法》运作等。又比如，私营企业既由《私营企业暂行条例》（已失效）调整，又由《公司法》《合伙企业法》和《个人独资企业法》等调整。再比如，同为有限责任公司的企业虽由《公司法》调整，但三资企业的有限责任公司却又主要由三资企业立法调整。一个企业的不同方面或不同的职能部分由不同的法律法规调整尚可理解，但对于一个企业的同一方面或同一职能部分却因其投资主体、企业组织形式的不同以及不同企业分类的立法并存等原因而由不同的法律法规调整显然是很不科学的，容易造成立法混乱和法律适用的模糊。

（3）现有企业分类及其法律调整没有充分考虑到世界市场经济一体化的发展趋势以及国际惯例的要求，对内外资企业区别对待，有违市场主体的平等待遇原则。

（4）现有企业分类及其法律调整没有充分考虑到特殊企业形态，没有对普通商事企业和特殊企业作出合理界定以及相应的区别法律调整。[1]

之所以如此，主要是受我国渐进式改革的影响，我国经历了计划经济、有计划的商品经济以及市场经济等过程，从而出现了全民、集体、私营、"三资"以及公司、合伙、个人独资等错综复杂的企业形态及其法律制度。其具有我国发展的阶段性特征，有其历史发展阶段的合理性与正当性。但从现代市场经济的发展要求来看，厘清并重新构建适应市场经济要求的企业法体系是相当必要的。

（二）我国现代企业法体系构建

深化国有企业改革，实现国有企业的合理市场定位，是我国企业法体系构建的前提和基础。对于如何深化国企改革及其合理市场定位，本书第一章已经分析，在此不再重复。[2]

在市场经济社会，随着我国国有企业和集体企业改革的深化，基于市场主体平等原则和国民待遇的要求，企业立法应当以企业组织形式和责任承担方式为标准代替所有制性质标准，同时辅以特殊立法规定。鉴于此，传统社会主义计划经济时期以及市场经济初期有关全民所有制企业、集体所有制企业、私营企业以及三资企业等相关法律法规都需要进行清理，并将逐步淘汰和废止，比如《全民所有制工业企业法》《城镇集体所有制企业条例》《乡村集体所有制企业条例》等，而代之以《公司法》《合伙企业法》和《个人独资企业法》等商事企业立法，真正实现企业市场主体平等和国民待遇原则。其中，外商投资企业将不再单独立法调整，而是以企业组织形式和责任承担方式为准则与内资企业一道适用《公司法》等商事企业法律法规。除此以外，外商投资企业还适用有关外商投资的国家特殊规定，诸如《外商投资法》等相关立法。同时，对现有《公司法》等商事企业立法将按照市场经济要求进行修改，消除所有制性质立法和计划经济色彩，不再规定"国有独资公司"等内容。对于市场经济社会需要的国有企业，将不再适用《全民所有制工业企业法》等有关全民所有制企业立法的相关法律法规，也不再一概适用《公司法》等商事企业法；除了适用《企业国有资产法》等有关国有企业立法外，具有发展阶段性的商业一类（一般竞争类）国有企业作为普通商事企业还可

---

[1]　李昌庚："试论我国现代企业分类及其法律调整"，载《理论界》2005年第2期。
[2]　参阅本书第一章"国有企业法理解读"的相关内容。

以适用《公司法》等私法规范；其他公益类和商业二类（特定功能类）国有企业一般作为特殊企业对待，主要适用公法规范，实行特殊企业立法，可以采取"一特一法"或"一类一法"方式进行调整。

综上所述，我国现代企业法体系构建如下：

（1）普通商事企业法。一般意义上的公司、合伙企业和个人独资企业是典型的私法上的商事企业，普通商事企业法主要包括《公司法》《合伙企业法》和《个人独资企业法》等商事企业法律法规。这是市场经济社会最主要的市场主体立法。但是，我国现有的《公司法》却涵盖了特殊企业"国有独资公司""多个国有投资主体的有限责任公司"等相关国企内容，有待修订完善。[1]

（2）特殊企业法。在市场经济社会，公益类和商业二类（特定功能类）国有企业一般被作为特殊企业对待，由国家特殊立法调整。即便是具有发展阶段性的商业一类（一般竞争类）国有企业，除了可以适用普通商事企业法外，作为公权力因素的国有企业必然还需要特殊立法规制。因此，特殊企业法主要是指国有企业法，比如，现有的《企业国有资产法》《企业国有资产监督管理暂行条例》《国家出资企业产权登记管理暂行办法》等；有关政策性银行、邮政、铁路、能源、航空航天或军工企业等特殊行业的国有企业专门特别立法等。[2]

（3）有关企业立法的特殊规定。国有企业作为特殊企业，由特殊立法调整。这里主要是国家针对普通商事企业有关扶持、促进、淘汰等诸如产业政策之类的特殊规定。比如，针对外商投资企业的《外商投资法》等、针对中小企业的《中小企业促进法》等。对此，国际上也不例外，比如，美国于20世纪50年代颁布了《小企业法》；日本于1999年颁布了新的《中小企业基本法》等。

三、企业法性质和地位

（一）企业法性质

作为调整与规范市场主体的企业法主要包括普通商事企业法、特殊企业法和有关企业立法的特殊规定。普通商事企业法主要包括《公司法》《合伙企

---

[1] 参阅本书第二章第五节"国有企业法体系"的相关内容。
[2] 参阅本书第二章第五节"国有企业法体系"的相关内容。

业法》和《个人独资企业法》等商事企业法律法规。普通商事企业法主要是私法规范,但也涉及公法规范。比如,公司法就是以私法规范为主,兼具公法规范因素,如公司登记与监管等。尽管出现了商法公法化现象,以弥补传统法律适应市场经济发展的要求等因素,但这不会改变普通商事企业法的典型私法特征。特殊企业法主要包括《企业国有资产法》以及有关国有企业的专门立法,这类法律法规一般都是公法规范。有关企业立法的特殊规定一般也都是公法规范,如《外商投资法》《中小企业促进法》等。

由此可见,企业法是兼具公私法因素的若干法律法规群。其中,普通商事企业法是典型的私法规范,但也兼具公法规范;特殊企业法和有关企业立法的特殊规定主要是公法规范。

(二) 企业法地位

广义上的企业法包括普通商事企业法和特殊企业法,以及有关企业立法的特殊规定。狭义上的企业法一般主要指普通商事企业法。由于普通商事企业法与特殊企业以及有关企业立法的特殊规定在公私法规范等方面存在很大的差异,法律适用性质迥异,因而讨论广义上的企业法是否作为单独的法律部门并无多大意义。英美法系国家和地区更没有这种思维习惯。

一般意义上所讲的企业法往往指狭义上的企业法,即普通商事企业法,主要包括《公司法》《合伙企业法》和《个人独资企业法》等相关商事企业法律法规。普通商事企业是典型的私法上的企业,普通商事企业法属于民商法的分支商事主体法,这是市场经济社会最主要的市场主体法。可以说,狭义上的企业法属于民商法分支部门法体系的商事主体法,其中又包括公司法、合伙企业法和个人独资企业法等。

特殊企业法和有关企业立法的特殊规定主要是公法规范。这类立法主要是调整和规范国家为了弥补市场失灵和再分配政策等而通过国家投资设立国有企业、产业政策的行为。因此,从部门法属性来看,无论是作为特殊企业法的国有企业法,还是有关企业立法的特殊规定(如《中小企业促进法》等),都属于经济法体系,不仅是经济法主体制度的重要内容,也是经济法中的宏观调控法体系的重要组成部分。

第二节　国有企业法概念和特征

一、国有企业法概念

关于国有企业法的概念，史际春教授认为，国有企业法是指调整国有企业内外部组织关系的法。[1]甘培忠教授认为，国有企业法是规定国有企业的设立、法律地位、组织形式、经营管理、收购与合并、监督与管治、资产保值、权利与义务以及终止等方面的法律规范的总称。[2]

尽管学界的表述存有差异，但其实质内容是大体一致的。即无论是企业法还是国有企业法，均主要调整企业的主体地位及其组织关系，而不单纯调整和规范企业的市场行为。但也有学者认为，国有企业法除了国有企业组织法外，还包括国有企业政策法。[3]对此，笔者不予认同，原因在于：企业法主要是主体法和组织法，国家无论是对国有企业还是对其他企业的调整政策，因调整政策内容的性质而涉及相关法律（如产业政策法、竞争法、财税法、金融法等），而不能将这些内容都纳入国有企业法的调整范畴，否则公司法等其他企业法也无法解释清楚，而且易混淆不同部门法。

综上，结合公司法等各种企业法定义，为了统一与规范，所谓国有企业法，是指调整国有企业设立、运营、终止及其监管等过程中所产生的各种社会关系的法律规范的总和。

国有企业法作为企业法的重要组成部分，其调整对象如同一般意义上的企业法一样，主要是国有企业的内外部组织关系，主要包括政府投资与国有企业设立、国有企业治理、国有资本经营预算、国有企业运营、国有企业收益、国有企业终止与清算、国有资本监管等。

总之，国有企业法主要调整和规范国有企业在市场经济社会的主体地位，而不是单纯调整和规范国有企业的市场行为。在市场经济社会，国有企业更多地存在于非市场竞争领域，具有准行政行为特性，而这恰恰是国有企业法需要调整的领域和对象。即便国有企业涉及市场行为，也主要由合同法、竞

---

〔1〕　史际春：《国有企业法论》，中国法制出版社 1997 年版，第 62 页。

〔2〕　甘培忠：《企业与公司法学》（第 3 版），北京大学出版社 2004 年版，第 86 页。

〔3〕　参见王新红等：《国有企业法律制度研究》，中央编译出版社 2015 年版，第 43 页。

争法等若干法律法规调整。虽然国有企业法也有可能涉及企业的市场行为（如企业兼并重组等），但这些都是企业组织范畴的关联行为。凡是超出企业组织范畴的行为，均不属于国有企业法调整范围，如国有企业的市场交易行为由合同法等相关法律法规调整；如国有企业行为涉及金融、保险等特定领域，还受到金融法、保险法等调整。

二、国有企业法特征

在市场经济社会，国有企业法主要具有如下几个特征：

（一）国有企业法主要是主体法和组织法

如前所述，国有企业法主要调整和规范国有企业的内外部组织关系，主要规范国有企业在市场经济社会的特殊主体地位。即便是涉及企业的市场行为，也是企业组织范畴的关联行为或是企业组织特有的行为活动，需要在国有企业法中一并规定。纯粹的企业市场行为主要由合同法、竞争法等相关法律法规调整。这是包括公司法在内的所有企业法的共同特征，国有企业法表现得尤甚。因为在市场经济社会，国有企业原则上主要存在于市场机制无法或难以发挥作用的领域，主要作为特殊主体存在，而并非是一般意义上的商事主体。

（二）国有企业法主要是特殊企业法

在市场经济社会，国有企业原则上主要存在于非市场竞争或特定市场领域，代替政府承担一些特定或专项功能，一般具有特殊企业性质，不同于市场竞争领域的主要以营利为目的的普通商事企业。国际上尤其是市场经济发达国家不仅国有企业比重较低，而且普遍将国有企业作为特殊企业对待，法律适用也不同于普通商事企业的典型私法规范，更多地体现为公权力管制的公法规范。

我国也不例外。随着我国市场经济体制改革的进一步深化，国有企业改革及其市场定位愈益明晰。公益类和商业二类（特定功能类）国有企业一般被作为特殊企业对待，由国家特殊企业立法调整。基于我国的市场经济发展水平，商业一类（一般竞争类）国有企业具有发展阶段性，虽然这类国有企业可以适用公司法等普通商事企业法，但均由针对国有企业的特殊立法调整。因此，国有企业法主要是特殊企业法，更多地体现公法规范。比如，《企业国有资产法》以及有关国有企业的单行立法或特别立法等。

（三）国有企业法具有较强的政策性

在市场经济社会，国有企业主要是为了弥补市场失灵和起到再分配政策等作用，是政府干预经济的一种重要手段。世界各国国有企业的发展历史足以例证。市场机制遭受严重破坏的时期一般是国家干预经济程度比较高的时期，也是国有企业比重较高的时期。一旦市场机制恢复常态，国有企业比重便会大幅下降。两次世界大战期间美国、英国、法国等国国有企业的发展与退出表现得较为明显。同样，在发展中国家，为了加快构建工业和国民经济体系、技术创新、产业引导和扶持、培育市场竞争力等，也会在市场竞争领域不同程度地存在一定比例的国有企业，这些国有企业又会随着经济发展而不断变迁并逐步退出国有资本。由此可见，不同于私有企业的市场自发行为，国有企业本身就是政府主导行为，体现了较强的国家经济政策和产业政策等特点。

因此，作为调整和规范国有企业的国有企业法受国家政策影响必然较大，具有较强的政策性。其主要表现为如下几个方面：一是国有企业法的立法层级不是很高，除了少数由全国人大立法外，多数是国务院及各部委的行政法规和部门规章，尤其是部门规章和规范性文件较多，比较分散和易产生立法冲突。比如，针对企业国有产权转让的相关立法，如《金融企业国有资产转让管理办法》和《中央企业境外国有产权管理暂行办法》等；比如，针对企业国有产权登记的相关立法，如《国家出资企业产权登记管理暂行办法》《企业国有资产产权登记管理办法》《境外国有资产产权登记管理暂行办法》《中央文化企业国有资产产权登记管理暂行办法》等。二是国有企业法内容体现了较多的政策性因素，传统法律规范相对较少。无论是《企业国有资产法》还是前述的有关企业国有产权转让和登记的相关立法等。三是国有企业法变动性相对较强。由于国有企业法立法及其效力层级不是很高，受国有企业的国家政策因素影响较大，立法比较分散和易产生冲突，因而国有企业法稳定性不是很强，修改和废止的频率相对较高。

第三节　国有企业法性质和地位

一、国有企业法性质

在计划经济社会，以全民所有制企业为形态的国有企业占据绝对主导地位，一切都由国家公权力控制和计划安排。因而，计划经济社会缺乏现代意义上的法治精神，较少有立法规定。国有企业也不例外。即便有所谓的法律，往往也更多地具有行政命令或政策色彩。

自改革开放以来，在从计划经济向市场经济转轨的过程中，我国市场机制还不成熟，虽然出现了私营企业、外商投资企业，但国有企业仍过多地存在于市场竞争领域，国有企业的市场定位仍不是很清晰。因而，有关国有企业的立法仍较多地带有计划经济色彩，法治精神不足，难以适应市场经济需求，比如《全民所有制工业企业法》《全民所有制工业企业承包经营责任制暂行条例》等。如果参照公私法视角衡量，有关国有企业的这类法律大多已被纳入公法范畴。

在市场经济社会，国有企业主要是为了弥补市场失灵和发挥再分配政策等作用，原则上主要存在于非市场竞争或特定市场领域。因此，国有企业在市场经济社会一般而言不是作为普通商事主体，而是作为特殊企业对待。依据我国国有企业的分类，这类国有企业主要是公益类和商业二类（特定功能类）国有企业。这在市场经济发达国家表现得尤为明显。国有企业的公权力因素和"政企不分"的特性决定了这类国有企业一般不适用公司法等普通商事企业法，而主要适用公法规范。

当然，在发展中国家，尤其是早期发展阶段，基于建立国民经济体系、产业引导和扶持、技术创新、培育市场竞争力等因素，市场竞争领域往往不同程度地存在一定比例的国有企业。对于从计划经济向市场经济转型过渡的中国而言，这一现象在一定发展阶段表现得更为明显。依据我国国有企业的分类，这类国有企业属于商业一类（一般竞争类）国有企业，即一般竞争类国有企业。无论何种国有企业，一方面，政府作为国有股东需要介入国有企业；另一方面，由于国有企业具有公权力因素和"政企不分"的特性，这类国有企业在市场竞争领域容易带来诸多消极现象，如行政垄断、权力寻租、企业治理失灵、国有资产流失等问题。因此，尽管这类国有企业可以适用普通商事企业法等私法规范，但仍需要国有企业特殊立法等公法规范加以规制，如现行的《企业国有资产法》《国家出资企业产权登记管理暂行办法》等。同时，其还意味着国有企业不宜过多或过长时间存在于一般市场竞争领域，商业一类（一般竞争类）国有企业更多地具有发展阶段性，随着条件变化往往会适时退出一般市场竞争领域。

因此，在市场经济社会，调整具有公权力因素的国有企业的国有企业法不是一般意义上的普通商事企业法，而主要是公法规范，具有公法属性。当然，市场经济社会的国有企业法所具有的公法属性完全不同于我国从计划经济向市场经济转轨过渡阶段所颁布的诸多国有企业立法的公法属性，后者是在国有企业市场定位不清以及法治化程度较低背景下的产物，难以适应市场经济的要求，需要加以清理和废止。

二、国有企业法地位

（一）国有企业法属于经济法

长期以来，国有企业立法比较零散，即便国企改革有比较大的变动，国有企业法是否是独立部门法以及属于哪个部门法等也没有引起人们的足够关注。原因在于：一是国有企业在计划经济时期几乎没有什么立法，至多是行政命令或政策的代名词；二是在计划经济向市场经济转型改革的早期阶段，有关全民所有制企业立法在国有企业改革市场定位以及法律适用尚未清晰的时代背景下既没有必要，也无法考证国有企业法的部门法属性；三是随着国有企业公司化改制的进一步深化，许多国有企业逐渐退出国有资本、还原市场主体身份并且适用《公司法》等私法规范也是发展趋势，但却一概或模糊适用《公司法》等私法规范，而忽视了市场经济社会保留下来的国有企业自身法律适用的特殊性。

其实，如同英美法系一样，国有企业法到底属于哪个部门法并不重要，关键是国有企业作为特殊企业要与普通商事企业区别进行法律规制。

在市场经济社会，国有企业法属于广义企业法中的特殊企业法，不同于普通商事企业法。普通商事企业法属于民商法中的商事主体法。但国有企业法作为特殊企业立法，主要调整和规范国家为了弥补市场失灵和再分配政策等通过国家投资设立国有企业、产业政策的行为，更多地具有公法属性。因此，如果考虑到我国部门法划分的传统习惯，从部门法属性来看，作为特殊企业法的国有企业法应当属于经济法体系。

（二）国有企业法属于经济法主体制度的重要组成部分

有学者从不同视角将国有企业法纳入经济法主体制度。比如，史际春教授在经济法主体制度中单列了特殊企业法律制度和国有企业法等；[1]张守文教授在经济法的主体构架中将国有企业纳入了调制主体和调制受体。[2]

笔者以为，在市场经济社会，国有企业无论作为政府调控市场经济的一种手段，并作为政府授权主体调控市场经济，还是作为被政府调控和规制的对象，国有企业法都可以被纳入经济法主体制度。问题的关键在于，基于部门法划分的传统习惯，国有企业法作为经济法主体制度的组成部分要与其他部门法加以区别，尤其是要与民商法的普通商事企业法（如公司法等）加以区别，而国有企业法作为特殊企业立法，有别于普通商事企业立法，恰恰体现了这一要求。这也是经济法主体制度提炼的必然要求。

（三）国有企业法属于经济法的宏观调控法

如前所述，长期以来，国有企业法本身以及是否属于经济法体系并未引起学界的足够关注。在经济法学界，即便涉及国有企业法，也多从经济法主体制度视角分析。但也有学者将国有企业法列入"国家投资经营法"作为专门篇章分析，如漆多俊教授；[3]或将国有企业法列入"国有资产法基本问题研究"作为专门篇章分析，如王全兴教授。[4]

笔者以为，国有企业法除了可以被提炼为经济法主体制度组成部分外，在经济法体系中对国有财产暨国有企业法再进行专题研究是必要的。如果将经济法体系构架按照总论（总则）和分论（分则）划分，国有财产暨国有企业法也是分论（分则）中的重要组成部分。如果经济法体系的分论（分则）进一步按照传统的宏观调控法和市场规制法划分的话，国有财产暨国有企业法没有必要被单列出来，应当属于宏观调控法的范畴。理由在于：国有财产

---

〔1〕 参见史际春主编：《经济法》（第2版），中国人民大学出版社2010年版，第128~160页。

〔2〕 参见张守文：《经济法学》，中国人民大学出版社2008年版，第82~89页。

〔3〕 参见漆多俊主编：《经济法学》（第2版），高等教育出版社2010年版，第207~276页。

〔4〕 参见王全兴：《经济法基础理论专题研究》，中国检察出版社2002年版，第643~699页。

暨国有企业是政府为了弥补市场失灵和起到再分配作用等而调控市场经济的重要手段。相应地，国有财产暨国有企业法更多地具有宏观调控法属性。如果仅从经济法主体制度视角分析国有企业法，显然不能更好地突出国有企业法在市场经济社会以及经济法体系中的地位和作用。

第四节　国有企业法基本原则

所谓国有企业法基本原则，是指国有企业法调整国有企业相关关系的基本准则，是国有企业立法及其法律制度设计的指导思想和价值理念。对于国有企业法的基本原则，学界的研究很少。在由计划经济向市场经济转型过程中，尤其是其较早阶段，当时国有企业的市场定位不清，国有企业仍然大量存在于市场竞争领域。在这一特定时期，曾有代表性观点认为，国有企业法基本原则主要有：一是坚持国有财产神圣不可侵犯原则；二是保障企业独立经营权原则；三是实行经营责任制原则；四是实行经济民主原则。[1]这在当时是可以理解的，也是当时学界的普遍看法。但这些基本原则大多不符合现代市场经济条件下的国有企业定位及其相应立法。比如，企业独立经营权、经营责任制和经济民主等原则的关键是"政资分开"，国有资本要从许多市场竞争领域逐步退出。而对于市场经济社会需要的国有企业而言，其本身就具有公权力因素以及"政企不分"的特性，独立经营权、经营责任制和经济民主等很难用市场经济条件下的普通商事企业法来衡量。

在市场经济社会，国有企业法基本原则主要包括如下几个方面：

一、有限投资原则

众所周知，公司等普通商事企业都是市场竞争主体和营利性组织，公司法等普通商事企业法就是鼓励和促进商事主体投资以及公司等商事企业追求利润最大化。但是，国有企业法却恰恰相反。

在市场经济社会，国有企业原则上主要存在于非市场竞争或特定市场领域，以弥补市场失灵和发挥推行再分配政策等作用。随着市场经济的充分发展和国家治理水平的提高，处于充分管制下的私有企业在一定程度上也能起

---

[1]　甘培忠：《企业与公司法学》（第3版），北京大学出版社2004年版，第87~88页。

到弥补市场失灵和再分配政策等作用，这就意味着国有企业在市场经济社会的存在空间会进一步受到限制。因此，国有企业法对国有资本投资领域及其投资功能加以严格限制，尽量减少国有资本投资市场竞争及其营利性领域，避免与民争利；即便涉及市场竞争及其营利性领域，其也往往更多的是国有资本投资承担国家特定功能的伴随产物。而且，随着市场经济的进一步发展和市场机制的成熟，国有企业立法对国有资本投资限制会更加严格。

二、国家适度干预原则

在市场经济社会，国有企业是国家干预和调控经济的一种手段和方法。相应地，国有企业法体现了国家对市场经济进行干预和调控的立法理念和价值取向。比如，《企业国有资产法》第7条规定："国家采取措施，推动国有资本向关系国民经济命脉和国家安全的重要行业和关键领域集中，优化国有经济布局和结构，推动国有企业的改革和发展。"

国有企业的公权力因素决定了国有企业经营自主权尤其具有相对性。国有企业的国有股东具有强烈的公权力因素，必然体现较强的国家以及政府干预和调控经济的意志。即使是股权多元化的国有企业，没有控股权的其他非国有股东也要受到国有股权的公权力因素影响。因此，不同于公司自治原则，国有企业法强制性规范较多，任意性规范较少；国有企业自治权相对较低，国有企业治理不同于公司内部治理结构的权利制衡，更多的是行政型治理模式，受到国家及其政府公权力的影响较大。其影响程度又受到国有股权比例的限制，国有独资和国有绝对控股的企业往往受国家及其政府影响更大。在市场经济社会，国有企业的国有股权比例的多少本身就是国家干预和调控经济的政策导向。

当然，国有企业法体现的是一种国家适度干预原则，不仅体现在国家通过国有企业这种手段干预和调控经济是适度的，即国有资本的投资领域是受到市场限制的，而且国家公权力对国有企业经营自主权的影响也是适度的。这些都取决于国有企业立法精神及其价值理念的准确把握。

三、社会公益性原则

在市场经济社会，国有企业作为国家干预和调控经济的一种手段，主要存在于市场机制无法或难以发挥作用的领域，以弥补市场失灵和发挥推行再分配政策等作用。凡是市场机制无法或难以发挥作用的领域，国有企业必须担当此任。营利性不是国有企业的首要目标，盈利并不是国有企业设立的理由。即使国有企业有时也会进入市场竞争领域，尤其是在发展中国家的某些特定发展阶段，但也承担了政府的诸多特定功能，如加快构建国民经济体系、引导技术创新和产业扶持、培育企业竞争优势等。因此，国有企业总体而言更多地体现了国家及其政府的意志，体现了国家利益和社会公共利益。相应地，社会公益性原则应当成为国有企业立法的指导思想和价值理念。

对于股权多元化的国有控股企业而言，理论上要求遵循股东平等原则和全体股东利益一体化保护原则，但在实践中，基于国有企业的公权力因素，国有股东更多地体现了国家及其政府意志，以及国有企业的市场功能定位，从而或多或少地限制或影响了其他股东的权利及其利益。虽然笔者在某种程度上也认可布莱克斯通所说的"公共利益并不比保护私人权利更重要"的观点，[1] 但国有企业在市场经济社会的定位决定了国有企业的社会公益性原则，由此也决定了国有控股企业的其他非国有股东必然受此限制或影响，进而进一步说明国有企业不宜过多或过长时间进入市场竞争领域，即商业一类（一般竞争类）国有企业不宜过多存在，且往往具有发展阶段性。

国有企业的社会公益性原则不同于普通商事企业的企业社会责任原则，前者以国家利益或社会公共利益为首要目标，同时在某些国有企业或许或多或少涉及营利性；后者以营利为首要目标，同时伴随着承担企业的社会责任的需要。尤其是市场经济进一步充分发展的现代社会越来越要求普通商事企业主动承担企业的社会责任，由此也在某种程度上或多或少地压缩了国有企业的存在空间。

四、国有资本保值增值原则

众所周知，国有企业主要存在两个缺陷：一是国有企业产权主体模糊而缺位，信息不对称严重，委托代理成本高；二是国有企业与行政权力存在千丝万缕的关系，具有公权力因素和超经济性，容易形成政经混合体，具有行政垄断倾向。由此也决定了国有企业容易滋生腐败和国有资产流失。因此，国

---

〔1〕 See Roscoe Pound, *the Spirit of the Common Law*, William S. Hein & Co. , Inc. , Buffalo, New York, 1995, p. 53.

有资本保值增值就成了国有企业立法的重要指导思想和价值取向，国有企业立法不同于普通商事企业的私法规范，更多的是特殊企业立法等公法规范。比如《企业国有资产法》第六章的"国有资本经营预算"以及第七章专门规定了"国有资产监督"等内容。将来我国某些国有企业的单独特殊立法也不例外。

如前所述，在市场经济社会，国有企业原则上主要存在于非市场竞争或特定市场领域，主要被作为特殊企业对待，国家利益和社会公共利益是其主要目标。因此，国有资本保值增值并非是简单地追求国有企业营利性目标；国有企业立法所遵循的国有资本保值增值原则建立在国有企业社会公益性目标基础上。

第五节　国有企业法体系

一、我国现有国有企业法体系及其存在的问题

（一）我国现有国有企业法体系

我国现有国有企业法体系建立在社会主义计划经济体制向市场经济体制转型改革的进程中，在国有企业改革不断深化并带来国有企业立法变迁的基础上，根据现存国有企业的有关立法状况，现有国有企业法体系主要包括如下几个层次：

（1）在由社会主义计划经济体制向市场经济体制转型改革的早期阶段，尽管出现了私营企业、"三资企业"，但国有企业改革尚未从根本上触及产权领域，主要围绕企业经营机制的改革与探索，相应的国有企业立法主要基于所有制性质及其分类标准。比如，1986 年颁布的《全民所有制工业企业职工代表大会条例》、1986 年颁布的《全民所有制工业企业厂长工作条例》（2011年最新修订）、1988 年颁布的《全民所有制工业企业承包经营责任制暂行条例》（2011 年最新修订）、1988 年颁布的《全民所有制小型工业企业租赁经营暂行条例》（1990 年最新修订）、1988 年颁布的《全民所有制工业企业法》（2009 年最新修订）、1992 年颁布的《全民所有制工业企业转换经营机制条例》等。

上述法律法规不仅适用于当时的全民所有制企业（即国有企业），也适用于当前尚未进行公司化改制的国有企业。

（2）明确提出社会主义市场经济体制改革以来，我国开始深化国有企业产权多元化及其股份制改革，相应的国有企业立法除了前已述及的基于所有制性质及其分类标准的立法外，还包括基于企业组织形式和责任承担方式的立法。比如，1994年颁布的《公司法》（2013年最新修订）等。

对于已经进行公司化改制的国有独资公司、多个国有投资主体的有限责任公司、国有控股或参股公司而言，与其他所有制性质的普通商事企业一道适用《公司法》，其中包括《公司法》有关于"国有独资公司"的相关规定。尚未进行公司化改制的国有企业仍然适用前已述及的全民所有制企业相关立法。

（3）随着市场经济体制及国有企业改革的进一步深化，现有的全民所有制企业相关立法和《公司法》等私法规范已不足以涵盖国有企业的诸多特殊问题，为此出现了许多国有企业单行立法。比如，1996年颁布的《企业国有资产产权登记管理办法》、2003年颁布的《企业国有资产监督管理暂行条例》（2011年最新修订）、2008年颁布的《企业国有资产法》、2009年颁布的《金融企业国有资产转让管理办法》、2000年颁布的《国有企业监事会暂行条例》、2011年颁布的《中央企业境外国有资产监督管理暂行办法》、2011年颁布的《中央企业境外国有产权管理暂行办法》、2011年颁布的《金融企业非上市国有产权交易规则》、2012年颁布的《国家出资企业产权登记管理暂行办法》、2013年颁布的《中央文化企业国有产权交易操作规则》等。

上述有关国有企业单行立法不仅适用于尚未进行公司化改制的全民所有制企业，而且也适用于已经进行公司化改制的国有企业及其他国家出资企业。

（4）有关某些特殊行业国有企业的专门立法，比如，1986年颁布的《邮政法》（2015年最新修订）、1990年颁布的《铁路法》（2015年最新修订）、1995年颁布的《中国人民银行法》（2003年最新修订）等。

上述某些特殊行业的国有企业除了适用上述专门立法外，还要适用上述第三种情形有关国有企业的特殊立法。同时，根据这类国有企业是否进行公司化改制，还要区别适用全民所有制企业立法或公司法等。比如，中国邮政集团有限公司、中国铁路工程总公司等。

（二）我国现有国有企业法体系存在的问题

1. 立法标准不统一

我国现有国有企业立法既有基于所有制性质的（如《全民所有制工业企

业法》等），也有基于企业组织形式和责任承担方式的（如《公司法》中有关"国有独资公司"的规定等）。同一性质的企业却由不同的法律调整。比如，尚未进行公司化改制的国有企业由《全民所有制工业企业法》等调整，但对于国有独资公司、多个国有投资主体的有限责任公司和国有控股公司则要通过《公司法》等调整。

2. 立法滞后

《全民所有制工业企业法》等有关全民所有制企业的相关立法大多是20世纪80年代中后期90年代初期颁布的，部分立法后来虽有修订，但大多基本沿袭了计划经济向市场经济转型改革的早期阶段的立法理念和精神，难以适应市场经济的要求。因此，许多尚未进行公司化改制的国有企业虽受《全民所有制工业企业法》等相关全民所有制企业立法的调整，但在许多形式上却又按照《公司法》等运作。

根据《中共中央、国务院关于深化国有企业改革的指导意见》的规定，到2020年要基本完成所有国有企业的公司化改制。根据《中央企业公司制改制工作实施方案》的要求，2017年底前完成所有国资委管辖的中央国有企业的公司化改制。据此，《全民所有制工业企业法》等有关全民所有制企业的相关立法将会被逐步淘汰。

3. 立法体系紊乱

鉴于如下因素：一是我国早先国有企业立法带有计划经济色彩，而后并未完全修订或废止；二是随着我国市场经济体制改革，在对国有企业适用原先的全民所有制企业相关立法的同时，又对其不加区分地按照普通商事企业立法加以调整；三是随着我国市场经济体制改革的进一步深化，国有企业分类改革推进，我们开始考虑到采取公益类和商业类国企区别立法的方式，而原先相关国有企业立法又尚未清理。因而，我国现有国有企业法体系紊乱，既有来自于早先全民所有制企业的相关立法，也有来自于市场经济发展所需要的公司法等相关立法，同时也有后来基于国有企业特殊性的相关专门立法等。

这不仅造成了国有企业自身立法体系紊乱，而且还造成了国有企业作为特殊企业立法与私有企业等普通商事企业立法的混淆。

4. 立法冲突

基于国有企业立法标准不统一、立法滞后、立法体系紊乱以及尚未及时进行立法清理等因素，国有企业立法存在诸多冲突之处。比如有关全民所有制企业立法与《企业国有资产法》等相关法律法规存在许多差异；《企业国有资产产权登记管理办法实施细则》是为了配合《企业国有资产产权登记管理办法》而制定的，但却与《企业国有资产产权登记业务办理规则》（已失效）存在许多差异；《国家出资企业产权登记管理暂行办法》与早先颁布的《企业国有资产产权登记管理办法》及其实施细则等也存在差异。

5. 法律适用不科学

国有企业立法标准不统一、立法滞后和立法冲突等因素必然导致国有企业法律适用不科学、不合理。更为重要的问题在于，我国尚未完全按照公益类和商业类以及商业一类（一般竞争类）和商业二类（特定功能类）这一分类方式对国有企业进行区别法律规制，而是将国有企业与私有企业等普通商事企业法律适用相混淆，即对于进行了公司化改制的国有企业不加区分地简单适用《公司法》等普通商事企业立法，对于尚未进行公司化改制的国有企业则仍然适用《全民所有制工业企业法》等相关立法。从而在实践中造成了如下奇怪现象：许多尚未进行公司化改制的国有企业虽受《全民所有制工业企业法》等相关全民所有制企业立法调整，但在许多形式上却按照《公司法》等运作；许多国有独资公司、多个国有投资主体的有限责任公司和国有控股公司虽受《公司法》等普通商事企业立法调整，但在实质上却受到《全民所有制工业企业法》等相关立法的影响。

二、境外国有企业法体系简要分析

从国际上来看，世界各国国有企业比重普遍较低，国有企业普遍采取国家公私产区别法律规制，除了极少数商业类国有企业可以适用《公司法》等商事企业立法外，国有企业一般被作为特殊企业受特殊立法规定调整，有关国有企业立法曾经主要经历过如下四种模式：

（1）专门颁布统一的《国有企业法》，再辅之以某些国有企业专门立法。比如，加拿大除了针对政府投资企业的一般性法律（如《国有企业一般规定》）外，还有国有企业专门立法（如《金融管理法》等）；澳大利亚颁布了《联邦机构与联邦公司法》，以及其他特殊国企立法；新西兰颁布了《国有企业法》，以及《金融法》《邮政银行法》等特殊国企相关立法；列支敦士登颁布了《公共企业控制法》；新加坡颁布了《法定机构及政府公司（秘密保护）法》《法定公司（资本投资）法》，还有其他专门的国企立法（如《裕廊镇公司法》《电力法》等）。

（2）专门颁布统一的《国有财产法》，其中涉及政府与国有企业的投资关系等规定，同时辅助以某些国有企业专门立法。比如，日本除了《国有财产法》外，还有某些国有企业专门立法（如《地方公营企业法》《邮政股份有限公司法》《国有铁道公社法》《电信电话株式会社法》等）。

（3）既有统一的《国有财产法》和《国有企业法》，也有某些国有企业专门立法。比如，法国除了《国有财产法典》（后被《公法人财产法典》所取代）和《国有企业法》外，还有某些国有企业专门立法〔如《有关公共部门民主的法律》（1983 年 7 月 26 日第 83-675 号）等〕；韩国除了《国有财产法》和《国有企业管理法》外，也有某些国有企业专门立法（如《地方公企业法》《公共机构运营法》等）。

（4）既没有统一的《国有财产法》，也没有统一的《国有企业法》，而是在相关立法中有专门的国有企业规定，再辅以国有企业的相关特殊立法。比如，美国的《联邦法典》第 91 章专门规定了"政府公司"，同时针对许多国有企业还有专门立法，如《田纳西河流域管理局法》等（美国曾经在 1945 年颁布《联邦公司控制法案》）。又如英国在《水法》或《水产法》等相关立法中有关于国有企业的规定。德国也是采取类似的立法模式。

三、我国国有企业法体系构建

（一）我国国有企业法体系构建的前提和基础

1. 国有企业改革要到位

我国国有企业改革尚未到位，已经进入"深水区"，还需要进一步按照市场经济要求深化国企改革。国有企业要按照公益类和商业类进行分类改革、分类监管，国有资本原则上要逐步退出一般市场竞争领域。[1]这是国有企业科学立法的重要前提和基础。

2. 国有企业要区别法律规制

一是对国有企业与私有企业等普通商事企业进行区别法律规制；二是对国有企业要按照公益类和商业类以及商业一类（一般竞争类）和商业二类（特定功能类）进行区别法律规制。

---

〔1〕　参阅本书第一章"国有企业法理解读"的相关内容。

3. 现有国有企业立法要清理

一是随着国有企业公司化改制完成，有关全民所有制企业相关立法将被淘汰和废止，如《全民所有制工业企业法》等。二是基于国有企业改革不到位和部门立法分割等因素，有关国有企业的特殊立法缺乏按照市场经济要求的统一顶层设计而致立法滞后和冲突，对此需要逐步清理，如《企业国有资产法》需要修订完善；国资委和财政部等有关国有产权登记的立法需要协调、统一和废止。三是随着国有企业公司化改制的完成，在有关国有企业特殊立法尚未修订之前，进行了公司化改制的国有企业可以暂时适用《公司法》。但在有关国有企业特殊立法修订完善后，不再一概适用《公司法》，而是按照公益类和商业类以及商业一类（一般竞争类）和商业二类（特定功能类）进行区别法律规制。同时，对现有《公司法》等普通商事企业法按照市场经济要求进行修改，不再规定"国有独资公司"等内容，使《公司法》成为真正的商事企业立法。综上所述，我国在当下就要根据国有企业立法的条件成熟程度等因素逐步展开上述清理工作。

（二）我国国有企业法体系构建

在市场经济社会，公益类和商业二类（特定功能类）国有企业一般被作为特殊企业对待，由国家特殊立法调整。即便是具有发展阶段性的商业一类（一般竞争类）国有企业，除了可以适用普通商事企业法外，作为公权力因素的国有企业必然还需要特殊立法规制。因此，在市场经济社会，国有企业立法有别于私有企业，主要采取特殊企业立法，普遍具有公法规范属性。

具体而言，我国国有企业法体系构建如下：

1. 国有企业基本法

国有企业基本法主要调整投资主体政府或其授权单位与国有企业之间的相关法律关系。从我国目前来看，《企业国有资产法》类似于国有企业基本法。但将该法作为国有企业基本法主要存在如下不足：一是该法调整范围涵盖不全，尚未包括金融领域的国有企业、一些特殊行业的国有企业（如铁路、烟草、邮政等）；二是该法侧重于企业国有资产，而非企业本身，难以充分调整国有企业法律关系，比如国有企业设立、收益、终止等诸多内容；三是该法涉及一部分国有企业问题，《企业国有资产法》显然名不符实；四是该法并未严格界定公益类和商业类国有企业，并未明确区分国有参股公司与国有独资或控股公司法律适用的差异性，导致有些内容存在滞后或缺陷，如国有企业治理结构等。这也是现有《企业国有资产法》难以发挥成效的重要原因。因此，无论是现有的公司制国有企业还是即将进行公司化改制的国有企业，如果需要一部国有企业基本法，则现有的《企业国有资产法》难以胜任，而《全民所有制工业企业法》等相关全民所有制企业立法均将被淘汰和废止。但如果这些国有企业一概适用《公司法》，很显然是无视国有企业作为特殊企业与普通商事企业的区别，反而异化了《公司法》等私法规范。这不仅不利于国有企业治理，而且也不利于私有企业等其他性质的企业治理。

因此，我国当前需要及时修订《企业国有资产法》。有学者建议将《企业国有资产法》更名为《国有资本法》。[1]笔者认为不妥，因为国有资本范围太大，不能清晰界定国有企业。笔者建议将《企业国有资产法》更名为《国有公司法》或《国有企业法》等类似名称，作为国有企业基本法，以区别于《公司法》等普通商事企业立法。该法的内容主要包括：国有企业的界定、范围、出资人及其职能、设立、产权登记、企业治理、收益、终止、监管、法律责任等。该法的调整范围包括所有国有企业的共性问题；国有企业尤其是具有发展阶段性的商业一类（一般竞争类）国有企业，优先适用作为特别法的国有企业基本法等国有企业相关立法，未予规定部分适用作为一般法的《公司法》等私法规范；至于国有参股公司，主要适用《公司法》等私法规范，其中国有股权可以通过国有企业单行法解决。同时，也要对《公司法》进行及时修订，不再规定"国有独资公司"等涉及国有企业的内容，还原为纯粹的普通商事企业立法。届时，《全民所有制工业企业法》等相关全民所有制企业立法均将被淘汰和废止。鉴于我国近几年内限期完成所有国有企业公司化改制，上述修法任务显得更为迫切。

随着我国包括国有企业在内的国有财产市场转型改革逐步到位，尽管世界上的很多国家并未制定国有财产基本法，但考虑到中国的实际情况和立法传统，借鉴日本、韩国的《国有财产法》立法传统和经验，不排除有在条件成熟时制定一部国有财产基本法——《国有财产法》——的可能性。[2]一旦

---

[1] 参见刘纪鹏：《凤凰涅槃：刘纪鹏论国资改革》，东方出版社2016年版，第82~83页。
[2] 制定国有财产基本法的详细理由参见李昌庚：《国有财产法原理研究——迈向法治的公共财产》，中国社会科学出版社2011年版，第235~239页。

要制定《国有财产法》，必然会涉及将政府作为投资主体与国有企业之间的法律关系等内容。对此，有些国家（如日本）把《国有财产法》作为国有企业基本法，不再另行单独制定国有企业基本法，而是辅以国有企业单行法和特别法。但考虑到我国的实际情况及立法传统，即便将来制定了国有财产基本法《国有财产法》，笔者认为也有保留国有企业基本法《国有公司法》（或类似名称）的可能性，以确保我国国有财产暨国有企业立法体系的完整性。当然，这还要取决于我国未来国有财产暨国有企业的改革状况以及立法传统等诸多情势变更因素。

2. 国有企业单行法

国有企业单行法主要是调整国有企业基本法无法或尚未涵盖的有关国有企业的某些事项，而这些事项又非《公司法》等私法规范所能解决。如果是《公司法》等私法规范能够解决的国有企业问题，也无需国有企业单行立法。比如，国有参股公司主要适用《公司法》等私法规范，其中国有股权目前通过《企业国有资产法》等相关立法调整。一旦前已述及的《企业国有资产法》修订而作为国有企业基本法，国有参股公司的国有股权便无法通过国有企业基本法《国有公司法》（或类似名称）调整，对此应当通过国有企业单行法解决。

我国当前的国有企业单行法主要涉及国有产权登记、转让、收益、监督等方面的单行立法。比如，《企业国有资产产权登记管理办法》《国家出资企业产权登记管理暂行办法》《金融企业国有资产转让管理办法》《金融企业非上市国有产权交易规则》《中央文化企业国有产权交易操作规则》《国有企业监事会暂行条例》《中央企业境外国有资产监督管理暂行办法》《企业国有资产监督管理暂行条例》《中央企业境外国有产权管理暂行办法》等。

国有企业单行法是对国有企业基本法的补充，并随着国有企业基本法自身的完善程度而发生增减变化。我国当前有些国有企业单行法是在《企业国有资产法》颁布之前实施的，或是弥补现有《企业国有资产法》自身缺陷而另行制定的。随着我国《企业国有资产法》的重新修订，以及国有企业基本法的不断完善，国有企业单行法也将随之变化。凡是国有企业基本法能够涵盖的有关国有企业共性问题，原则上都不再单行立法。

3. 国有企业特别法

国有企业特别法主要调整某些特殊行业或领域的国有企业自身运营法律

关系。凡是国有企业基本法和单行法无法或不能更好地调整某些特殊行业或领域的国有企业若干问题，均应通过国有企业特别法调整。但某些特殊行业或领域的国有企业并非都由国有企业特别法调整，凡是国有企业基本法和单行法能够涵盖的国有企业共性问题，均由国有企业基本法和单行法调整。对此，应遵循特别法优于一般法原则。

这类特殊行业或领域的国有企业是典型的特殊企业。从国际上来看，特殊企业一般包括政府及其部门控制的没有独立人格的企业和公法人企业两种。[1]像俄罗斯等国所谓的国库企业、新加坡的法定机构、加拿大的皇冠公司等即属于特殊企业的一种。这类特殊企业一般采取"一特一法"或"一类一法"的立法模式，比如美国的《田纳西河流域管理局法》，日本的《邮政股份有限公司法》《国有铁道公社法》《电信电话株式会社法》等。

在有些国家，由于国有企业比重很低，往往既没有国有财产基本法，也没有国有企业基本法，主要通过特殊企业立法并辅之以国有企业单行法调整国有企业。

在我国，由于国有企业长期以来简单套用《公司法》等私法规范，国有企业特别法较少。我国国有企业特别法应当借鉴国际立法经验，采取"一特一法"或"一类一法"的立法模式。比如中国电信、中国移动和中国联通等这类企业可以采取"一类一法"模式；诸如中国邮政集团有限公司、中国国家铁路集团有限公司等可以采取"一特一法"模式，如《邮政法》《铁路法》等。同样，诸如中国核工业集团有限公司、中国葛洲坝集团有限公司等也可以单独立法。至于地方特殊企业，依此类推可以由地方单独立法。这类特殊行业或领域的国有企业优先适用国有企业特别法，未予规定部分适用作为一般法的国有企业基本法和单行法。

对于金融、保险领域的国有企业而言，涉及政府投资主体与企业之间关系等国有企业共性问题，需要通过国有企业基本法和单行法等国有企业通用立法调整。但对于国有企业基本法和单行法无法或难以更好调整的金融、保险领域的国有企业的诸多特殊问题，尤其是金融、保险领域的国有企业自身运营的诸多问题，则需要通过特别法调整，如《中国人民银行法》《商业银行法》《保险法》等。基于特别法优于一般法原则，金融、保险领域的国有企业

---

〔1〕　参见史际春主编：《经济法》，中国人民大学出版社2005年版，第152页。

优先适用特别法，未予规定部分适用作为一般法的国有企业基本法和单行法；其中，商业一类（一般竞争类）金融、保险领域的国有企业（即股份制商业银行和保险公司等）在特别法和国有企业基本法、单行法未予规定的情况下，还可以适用作为一般法的《公司法》等普通商事企业立法。但这类特别法由于专业领域的特殊性和部门法划分传统等因素，不宜作为国有企业特别法对待，也不是国有企业法的研究范畴，而是金融法、保险法等的研究范畴。

第三章 Chapter 3 | 国有企业设立

第一节　国有企业设立概述

一、国有企业设立的概念和特征

（一）国有企业设立的概念

国有企业设立是指政府或其授权单位依照国有企业相关法律法规规定，依据法定程序所实施的创办国有企业并取得法律主体资格的行为活动。

国有企业设立除了具有某些公司等企业设立的一般原理外，更多地有其特殊性。这也是国有企业立法及其研究的必要性。但从我国的现实情况来看，由于缺乏国有企业的特殊立法以及国有企业与其他企业区别法律规制模糊不清等因素，国有企业设立主要依照《全民所有制工业企业法》《公司法》等相关法律法规。如前所述，《全民所有制工业企业法》《公司法》等相关立法是在计划经济向市场经济体制转型改革过程中规定、修订的。一方面，国有企业的市场定位及其区别法律规制尚不清晰，现有的《全民所有制工业企业法》等全民所有制企业立法难以适应市场经济社会国有企业立法要求，面临着被淘汰和废止的问题；另一方面，国有企业一概适用《公司法》等相关立法，不仅难以有效地规制国有企业，而且还异化了《公司法》等普通商事企业立法，不利于普通商事企业治理。而现有的《企业国有资产法》等相关立法无法解决国有企业相关问题，这也正是我国国有企业基本法等相关立法需要加以解决的。[1]

国有企业设立不同于成立，国有企业成立是其设立的一种结果，而国有企业设立则是国有企业成立的必经程序，是一种过程活动。其原理如同公司

---

〔1〕　参阅本书第二章"国有企业法一般原理"的相关内容。

等企业一样，鉴于两者的区别在公司法等相关立法及其论著中已有充分阐述，在此不再分析。

（二）国有企业设立的特征

1. 设立主体主要是政府或其授权单位

私有企业或以社会资本占主导的混合所有制企业的设立主体或发起人一般是民商事主体，多是私法人主体。而国有企业的设立主体或发起人一般是政府或其授权部门、机构或企事业单位，多是公法人主体。因此，国有企业的设立体现了较强的政府意志和公权力因素，从而也决定了国有企业不同于一般的普通商事企业。

2. 设立行为具有行政或准行政行为性质

私有企业或以社会资本占主导的混合所有制企业设立是一种民商事行为，而国有企业的设立主体主要是政府或其授权单位，体现了较强的政府意志和公权力因素。因而，国有企业的设立不是一般意义上的民商事行为，具有行政或准行政行为性质。比如，组建中国国家铁路集团有限公司、中国投资有限责任公司、中国邮政集团有限公司等。因此，国有企业设立过程中的问题，如因设立瑕疵或失败等而产生的债权债务就不单纯是民事纠纷，也有可能涉及行政纠纷，由此也决定了国有企业设立的法律依据及其法律适用不同于普通商事企业。

3. 设立目的是成立具有特殊法律主体资格的国有企业，作为政府调控市场经济的一种手段

由于国有企业的设立主体主要是政府或其授权单位，体现了较强的政府意志和公权力因素。因此，国有企业的设立目的主要体现在如下几个方面：一是成立国有企业；二是成立具有特殊法律主体资格的国有企业，不同于普通商事企业的私法人主体资格，而具有公法人或准公法人特点的特殊企业法人主体资格；三是设立国有企业主要是作为政府调控市场经济的一种手段，以弥补市场失灵或发挥再分配政策或承担某些特定功能等作用。

4. 设立依据是特殊企业立法

由于国有企业主要由政府或其授权单位主导投资设立，体现了较强的政府意志和公权力因素，具有行政或准行政行为性质，因而在市场经济社会，国有企业主要是一种特殊性质的企业，不同于普通商事企业，应当区别进行

法律规制。国有企业的设立依据主要是特殊企业立法，包括但不限于国有企业基本法、单行法和特别法等。关于国有企业设立问题，应当在国有企业基本法中加以详细的一般性规定。其中，对于商业一类（一般竞争类）国有企业设立除了适用国有企业特殊立法外，未予规定部分还可以适用《公司法》等普通商事企业立法。

二、国有企业设立的基本途径

国有企业设立的基本途径在不同的国家存有差异。比较发达国家和发展中国家尤其是经历过从计划经济向市场经济转型的国家，国有企业设立的基本途径存有差异。

（一）发达国家

发达国家市场经济相对较为成熟，国有企业比重普遍较低。具体而言，发达国家国有企业设立的基本途径主要包括如下几点：①政府直接投资设立；②私有企业国有化，主要通过收购转让、征收等方式；③政府投资入股私有企业并逐渐达到控股程度。其中，私有企业国有化是发达国家建立国有企业的主要途径。

（二）中国

我国国有企业设立途径经历了如下阶段：①中华人民共和国成立初期，国有企业设立的基本途径主要包括：一是没收官僚资本，收归国有；二是征收、征用、没收外国在华资本；三是私有企业改造。②中华人民共和国成立后建设时期，主要采取政府投资新设国有企业方式。这是计划经济时期最主要的方式和途径，也使国有企业达到了高峰。③从计划经济向市场经济转型并逐渐发展阶段，许多国有企业面临着市场转型，国有资本需要逐渐退出一般市场竞争领域。这一阶段，国有企业重组改制成了国有企业设立的主要途径。我国国资委管辖的央企已经经历了多次合并重组改制。比如，2017年8月，中国国电集团公司和神华集团有限责任公司合并重组后组建了国家能源投资集团有限责任公司等。虽然这一阶段也有政府投资新设国有企业，如中国商用飞机有限责任公司等，但不再是国有企业设立的主要途径。对于许多发展中国家尤其是经历过从计划经济向市场经济转型的国家而言，其与我国国有企业设立的基本途径大体相似。

三、国有企业设立的原则

关于企业设立的原则，从传统意义上说，主要包括自由主义原则、许可主义原则、准则主义原则和特许主义原则等四种原则。在人类社会商业团体或企业出现的早期，主要是从罗马社会到欧洲中世纪，尤其是中世纪末自由贸易时期，曾经出现过自由主义原则，即企业设立既没有法律强制性规定，也无需政府审批，企业如何设立完全由当事人自由为之。但在市场经济社会，企业设立主要包括准则主义原则、许可主义原则和特许主义原则。简而言之，所谓准则主义原则，是指企业设立只要符合法律规定即可，并不需要政府审批。所谓许可主义原则，是指企业设立除了符合法律规定外，还需要得到政府审批。所谓特许主义原则，是指依据议会颁布的特别法、专门法或行政命令的特别许可而设立的企业。

在计划经济时期，无论是国有企业还是集体企业一般都采取许可主义原则主导，辅以特许主义原则。在由计划经济向市场经济转型改革的过程中，无论是公有制企业还是私有制企业都经历了许可主义原则、特许主义原则和准则主义原则的过程。这是一种社会进步，但也暴露出了国有企业与私有企业等普通商事企业区别法律规制的模糊性等问题。

在市场经济社会，私有企业等普通商事企业原则上不再适用特许主义原则和许可主义原则，一般采取准则主义原则，并呈现从单纯准则主义原则向严格准则主义原则发展的趋势。这也是我国企业商事许可制度改革的必然要求，我国《公司法》等相关立法的修订即体现了这一发展趋势。

但对于市场经济环境下的国有企业而言，国有企业设立主要采取特许主义原则和许可主义原则。也有学者提出，根据我国《公司法》的有关规定，对于竞争性行业的国有有限责任公司应采取准则主义原则。[1]笔者认为该观点有待商榷：一方面，国有资本原则上要逐渐退出一般市场竞争领域，即使在一定时间阶段进入竞争领域，也需要经过政府核准和议会审批；另一方面，这恰是我国《公司法》需要修订的部分，也是国有企业特殊立法需要解决的问题。因此，在市场经济社会，国有企业设立的原则主要是特许主义原则和许可主义原则。具体包括如下：

---

〔1〕 漆多俊主编：《经济法学》（第2版），高等教育出版社2010年版，第261页。

（一）特许主义原则

特许主义原则是指依据议会颁布的特别法、专门法或政府行政命令的特别许可而设立的企业。尽管这是行政许可的一种，但并不是一般意义上的行政许可，而是行政特别许可。议会审批、特别法令和政府特别核准等构成特许主义原则的核心要素。

欧洲中世纪后期，许多商业行会均希望借助国家权力进行商业垄断，而国家又希望借此推行某些政策而实现国家意图。在此背景下，公司设立原则从自由主义原则向特许主义原则转变。当初的特许主义原则对于许多公司设立而言，不管是国有企业还是私有企业，都必须经过女王或国王的特别许可或经过议会颁发特别法令许可。比如，1600 年成立的英属东印度公司、1602 年成立的荷属东印度公司等。

但随着商品经济以及资本主义社会的发展，尤其是后来的市场经济发展，特许主义原则所带来的过度管制和行政垄断越来越难以适应企业发展和市场要求，进一步降低市场门槛和严格限制特许主义原则适用范围成为必然趋势。

在当今的市场经济社会，特许主义原则主要局限于国有企业，但并非针对所有国有企业，主要针对某些特殊行业领域的国有企业，即这类国有企业除了国有企业基本法、单行法外，还需要相应的特别法规制，往往是"一特一法"或"一类一法"，如邮政、核能、铁路等特殊行业领域。像美国的田纳西河流域管理局（TVA）就是采取特许主义原则设立的，其依据是美国国会审批和 1933 年颁布的《田纳西河流域管理局法》（the TVA Act）等。私有企业等普通商事企业一般不再采用特许主义原则。

（二）许可主义原则

许可主义原则，又被称为核准主义原则，是指公司设立除了符合法律规定的条件以外，还必须得到政府审批核准，否则不得设立。

从许可主义原则产生的背景来看，在欧洲中世纪后期乃至资本主义发展早期，特许主义原则有它产生的必然性，但随着商品经济和资本主义经济的发展，特许主义原则所带来的行政垄断严重阻碍了自由竞争，于是产生了许可主义原则。1673 年，法国路易十四颁布的商事敕令首创此制。[1]

---

〔1〕 赵旭东主编：《公司法学》（第 2 版），高等教育出版社 2006 年版，第 113 页。

许可主义原则和特许主义原则都是行政法中的行政许可行为，都涉及依据法律法规、政府核准和议会审批等核心要素。但前者是一般行政许可，依据一般法律法规、行政主管部门的一般核准及议会的一般审批等；而后者则是特别行政许可，依据特别法或专门法、政府首脑或国家元首的核准以及议会专项审批等。许可主义原则相对于特许主义原则较为宽松。

许可主义原则如同特许主义原则一样，在早期阶段，对于许多公司设立而言，不管是国有企业还是私有企业均要适用许可主义原则。比如，股份有限公司类型的私有企业过去长期采取许可主义原则等。我国早先的《公司法》也是如此。

随着市场经济的发展，许可主义原则也暴露出了行政垄断、企业设立门槛过高、滋生腐败等问题，不利于市场竞争和经济的健康发展。因此，进一步降低企业设立门槛、限制许可主义原则的适用范围也成了必然趋势。

在市场经济社会，许可主义原则主要局限于国有企业，而且是除了适用特许主义原则的国有企业以外的其他国有企业。主要存在于新闻出版、医药卫生、能源、电信、交通、金融、保险等基础产业或关系国计民生的行业。私有企业等普通商事企业一般不再适用许可主义原则，但对于金融、保险等某些特殊行业领域的私有企业如同国有企业一样仍需要许可主义原则。而特许主义原则在市场经济社会一般只针对国有企业。

但在我国，无论是特许主义原则还是许可主义原则，基于经历了由计划经济向市场经济转型的过程，国有企业市场转型改革尚未到位、法治不完善，国有企业与普通商事企业区别法律规制尚不清晰及其法律适用具有模糊性等因素，因此存在如下问题：①国有企业设立采取特许主义原则还是许可主义原则，以及哪些领域的国有企业采取特许主义原则、哪些领域的国有企业采取许可主义原则并没有清晰的区分和界定。②国有企业设立无论是采取许可主义原则还是特许主义原则，均需要适应市场经济社会的国有企业特殊立法，但在现阶段却缺乏相应的国有企业特殊立法，而主要适用《全民所有制工业企业法》或《公司法》等。比如《全民所有制工业企业法》第16条规定："设立企业，必须依照法律和国务院规定，报请政府或者政府主管部门审核批准。"③无论是特许主义原则还是许可主义原则，国有企业设立在我国现阶段并没有通过人大审批。对此，如前所述，随着《全民所有制工业企业法》等相关立法的淘汰和废止、《公司法》的修订，以及国有企业基本法、单行法和特别法的修订，有关国有企业设立的特许主义原则和许可主义原则需要加以明确规定。[1]

第二节　国有企业设立条件

一、国有企业设立条件现状

（一）国有企业设立条件的基本概况

我国现阶段的国有企业根据是否进行了公司化改制往往适用不同的法律，相应的设立条件也存在差异。主要存在两种情形：

1. 全民所有制企业

尚未进行公司化改制的全民所有制企业主要适用《全民所有制工业企业法》等相关全民所有制企业立法。根据《全民所有制工业企业法》第17条的规定，设立企业必须具备以下条件：①产品为社会所需要；②有能源、原材料、交通运输的必要条件；③有自己的名称和生产经营场所；④有符合国家规定的资金；⑤有自己的组织机构；⑥有明确的经营范围；⑦法律、法规规定的其他条件。

2. 公司化改制的国有企业

根据我国现有法律的规定，经过公司化改制的国有企业（即国有独资公司、多个国有投资主体的有限责任公司和国有控股公司），主要适用《公司法》等相关立法。根据《公司法》第23条的规定，设立有限责任公司，应当具备下列条件：①股东符合法定人数；②有符合公司章程规定的全体股东认缴的出资额；③股东共同制定公司章程；④有公司名称，建立符合有限责任公司要求的组织机构；⑤有公司住所。根据《公司法》第76条的规定，设立股份有限公司，应当具备下列条件：①发起人符合法定人数；②有符合公司章程规定的全体发起人认购的股本总额或者募集的实收股本总额；③股份发行、筹办事项符合法律规定；④发起人制订公司章程，采用募集方式设立的经创立大会通过；⑤有公司名称，建立符合股份有限公司要求的组织机构；⑥有公司住所。

---

[1]　参阅本书第二章"国有企业法一般原理"的相关内容。

（二）现阶段国有企业设立条件存在的缺陷

从我国现有立法来看，国有企业设立的条件主要存在如下缺陷：

1. 全民所有制企业相关立法存在滞后问题

从我国目前来看，尚未进行公司化改制的全民所有制企业设立主要适用《全民所有制工业企业法》等相关全民所有制企业立法。上述立法是在由计划经济向市场经济转型的过程中制定的，由于当时市场经济发展方向还不是很明确，市场机制也不成熟，国有企业的市场定位及其法律适用还不是很明晰，因而，虽然期间经历了多次修订，但并不能完全适应市场经济的要求。比如，《全民所有制工业企业法》第17条对企业设立条件仅作了一般性规定，该规定可以被适用于所有企业，既没有凸显国有企业设立条件的特殊性，也没有反映出尚未改制的全民所有制企业、进行了公司化改制的国有企业以及私有企业等普通商事企业设立条件的差异性。

2. 国有企业与私有企业等普通商事企业法律适用差异性模糊

从我国目前来看，进行了公司化改制的国有企业设立主要适用《公司法》等普通商事企业立法。姑且不论《公司法》等普通商事企业立法存在体制转轨的痕迹，尽管经历多次修订，但依然存在滞后性问题。即便是按照一般意义上的《公司法》等普通商事企业立法规定，对于国有企业而言，至少也存在如下缺陷：没有体现国有企业的特殊性以及国有企业与私有企业等普通商事企业的区别法律规制，难以适应市场经济条件下的国有企业法律适用要求。比如，根据《公司法》第23条、第76条的规定，无论是有限责任公司还是股份有限公司，国有企业设立均有别于私有企业等普通商事企业一般意义上的股东或发起人、资本要求、公司章程、公司治理结构等。而且，国有企业设立还面临着审批核准甚或是国家特别许可等特殊程序。对此，现有的《公司法》等均难以满足上述需求。

3. 国有企业设立等面临着法律适用窘境

根据《中共中央、国务院关于深化国有企业改革的指导意见》的规定，到2020年要基本完成所有国有企业的公司改制。根据《中央企业公司制改制工作实施方案》的要求，2017年底前完成所有国资委管辖的中央国有企业的公司化改制。这就意味着：一方面，一旦所有全民所有制企业均实现了公司化改制，《全民所有制工业企业法》等相关全民所有制企业立法便将完成历史使命。另一方面，国有企业公司化改制并非意味着一概适用《公司法》等普通商事企业立法，而是要结合中国国情，通过混合所有制改革和员工持股计划等方式，依产业或行业特点有序推进国有资本逐步退出一般市场竞争领域，进一步重组并降低国有企业的数量和比重，实现国有企业的合理市场定位。其中，虽然《公司法》等普通商事企业法可以被适用于私有企业、非国有资本控股的混合所有制企业以及商业一类（一般竞争类）国有企业，但却无法适应或满足经历过公司化改制的国有企业立法需求，如国有独资或控股公司。同时，就现有的《企业国有资产法》等相关立法侧重于企业国有资产管理而言，并没有国有企业设立及其设立条件等基本立法内容，无法或难以担当国有企业基本法重任。因而，包括国有企业设立在内的国有企业将面临法律适用窘境。由此可以进一步看出，需要加快修订国有企业基本法如《国有企业法》或《国有公司法》等类似立法，以及相应的国有企业单行法和特别法等，同时，需要进一步修订《公司法》等普通商事企业法。[1]

二、国有企业设立条件

在市场经济社会，国有企业设立条件不能沿袭适用所有企业的一般意义上的企业设立条件。现有的《全民所有制工业企业法》是不成熟的立法历史产物，该法对企业设立条件仅作了一般性规定，既没有凸显国有企业设立条件的特殊性，也没有反映出尚未改制的全民所有制企业、公司化改制的国有企业以及私有企业等普通商事企业设立条件的差异性。同样，国有企业设立条件也不能简单地照搬私有企业等普通商事企业设立条件的一般规定。应当说，《公司法》等普通商事企业法有关私有企业等普通商事企业设立条件的规定已经体现出了有别于所有企业设立条件的一般性规定，显现出了作为普通商事企业组织形式的有限责任公司和股份有限公司设立条件的特别要求。但对于国有企业而言，无论是有限责任公司还是股份有限公司，其设立条件都应当在《公司法》基础上体现出相应的特殊条件及其规定。这才是国有企业设立条件需要解决的问题，也体现出了有别于《公司法》等普通商事企业法的国有企业特殊立法的需要。

综上，国有企业设立条件主要包括如下几个方面：

---

〔1〕　参阅本书第二章"国有企业法一般原理"的相关内容。

（一）股东或发起人符合法定要求

（1）股东或发起人符合法定人数，其中至少要有一个国有股东或发起人。国有企业无论是有限责任公司的股东人数上限，还是股份有限公司的发起人人数上限，如果参照《公司法》的规定，都会显得较高，不符合国有企业的特殊性。为此，笔者建议国有控股的有限责任公司股东人数不超过25人，国有控股的股份有限公司发起人为2人以上100人以下，其中至少要有一个国有股东或发起人。对此，我国需在国有企业基本法中予以明确规定。当然，具体立法时还要结合国有企业的实际调研情况商定。

其中，国有独资公司是一种特殊形态的一人公司。有学者认为这是针对中国特殊国情而专门创立的一种特殊公司形态。[1]笔者对此不予认可。其实，世界各国均有国有独资公司存在，但一般采取国有企业特殊立法。问题在于，我国国有独资公司目前适用普通商事企业的《公司法》等私法规范，从而成了公司法中的"另类"。这恰是我国国有企业立法需要修正、完善之处。[2]

（2）国有股东资格有着严格限制。长期以来，我国许多政府部门、事业单位甚至军队国防单位都可以投资办国有企业，导致了国有企业数量庞大、条块分割、行业垄断、部门利益壁垒、"三产"等诸多历史遗留问题。这正是我国多年来国有企业改革需要解决的问题。在市场经济社会，国有股东不是一般意义上的国有法人，不是任何公权力机构都可以投资办企业；国有股东应当是国家授权投资的机构或单位。

从我国目前状况来看，国有股东主要是国资委和财政部门及其授权单位。其中最大的问题的就是，出资人职能与社会公共管理职能的混淆与模糊。笔者建议由财政部门统一履行出资人职能，国资委纯粹履行具有社会公共管理职能性质的国有资产监管职能。[3]对此，本书第五章将予以详叙。鉴于此，国有股东主要包括财政部门、国有资本投资运营公司，以及授权的国企集团公司。对此，国有企业基本法等相关立法应当予以明确规定和严格界定。

---

〔1〕 赵旭东主编：《公司法学》（第2版），高等教育出版社2006年版，第94页。
〔2〕 参阅本书第二章"国有企业法一般原理"的相关内容。
〔3〕 参见李昌庚："企业国有资本出资人：国际经验与中国选择"，载《法学论坛》2014年第2期；李昌庚：《国有财产法基本制度研究——"国有资产"正本清源之二》，法律出版社2015年版，第49~76页。

对于国有控股公司而言，非国有股东（如自然人或法人等）资格限制如同《公司法》等私法规范一样。

（3）国有股东达到控股要求。对于多个股东的国有企业而言，无论是一个还是多个国有股东，所有国有股东的出资额合计都要达到控股要求。其控股要求符合国有企业的界定标准。

（二）有符合规定的出资额

虽然《公司法》针对普通商事企业在股东出资额及其注册资本等方面规定的门槛在不断降低，并且法定资本制向授权资本制变迁将是公司的发展趋势，[1]这是市场经济的必然要求，但对于市场经济环境下的国有企业而言，股东投资及其注册资本的门槛应该越来越趋向严格，法定资本制仍是国有企业的主导资本制度。理由如下：在市场经济社会，国有资本原则上要退出一般市场竞争领域，经营范围有着严格的市场定位，主要为关系到国民经济命脉的产业、国计民生的基础产业、公共事业等，如航空航天、能源、交通、邮政、电信、供电、供水、供气、军工、金融等，而这些产业主要是自然垄断产业、公共产业等，由此也决定了这类国有企业有着更高的资本要求和投资门槛。

从我国目前来看，中央国有企业的注册资本普遍很高。以国资委管辖的国有企业注册资本为例，少则十几亿元人民币，多至上千亿元人民币。比如，中国石油化工集团有限公司的注册资本达到了 2316 亿元人民币。相对而言，根据中央与地方的财权与事权划分，地方国有企业的注册资本相对较低，但相比较普通商事企业而言，地方国有企业的注册资本及其出资额仍相对较高。但若对国有企业提出统一的最低注册资本要求则显然是不切实际的，因为市场经济环境下国有企业的市场定位及其经营范围的特殊性决定了每家国有企业的改革历程及其资本要求均存在特殊性和差异性。对此，国有企业基本法等相关立法应当对中央国有企业和地方国有企业的投资门槛、资本要求以及国有控股的有限责任公司和股份有限公司中国有股东或发起人的出资额要求等作出相应的原则规定；未予规定部分，除了特别排除外，应参照适用《公司法》。

----

〔1〕　我国原《公司法》采取的是典型的法定资本制。虽然 2013 年修订的《公司法》对法定资本制有所突破，引入了授权资本制，但总体而言，仍以法定资本制为主导，尤其是股份有限公司。从世界各国来看，法定资本制度向折中授权资本制变迁是发展趋势。我国普通商事企业的公司立法也不例外。

对于某些特殊行业领域的企业来说，无论是国有企业还是私有企业等普通商事企业，均有最低注册资本要求，且都远远高于一般普通商事企业的注册资本。比如，《商业银行法》第13条第1款规定，设立全国性商业银行的注册资本最低限额为10亿元人民币。设立城市商业银行的注册资本最低限额为1亿元人民币，设立农村商业银行的注册资本最低限额为5000万元人民币。又如《保险法》第69条规定，设立保险公司，其注册资本的最低限额为人民币2亿元。从我国目前来看，无论是商业银行还是保险公司，国有企业的比重都很高。当然，也可从中推测，随着条件的成熟，对于某些特殊行业领域的国有企业而言，除了国有企业基本法和单行法外，也可采取特别立法，往往是"一特一法"或"一类一法"，也不排除在国有企业特别法中有相应的投资门槛和最低注册资本要求的规定。

（三）有符合规定的经营范围

在市场经济社会，私有企业等普通商事企业的经营范围是非常广泛的，投资者想投资进入的领域，即便是公益类公共领域，只要投资者愿意，原则上都可以进入，除非国家法定禁止或限制。只不过，基于"经济人"视角，私人投资者往往更愿意进入市场竞争领域。

但在市场经济环境下，国有企业的经营范围有着严格限定。一般而言，国有资本原则上不宜介入一般市场竞争领域，国有企业主要存在于非市场竞争或特定市场领域，经营范围有着严格的市场定位。对此，国有企业基本法等相关立法要有相应的原则性规定。

不同企业组织形态的国有企业经营范围存在差异性。国有独资公司、多个国有投资主体的有限责任公司和国有绝对控股公司更多地存在于公益类或特定功能类经营领域，而国有相对控股公司除了特定功能类经营领域外，也不排除进入市场竞争类经营领域。比如，我国《公司法》规定，国务院确定的生产特殊产品的公司或者属于特定行业的公司，应当采取国有独资公司形式。比如，军工产品、新闻出版行业等。一旦条件成熟，上述问题便将在国有企业基本法等相关立法中予以规定，而不应当在调整普通商事企业的《公司法》中加以规定。[1]

---

〔1〕 参阅本书第二章"国有企业法一般原理"的相关内容。

国有企业经营范围的严格限定性决定了国有企业经营范围需要有权部门或机构进行审批。除此以外，涉及产业管制政策（如金融、保险等）时，还需要专属审批；涉及特殊行业经营资格（如烟酒、医药、汽车等）时，还需要经营资格确认审批。当然，这两类并非国有企业特有，私有企业等普通商事企业也同样如此。

（四）有符合规定的企业章程

对于普通商事企业的公司而言，公司章程的制定或修改由公司全体股东、发起人或董事会进行，并由创立大会或股东（大）会审批。因此，公司章程是股东意思自治的表现形式和结果，具有高度自治性。

但对于国有企业而言，企业章程由国家授权投资的机构、部门或其授权单位制定，或者由国有发起人主导制定，或者由国有董事主导的董事会制定，并报请国家授权投资的机构、部门或其授权单位审批。必要时，国有企业章程还需要根据情势变迁报请人大审批。因此，国有企业章程由于国有股东的公权力因素更多地具有公权力意志，并受到公权力制约，章程的民间自治性受限。相对而言，国有相对控股公司、国有绝对控股公司、多个国有投资主体的有限责任公司和国有独资公司的公司章程自治性的受限程度呈现愈益加重的趋势。

此外，国有企业的特殊性决定了企业章程内容和形式的特殊性，从而有别于普通商事企业章程。不同类型的国有企业因其经营范围的特殊性、行业特殊性，以及国企改制的差异性、企业组织形态的差异性等因素，使得国有企业章程内容和形式没有统一的模式。比如，国有独资公司、多个国有投资主体的有限责任公司、国有绝对或相对控股公司，以及国有企业不同经营领域等都有可能表现出章程的差异性和特殊性。这也是国有企业特殊立法除了国有企业基本法、单行法外，还需要国有企业特别法的原因所在。

（五）有符合规定的企业名称和组织机构

（1）企业名称。企业名称是企业的标志符号。企业名称一般由四个部分构成：一是行政区划；二是企业的专有字号；三是企业的经营范围或行业特点；四是企业组织形式，如有限责任公司或股份有限公司。企业名称如同一个人的姓名权一样，一旦登记注册，即取得名称专用权，以及其中诸如商号权等之类的法律意义。

对于国有企业而言，企业名称除了具有普通商事企业一般规律以外，还具有如下特殊性：一是中央国有企业常常被冠以"中国"或"国家"等字样，如中国石油天然气集团有限公司、国家能源投资集团有限责任公司等；二是国有企业常常被冠以"集团"字样，尤其是国有全资企业或国有绝对控股公司，如中国核工业集团有限公司等；三是行使国有资本具体出资人职能的国有资本投资运营公司，一般多是有限责任公司，且多是集团公司。如中国电信集团有限公司等。因此，国有企业名称还需要针对"中国""中华"或"国家"等字样的审批，以及具备集团公司等所需要的特殊条件。

（2）企业组织机构。企业组织机构是指依据法律法规和企业章程设立的企业各机关，一般包括股东（大）会、董事会、经理层和监事会等。从企业治理的视角来看，企业组织机构直接关系到企业治理结构及其权力的优化配置。

对于国有独资公司而言，公司组织机构除了具有普通商事企业一般规律外，还具有如下特殊性：一是不设立股东会；二是董事会人数相对较少，董事一般由政府授权投资机构或部门任命或更换；三是监事会主要由政府或政府授权的机构、部门委派的人员构成，并有公司职工代表参加等。对于国有控股公司而言，由于国有股东处于控股地位，无论是董事、监事还是经理层，政府授权投资机构或部门推荐的人选比例都较大，甚至因股权比例而占据绝对主导地位。

无论是国有全资企业还是国有控股企业，国有控股企业无论是有限责任公司还是股份有限公司，虽然均遵循普通商事企业的公司组织机构的一般规律，但基于国有企业的公权力因素，国有股东的公权力意志影响较大，董事长、董事、经营管理层、监事任免以及经营管理等都深受国家公权力影响。因此，从某种意义上说，国有企业治理主要是行政型治理模式，而非企业型治理模式；国有企业治理的关键在于外部治理，而非内部治理；内部治理借鉴普通商事企业的公司治理结构仅具有相对意义。[1]

（六）有固定的生产经营场所和必要的生产经营条件

2013年修订的《公司法》删除了"有固定的生产经营场所和必要的生产

---

〔1〕 参阅本书第六章"国有企业治理"的相关内容。

经营条件"，仅规定了"有公司住所"。这一修订无疑降低了公司设立成本和投资门槛，也有利于减少不必要的政府干预。这符合普通商事企业立法的发展趋势。

但对于国有企业而言，国有企业经营领域有其自身特殊性，仍需具有固定的生产经营场所和必要的生产经营条件。首先，从生产经营场所来看，根据中央与地方财权、事权的划分原则：一方面，中央国有企业注册地普遍在首都北京，主营业地遍布全国乃至全球，其中有些经营领域关系到国家安全等因素，其生产经营场所有特殊要求；另一方面，地方国有企业注册地普遍在省会城市，主营业地主要在地方，为地方提供公共产品和服务。其次，从生产经营条件来看，基于国有企业经营范围及其行业的特殊性，国有企业的生产经营条件也具有特殊性，普遍要求较高，甚至还涉及国家安全等要求。

（七）履行审批手续

在市场经济社会，私有企业等普通商事企业设立原则一般是准则主义原则，并呈现从单纯准则主义原则向严格准则主义原则发展的趋势。从我国来看，普通商事企业的设立条件总体越来越趋向宽松。但是，国有企业设立原则不同于私有企业等普通商事企业，主要采取许可主义原则和特许主义原则，并在市场经济社会中呈现出了愈趋严格的发展趋势。因此，国有企业设立的一个重要条件就是需要履行公权力机关的审批手续，既要得到政府同意，也要得到人大审议批准，而不是被简单地理解为设立程序中的一般意义上的普通审批程序。

第三节　国有企业设立程序

在企业设立程序中，个人独资企业和合伙企业的设立程序最为简单。相对而言，公司的设立程序较为复杂，其中，股份有限公司相比较于有限责任公司设立程序更为复杂。虽然国有企业从企业组织形式来看包括有限责任公司和股份有限公司，但其设立程序与普通商事企业的有限责任公司和股份有限公司并不完全相同。在市场经济社会，基于国有企业的特殊性，企业设立一般采取许可主义原则和特许主义原则，从而导致国有企业设立程序也具有特殊性，比如审批程序前置等。一般而言，国有企业设立程序先遵循国有企业特殊立法，未予规定部分，可以适用普通商事企业的公司立法。

一、前置程序

我国早先的《公司法》关于有限责任公司和股份有限公司的设立，许可主义原则较为浓厚。我国于 2013 年修订的《公司法》呈现出了由许可主义原则向严格准则主义原则变迁的发展趋势，这也是国际普通商事企业的立法趋势，但其中也不乏许可主义原则的特殊情形。比如，《公司法》第 6 条规定，对于法律、行政法规规定设立公司必须报经批准的，应当在公司登记前依法办理批准手续。但无论是原先的审批程序还是现有的审批程序，往往都是在遵循投资者意思自治的基础上，在发起人发起后才有可能进入的普通审批程序。

但在市场经济社会，基于国有企业的市场功能定位、经营范围等的严格限定，国有企业比重的严格控制，以及产业或行业的特殊性等因素，国有企业设立一般采取有别于普通商事企业的许可主义原则和特许主义原则。因此，国有企业设立所需要履行的审批程序不仅具有复杂性，而且还是一种前置程序，即只有在履行审批程序之后方可进入国有企业设立的普通程序。

具体而言，主要包括如下两个方面：

（一）政府审批

无论是国有全资企业设立还是国有控股企业设立，一般都首先由政府决议同意设立，然后授权相关投资机构或单位具体落实（如财政部门或其授权的国有资本投资运营公司等），[1] 准备意向书、可行性研究报告等，再报经政府审批。其中，对于采取特许主义原则设立的国有企业，一般先由政府依据已有的特别法、专门法，或者由政府或其授权单位向人大提出某种或某类国有企业设立的立法提案，再根据人大颁布的特别法、专门法，或者直接通过国家元首、政府首脑、行政长官等的行政命令进行特别许可，决议同意设立国有企业，然后再授权相关投资机构或单位具体落实，并再报经政府审批。

这种审批是政府决定是否同意设立国有企业，而并非是涉及产业管制政策（如金融、保险等领域）的专属审批，也并非是涉及特殊行业经营资格

---

〔1〕 笔者认为，国资委将来不应当履行国有资本出资人职能，而应履行纯粹的社会公共管理的监管职能。具体参阅本书第五章"企业国有资本出资人"的相关内容。下同。

（如烟酒、医药、汽车等领域）的经营资格确认审批等方面的普通审批程序。

（二）人大审批

一旦政府同意设立国有企业，无论是许可主义原则还是特许主义原则，都必须报经所在地人大审议批准。对此，需要向人大提交诸如意向书、可行性研究报告、政府决议及其相关依据等。经人大审议批准后，方可启动国有企业设立的普通程序。这既是对政府公权力的制衡，也是严格限制和规范国有企业设立及其经营领域，同时也是对国有企业的一种监督。

从国际上来看，许多市场经济发达国家的国有企业设立普遍采取这种政府决议同意和议会审批的做法。比如，美国、加拿大、英国、日本等。

当然，我国现有国有企业设立程序既没有从立法上考虑到上述要求，也没有在实践中达到上述要求。在我国，现行《公司法》将国有独资公司、多个国有投资主体的有限责任公司以及国有控股的有限责任公司和股份有限公司设立程序一并纳入普通商事企业立法，而较少单独加以特殊规定。这正是我国国有企业改革的努力方向。同时，这也正是我国公司法等相关立法需要修订之处，也是亟须修订完善国有企业特殊立法的重要内容。当前，我国新近颁布的《中共中央关于建立国务院向全国人大常委会报告国有资产管理情况制度的意见》就是一种很好的改革尝试与探索。

二、普通程序

（一）发起人发起

在市场经济社会，国有企业设立只有在政府决议同意和人大审议批准后方可进入普通程序，即由政府授权有关机构或部门或其授权单位按照企业设立普通程序发起设立。对于国有全资企业而言，发起人只能是一家或多家政府授权机构、部门或其授权单位。对于国有控股的有限责任公司和股份有限公司而言，发起人至少有一家政府授权机构、部门或其授权单位，并且由国有投资者牵头发起，联系投资合作者，包括境外投资者和私人投资者等。

国有资本发起人主要是政府授权机构、部门或其授权单位。一方面，目前政府授权机构或部门主要是国资委和财政部门等，但笔者建议国资委不再履行国有资本出资人职能，而只是纯粹履行社会公共管理职能的监管职能，由财政部门统一履行国有资本出资人职能，即由财政部门或其授权单位充当国有资本发起人。另一方面，授权单位主要指国有资本投资运营公司，如中国投资有限责任公司或者企业集团公司等。我国国有企业改革的一项重要内容就是设立若干国有资本投资运营公司，在总出资人和具体经营的国有企业之间履行具体出资人职能。[1]对此，本书第五章将予以详叙。至于其他发起人资格，如无例外情形，则皆遵从《公司法》的一般规定。

国有企业涉及多元股东时，如同普通商事企业一样，也需要签署发起人协议。发起人协议是规范企业设立过程中发起人各自权利义务的协议。发起人协议因企业组织形式不同（如是有限责任公司还是股份有限公司）而略有差异，但主要内容大体一致。主要包括如下：发起人基本情况、企业性质和宗旨、经营范围、投资总额和注册资本、设立方式、发起人权利义务、发起人职责分工、纠纷解决方式等。

国有企业设立由国有资本发起人主导签署发起人协议，其他发起人则更多的是选择"接受"或者"不接受"，没有太大自由协商空间。因为国有企业设立是在政府决议同意和人大审议批准的前提下方可进行的，所以国有资本发起人是按照政府和人大的公权力意志来落实国有企业设立事宜的。由此可见，国有企业设立发起不同于私有企业等普通商事企业，前者更多地渗透了公权力意志，后者则是投资者意思自治和契约自由的结果。

（二）申请企业名称预先核准

由于企业名称具有唯一性和排他性等特征，因此，为了防止企业名称发生混淆，提高企业注册效率，世界上的许多国家和地区都实行企业名称预先核准制度。从我国现有的法律规定来看，我国企业名称采取真实主义原则。所谓名称真实主义原则，是指法律对企业名称的选择加以严格限制，要求其必须真实反映企业的经营范围、营业种类、组织形式等，否则不准许使用。由于我国目前奉行企业名称真实主义原则，加之企业名称强制注册制等因素，我国尤其强调企业名称预先核准制。我国《公司登记管理条例》《企业名称登记管理实施办法》等相关法律法规对此作出了明确规定。

但随着市场经济的发展，市场机制的渐趋完善，以及新科技及其信息技

---

[1] 参见李昌庚："企业国有资本出资人：国际经验与中国选择"，载《法学论坛》2014年第2期；李昌庚：《国有财产法基本制度研究——"国有资产法"正本清源之二》，法律出版社2015年版，第49~76页。

术的发展，通过在线市场主体名称自主申报平台等手段即可解决企业名称中的诸多问题，因而世界上的多数国家和地区均采取企业名称自由主义原则，并且在一般情况下不再实行企业名称预先核准制。这也是我国的发展趋势。当前，我国继续深化商事制度改革即体现了这一发展趋势，从而为市场主体提供了更为宽松的投资市场环境。

但对于国有企业而言，许多国有企业的名称还具有特殊性，比如中央国有企业常常被冠以"中国"或"国家""集团"之名。因此，除了不具有特殊性的部分国有企业名称将逐步不再实行企业名称预先核准外，对于具有特殊性的国有企业名称仍需要实行企业名称预先核准制。但这种核准制不同于普通商事企业，不仅仅在于企业名称预先核准的内容变化，更多地针对特殊性的企业名称；而且还在于时序的变化现有的普通商事企业的名称预先核准，如有审批手续的，应当在审批手续之前办理，而国有企业必须在国有企业审批前置程序之后方可进入普通程序的企业名称预先核准。

（三）制定企业章程

对于普通商事企业而言，从一般意义上说，企业章程是由企业投资者制定并对企业、投资者及其管理人员具有约束力的调整企业内部组织关系以及相关经营行为的自治规则。以公司为例，如果采取发起设立，公司章程则由全体发起人协商制定；如果采取募集设立，公司章程则由全体发起人协商制定，并由创立大会通过。因此，企业章程是投资者在遵守国家法律法规的前提下就企业组织活动及其重要事务所做出的长期性制度安排，体现了投资者自治原则。企业章程对于企业的作用，如同一个国家的宪法对于国家的作用一样。企业章程往往又被称为企业宪章。这在公司尤其是股份有限公司的组织形式中体现得更为明显。

对于国有企业而言，一是国有独资公司章程是由国家授权投资的机构或部门依法制定，或由公司董事会制定并报请国家授权投资机构或部门审批。二是多个国有投资主体的有限责任公司章程在制定程序上与有限责任公司大体相似，但由于全部资本均来自国家，公司章程需要国家授权投资机构或部门审批。三是国有控股公司章程从制定程序来看，是根据有限责任公司还是股份有限公司组织形式，依据发起设立或募集设立方式而制定，程序上与普通商事企业大体相同。所不同的是，国有控股公司发起人主要是国有投资者，公司章程更多地体现了国家意志。此外，国有企业经营范围的特殊性也决定了公司章程内容存有某些国家特殊规定和要求，有着相应的特殊立法规定，也并非是股东单纯意思自治所能决定的。因此，国有企业章程的制定和修改除了国家授权投资机构或部门审批外，还需履行一般意义上的审批手续；必要时还需要人大审批。由此可见，国有企业章程更多地体现了公权力意志，股东意思自治性相对减弱；国有控股程度越强，其章程自治性越弱。

（四）缴纳出资或认购股份

缴纳出资或认购股份是投资者履行企业设立中的发起人协议和企业章程所规定的出资义务的行为，是企业设立的必经程序，也是企业能否设立成功的关键环节。国有企业也不例外。

国有企业在投资者缴纳出资或认购股份、缴纳股款及其验资程序等方面与普通商事企业大体一致，但也存在如下几个方面的差异：

（1）虽然随着市场经济发展和国家治理水平的不断提高，企业投资总额和注册资本门槛不断降低，但在市场经济环境下，国有企业的特殊性决定了对其投资总额和注册资本的要求依然很高。[1]因此，国有企业投资各方缴纳出资或认购股份的义务较重，且主要由国有资本发起人主导履行出资义务；对于国有控股公司而言，基于国家控股程度要求，还存在国有资本发起人缴纳出资比例要求以及其他发起人出资比例限制等。

（2）国有资本发起人缴纳出资需要遵守国有资本经营预算制度，以及相应的有关国有资本的国家财经制度。国有资本发起人缴纳出资除了履行正常的验资程序外，还要进行必要的审计和国资监管，避免国有资产流失。

（3）企业设立失败的一个重要因素是投资者缴纳出资或股款不到位，但对于国有企业而言，国有企业设立必须经过政府和人大审批的前置程序，且由政府主导投资，因而一般不会出现缴纳出资或股款不足而致企业设立失败的问题。

（五）组建企业组织机构

对于普通商事企业而言，无论是有限责任公司还是股份有限公司，发起人缴纳出资后，根据企业章程规定，由全体发起人或通过创立大会选举产生

---

[1] 参阅本章第二节"国有企业设立条件"的相关内容。

董事和监事人选，组建董事会和监事会，并由董事会选举产生经理层。国有企业也不例外。国有企业无论是有限责任公司还是股份有限公司，组建组织机构的程序与普通商事企业均大体相同。

但国有企业设立组建组织机构也有自身的特殊性。主要表现在：一是国有独资公司不设立股东会，多个国有投资主体的有限责任公司虽设立股东会，但这两类公司的股东、董事和监事一般由政府授权投资机构、部门或其授权单位任命、委派或更换，并有企业职工代表参加；二是对于国有控股公司而言，由于国有资本发起人处于控股甚至绝对控股地位，无论是董事、监事还是经理层，政府授权投资机构或部门或其授权单位推荐的人选比例都较大，甚至因股权比例而占据绝对主导地位；三是国有董事、监事和高级管理人员人选有着相应的资格要求和条件限制，其中，对于某些特殊经营领域的国有企业或许还有一些特别要求和限制，甚至因此而影响到其他发起人所推荐的董事和监事人选等的资格要求和条件限制。[1]因此，国有企业在设立组建组织机构过程中，受到政府公权力的影响很大。

（六）办理审批手续

随着市场经济的发展和法治化水平的提高，公司设立从许可主义原则向准则主义原则转变，以许可主义原则为例外。这是世界各国公司设立的发展趋势，[2]我国也不例外。我国2013年修订的《公司法》第6条规定，对于法律、行政法规规定设立公司必须报经批准的，应当在公司登记前依法办理批准手续。

关于国有企业设立，政府决议同意和人大审议批准的前置审批程序是必经的重要程序，但普通程序中的审批程序如同普通商事企业一样具有例外情形。即在通常情况下不应涉及审批手续，但在特殊情况下依据法律、行政法规的特别规定，需要审批手续。相对而言，国有企业的特殊性决定了这种审批手续的例外情形相对较多。主要包括如下几个方面：

（1）国有企业章程审批。商业一类（一般竞争类）国有相对控股公司章程一般由创立大会或股东（大）会审批，报请政府授权投资机构或部门或其授权单位备案即可。但对于国有独资公司、多个国有投资主体的有限责任公

---

[1]　参阅本书第六章"国有企业治理"的相关内容。
[2]　参阅本章第一节"国有企业设立概述"的相关内容。

司和国有绝对控股公司而言，一般是公益类或商业二类（特定功能类）国企，公司章程由政府授权投资机构、部门或其授权单位制定，或由董事会制定，履行股东（大）会审批程序后，还需要报请政府授权投资机构、部门或其授权单位审批；必要时，某些特殊性质的国有企业章程还需报请人大审批。

（2）国有企业董事、监事及其高管审批。国有独资公司和多个国有投资主体的有限责任公司董事和监事一般由政府授权投资机构或部门或其授权单位任命、委派或更换。对于国有控股公司而言，无论是董事、监事还是高管，国有资本发起人推荐的人选除了履行董事会聘任和股东（大）会审批手续外，还需要报请政府授权投资机构、部门或其授权单位审批，甚至还需要国家元首或所在地行政首长任命或审批。必要时，某些特殊性质的国有企业的国有董事、监事和高管还需要报请人大审批。

（3）国有企业专属审批和资格审批等。比如，涉及产业管制政策（如金融、保险等）还需要行业主管或监管机构的专属审批；涉及特殊行业经营资格（如烟酒、医药、汽车、公共安全器材等）还需要通过政府相关专业机构或部门（如公安机关、烟草专卖局、药监局等）的经营资格确认审批。当然，这类审批并非国有企业所特有，私有企业等普通商事企业也同样要面对。但相对而言，在市场经济社会，由于国有企业的经营领域存在特殊性，一般涉及自然垄断行业、基础设施、公共事业等（如资源、能源、电力、电信、邮政通讯、金融、保险等），因而这类专属审批和资格审批在国有企业中相对较多。

（七）设立登记

企业登记是指企业设立、变更、终止时，依法在企业登记注册机关提出申请，并由主管机关审核并记载法定登记事项的行为。企业登记不同于营业登记，前者属于法律主体资格登记，创设经营主体资格，后者属于商业登记，以确认经营事项的合法性。在我国，两者合并进行，由同一机关负责登记。

我国企业登记机关是国家市场监督管理总局以及地方各级市场监督管理机关。对于国有企业来说，在市场经济社会，鉴于国有企业的市场定位，国有企业的经营领域的特殊性普遍要求较高的资本和诸多管制政策，从发展趋势来看，登记机关主要是国家市场监督管理总局和省级市场监督管理局。

企业登记包括设立登记、变更登记和终止登记等。设立登记是企业设立过程中的登记，是企业设立的最后一道环节。国有企业设立登记程序与普通商事企业的公司设立登记程序大体相同。主要包括如下几个方面：

（1）提出申请。首先，从申请人来看，国有独资公司和多个国有投资主体的有限责任公司申请人一般是政府授权投资机构或部门或其授权单位；国有控股公司无论是有限责任公司还是股份有限公司，其申请人一般均是设立过程中组建的董事会指定或授权的代表，实践中一般为政府授权投资机构、部门或其授权单位等。其次，提交申请的各类文件，主要包括设立登记申请书、审批文件、企业章程、验资证明、发起人资格证明、法定代表人、董事、监事等资格证明等。

（2）审查核准。企业登记机关对于设立登记申请的各种文件进行审查，经过形式审查合格的，出具《受理通知书》；决定不予受理的，出具《不予受理通知书》，并告知不予受理的理由以及当事人提起行政复议或行政诉讼的权利。

对申请人到登记机关提出申请予以受理的，应当当场作出准予设立登记的决定。对申请人通过信函等非直接到场方式提出申请予以受理的，应当自受理之日起 15 日内作出准予登记的决定。登记机关需要对申请文件进行核实的，应当自受理之日起 15 日内作出是否准予登记的决定。

（3）公告。登记机关核准登记后，应当通过法律允许的方式发布企业设立登记公告。公告的设立登记内容应当与登记机关核准登记的内容一致。经公告后，企业设立登记程序方可全部完成，国有企业正式成立。

第四章 企业国有产权登记 *

第一节 企业国有产权登记概述

一、企业国有产权登记的概念和特征

(一)企业国有产权登记的概念

我国于 1996 年颁布的《企业国有资产产权登记管理办法》第 2 条规定，企业国有资产产权登记，是指国有资产管理部门代表政府对占有国有资产的各类企业的资产、负债、所有者权益等产权状况进行登记，依法确认产权归属关系的行为。我国于 2012 年颁布的《事业单位及事业单位所办企业国有资产产权登记管理办法》（以下简称《事业单位管理办法》）第 2 条规定，事业单位国有资产产权登记，是指国家对事业单位占有、使用的国有资产进行登记，依法确认国家对国有资产的所有权和事业单位对国有资产的占有、使用权的行为。

依此类推，有学者认为，国有资产产权登记是国有资产管理部门代表政府对占有国有资产的企业、行政事业单位的资产、负债、所有者权益等产权状况进行登记，依法确认产权归属关系的法律行为。[1]

笔者认为，这种定义总体上并无大碍，但因历史条件的局限多少仍残留一些计划经济色彩。主要包括如下两点不足：

（1）还存在着国有资本出资人职能与社会公共管理职能不分的问题。上

---

* 本章主要内容参见李昌庚：《国有财产法基本制度研究——"国有资产法"正本清源之二》，法律出版社 2015 年版，第 116~137 页。

〔1〕谢次昌：《国有资产法》，法律出版社 1997 年版，第 145 页；李松森编著：《国有资产管理》，经济科学出版社 2003 年版，第 78 页。

述提及的"国有资产管理部门"主要是指当时的国有资产管理局（后来被国资委所取代）和财政部门，还涉及国务院授权的其他单位。但在市场经济社会，国有财产管理部门不仅涉及国有资本出资人机构，还涉及其他若干政府公共管理职能部门（如国家发改委、商务部、自然资源部、农业农村部、税务部门等）。作为国有产权登记机构的应为国有资本出资人机构或其授权单位，至于其他政府部门主要是履行社会公共管理职能，包括国有财产监管职能。

（2）尚未明确法人所有权问题。上述提及的"占有国有资产的企业"，实际上并未明确企业是否对国有财产享有法人所有权。只有明确了企业法人所有权，国有产权界定和登记才更具有现实意义。一旦明确了企业法人所有权，企业就不是单纯地"占有"国有财产，而是对国有财产拥有完整的所有权，国家通过政府与其建立的是一层层法律意义上的股权关系。

因此，笔者认为，所谓企业国有产权登记，是指政府授权有关部门对享有国有财产所有权的企业资产、负债、所有者权益等产权状况进行登记，依法确认产权归属关系的法律行为。国有产权登记往往是国有财产取得和界定的后续行为。

（二）企业国有产权登记的特征

（1）登记主体的特定性。为了便于对国有财产进行统一管理，企业国有产权的登记主体应是国有资本出资人机构或其授权单位。其他履行社会公共管理职能的政府部门不应当都来行使国有产权登记职能（下文将详叙）。

（2）登记内容的多元性。一是企业国有产权登记包括占有登记、变更登记、注销登记等；二是企业国有产权登记涉及国家出资企业的资产、负债、所有者权益等产权状况和产权归属关系。

（3）登记行为的行政性。国有资本出资人机构或其授权单位是代表政府履行的一种行政行为，在企业国有产权登记中具有行政主体资格，因而企业国有产权登记行为是一种具体行政行为，是行政确认行为的一种。

（4）登记行为的延续性。企业国有产权登记往往是国有财产取得和界定行为的后续行为，是基于国有财产主体抽象性等特点的必然要求。

（5）登记行为的强制性。国有资本出资人机构或其授权单位代表政府依职权作出企业国有产权登记行为，任何享有国有财产所有权的国家出资企业均要履行国有产权登记手续。

二、国有产权登记与不动产登记的关系

所谓不动产登记，是指经权利人或利害关系人申请，由政府有关部门将有关不动产物权及其变动事项记载于不动产登记簿的一种法律行为。不动产登记是物权法的一项重要制度，是不动产交易安全的需要。随着我国未来计划出台了统一的《不动产登记暂行条例》，不动产登记也成了社会各界热议的话题（限于本书宗旨，在此不详叙）。

由于土地等自然资源和房屋都是国有财产的重要内容，因此国有产权登记与不动产登记密切相关，但两者又是两个性质和功能完全不同的法律制度。国有产权登记是为了摸清国有财产的家底，便于国有财产管理和保障国有财产安全的一种制度设计，是我国经济法以及宪法、行政法的一种制度安排。而不动产登记则是针对所有不动产交易安全所进行的制度设计，是民商法的一种制度安排。

因此，国有产权登记与不动产登记不能相互取代。国有产权登记时，涉及不动产的国有财产还要另外进行不动产登记。随着我国统一的《不动产登记条例》即将出台，涉及国有产权登记的相关法律法规和部门规章有必要与《不动产登记暂行条例》等相关法律法规和部门规章相衔接和配套。

三、企业国有产权登记的意义

在计划经济时期，国有产权登记从来没有引起过人们的关注，因为社会一切资源基本上均为国家所有，似乎也没有登记的必要。但随着我国改革开放的推进，尤其是市场经济体制的建立健全、企业产权的多元化发展趋势，企业国有产权登记显得很有必要。具体而言，包括如下几个方面：

（1）国有财产管理需要。通过企业国有产权登记，一方面便于被登记企业资产统计、验资证明、编制会计报表，有助于被登记企业自身管理；另一方面，便于企业性国有财产汇总统计，做到国有财产账实相符，摸清国有财产家底，有利于政府对企业性国有财产进行有效管理。企业国有产权登记是企业性国有财产管理的一项基础性工作。

（2）国有财产交易安全需要。在市场经济社会，国有财产如同私有财产一样，也可能会发生市场交易，比如，非经营性国有财产转为经营性国有财

产、国企股份制改制、国有产权转让、国有财产担保等，这些行为均要遵循市场交易规则。产权登记既是确保国有财产交易安全的重要步骤，也是市场交易的一般准则。

（3）国有财产考核和评价需要。企业性国有财产的设立登记、变更登记和注销登记，以及登记年度检查等登记环节有助于政府掌握企业性国有财产增减变动等数据及其资料，便于考核和评价被登记企业的资产管理、使用或经营效益情况，有助于国有财产的保值、增值，进而防止资产流失。

第二节　企业国有产权登记机构*

一、企业国有产权登记机构的现状

（一）企业国有产权登记机构的种类及其立法规定

从我国现有立法和社会实践来看，企业国有产权登记机构主要包括如下几种情形：

（1）国资委或其他授权部门。《企业国有资产产权登记管理办法》第 5 条规定，县级以上各级人民政府国有资产管理部门，按照产权归属关系办理产权登记。"国有资产管理部门"即为国有资产管理局。后随着我国行政机构改革，国有资产管理局又被国资委所取代。我国于 2004 年颁布的《企业国有资产产权登记业务办理规则》（已失效）第 3 条规定，各级国有资产监督管理机构负责本级政府所出资企业及其各级子企业的产权登记工作。我国于 2012 年颁布的《国家出资企业产权登记管理暂行办法》第 2 条规定，国家出资企业产权登记，是指国有资产监督管理机构对本级人民政府授权管理的国家出资企业的产权及其分布状况进行登记管理的行为。上述"国有资产监督管理机构"即为国资委。

（2）财政部门或其他授权部门等：

第一，事业单位所办企业国有产权登记由财政部门或其他授权部门负责。1995 年颁布的《行政事业单位国有资产管理办法》（已失效）第 6 条规定，事业单位及其所办企业产权登记按照"统一政策、分级管理"原则由各级财政

---

* 本章节部分内容以"国有产权登记机构的法律思考"为名发表于《产权导刊》2013 年第 7 期。

部门负责组织实施。另外，第 11 条又规定，财政部门根据具体情况，可以委托有关部门或单位办理事业单位及其所办企业产权登记的部分事项，具体事项由财政部门与有关部门或单位商定。从实践层面来看，事业单位及其下属企业开始由财政部门推行国有产权登记。

第二，金融类国有企业产权登记由财政部门负责。我国于 2006 年颁布的《金融类企业国有资产产权登记管理暂行办法》（已失效）第 4 条规定，金融类企业国有资产产权登记和管理机关为同级财政部门。

第三，中央文化企业产权登记由财政部、主管部门或其他授权部门负责等。我国于 2012 年颁布的《中央文化企业国有资产产权登记管理暂行办法》第 3 条规定，财政部负责统一制定中央文化企业产权登记管理制度，负责产权登记监督管理、汇总和分析工作。第 4 条规定，主管部门负责所属中央文化企业产权登记审核、检查等监督管理相关工作。第 29 条规定，财政部根据具体情况，可以委托有关部门、单位和中央文化企业办理产权登记的部分事项。

（二）企业国有产权登记机构的主要缺陷

（1）我国现有登记立法比较紊乱。主要包括如下几点：

其一，1996 年颁布的《企业国有资产产权登记管理办法实施细则》是为了配合《企业国有资产产权登记管理办法》而制定的，但与《企业国有资产产权登记业务办理规则》（已失效）相比，存在许多差异。有学者将此归纳为九点区别，[1]但《企业国有资产产权登记管理办法实施细则》并未修订，也未废止。

其二，《境外国有资产产权登记管理暂行办法》及其实施细则、《金融类企业国有资产产权登记管理暂行办法》（已失效）、《中央文化企业国有资产产权登记管理暂行办法》等均是根据《企业国有资产产权登记管理办法》而制定的，但《国家出资企业产权登记管理暂行办法》却根据《企业国有资产法》《企业国有资产监督管理暂行条例》而制定。虽然它们同是国家出资企业，但立法依据存在区别，这不符合法理。较早颁布的《企业国有资产产权登记管理暂行办法》及其实施细则、《境外国有资产产权登记管理暂行办法》及其实施细则、《金融类企业国有资产产权登记管理暂行办法》（已失效）等

---

〔1〕 参见赵重九："国有资产产权登记'旧则''新规'"，载《产权导刊》2005 年第 5 期。

与《国家出资企业产权登记管理暂行办法》存在差异，但并未废止或修改。2012 年颁布的《中央文化企业国有资产产权登记管理暂行办法》虽与《国家出资企业产权登记管理暂行办法》差别不大，也并无多少冲突，但这种分别立法并无必要。

其三，《事业单位管理办法》中还涉及事业单位所办的企业产权登记，而这类企业将面临与事业单位脱钩或市场化改革问题，要么民营化，要么纳入国家出资企业范畴。

（2）我国现有登记立法紊乱直接造成了登记机构比较混乱。主要包括如下几点：

其一，《企业国有资产产权登记管理办法》及其实施细则、《境外国有资产产权登记管理暂行办法》及其实施细则等规定企业国有资产产权登记机构为"国有资产管理局"。而《企业国有资产产权登记业务办理规则》（已失效）和《国家出资企业产权登记管理暂行办法》规定的企业国有资产产权登记机构为"国资委"。

其二，《金融类企业国有资产产权登记管理暂行办法》（已失效）规定金融类企业国有资产产权登记和管理机关为"同级财政部门"。《中央文化企业国有资产产权登记管理暂行办法》规定中央文化企业产权登记由"财政部、主管部门或其他授权部门"。

其三，1995 年颁布的《行政事业单位国有资产管理办法》（已失效）规定事业单位及其所办企业产权登记由各级财政部门或授权部门负责。

其四，虽然金融类企业、文化类企业以及事业单位所办企业由财政部门负责产权登记，但其内部负责登记机构也不统一。比如，金融类企业由财政部门下设的金融处负责国有产权登记；事业单位所办企业由财政部门下设的行政事业资产管理处负责国有产权登记。

之所以如此，笔者以为，一是因为《企业国有资产产权登记管理办法》是国务院颁布的行政法规，而其他立法均是原国有资产管理局、国资委和财政部等部门颁布的部门规章。尽管其后的立法更能适应市场经济发展趋势，但存在不同位阶的立法冲突。二是虽然新近立法更能适应市场经济发展趋势，但都是从部门管理角度立法，不能涵盖所有或可能出现的其他国有产权登记问题，故立法者采取了较为谨慎的态度，仍保留了原有相关法律法规和部门规章。三是我国立法清理不够彻底，尤其是国务院的行政法规、部门规章和地方性法规等之间的立法冲突清理未能及时跟上社会发展趋势。四是企业国有产权登记立法涉及原国有资产管理局、国资委、财政部等部门，部门立法存在利益博弈和权益冲突。

二、企业国有产权登记机构的改革与完善

（一）建议统一企业国有产权登记机构

笔者建议借鉴我国目前正在考虑推行的统一不动产登记的做法，实行企业国有产权统一登记。企业国有产权登记机构应为国有资本出资人机构。国有资本出资人机构目前存在如下几种情形：一是行政事业性国有财产、金融类国有企业和中央文化企业的出资人机构为财政部；二是其他国家出资企业的出资人机构为国资委；三是资源性国有财产出资人机构为各政府主管部门。为了适应市场经济发展的需要，奉行社会公共管理职能与出资人职能分离原则，以及资产管理与预算管理、绩效管理等有机结合原则，保障国有财产监管职能相对独立，笔者建议国有资本出资人机构应该统一为财政部，并由财政部下设相对独立的级别较高的国有财产管理局具体负责，必要时可以依法授权其他部门或单位履行国有资本出资人职能。当然，这要以国资委转型改革为纯粹的国资监管机构为前提。

鉴于此，根据国有财产权属关系，由相应政府财政部门下设的专职国有财产管理机构统一负责企业国有产权登记工作。如果我国推行国有财产的中央与地方三级"分别所有"原则，[1]则企业国有产权登记由中央、省级、市县级三个层次的财政部门负责，并建议由财政部门下设的专职国有财产管理机构内设的专门负责国有产权界定机构同时负责国有产权登记工作，从而实现国有财产界定与国有产权登记的衔接与配合。必要时，可以依法授权其他部门或单位负责某些国有产权登记。同时，企业国有产权登记机构不仅要与我国拟将设立的不动产统一登记机构相协调，还要接受国有财产监管机构的监督。

企业国有产权统一登记至少具有如下意义：一是便于统一企业国有产权登记立法及其登记程序，简化登记手续，提高登记效率，降低登记成本；二

---

〔1〕 参见李昌庚：《国有财产法原理研究——迈向法治的公共财产》，中国社会科学出版社 2011 年版，第 199~211 页。

是避免企业国有产权登记中的部门权益冲突，避免企业国有产权登记遗漏或登记责任推诿等问题；三是有助于企业性国有财产统一管理，提高国有资本使用效率，减少国有财产流失现象；四是有利于国有资本市场交易安全，便于加强国有资本市场交易监管等。

（二）建议企业国有产权登记立法清理和相对统一立法

首先，我国当前应先对现有企业国有产权登记立法进行清理。一是对《企业国有资产产权登记管理办法》《企业国有资产产权登记业务办理规则》《境外国有资产产权登记管理暂行办法》及其实施细则等进行清理，看是否需要修改或废止，以便与《国家出资企业产权登记管理暂行办法》相协调。二是《行政事业单位国有资产管理办法》涉及事业单位所办企业的规定也应根据市场经济发展趋势作出相应的修订。三是对《中央文化企业国有资产产权登记管理暂行办法》和《国家出资企业产权登记管理暂行办法》等进行清理，对其冲突部分进行修改与完善。[1]

其次，一旦我国企业国有产权统一登记改革到位，有必要实行相对统一的企业国有产权登记立法。一是针对国家出资企业（含金融类国家出资企业、中央文化企业和境外国家出资企业等）产权登记进行统一立法，由国务院颁布统一的《国家出资企业国有产权登记条例》或类似立法，提高立法位阶，以行政法规形式出现。二是由财政部颁布《国家出资企业国有产权登记条例实施细则》。三是根据中央与地方的立法分权以及国有财产的中央与地方"分别所有"原则，由地方人大或政府根据地方具体情况颁布相应的地方性法规或地方规章。四是将来制定的《国家出资企业国有产权登记条例》或类似立法等相关规定要与我国即将制定的《不动产登记暂行条例》等相关立法协调。

顺便提及的是，随着企业国有产权统一登记及其立法改革，行政事业单位等其他国有产权登记也将由一个统一的国有产权登记机构——财政部门——负责，并进行相应的统一登记立法。对此，笔者已有专门论述。[2]

---

〔1〕　由于我国带有计划经济色彩以及市场转型尚未到位的部门权益分割的立法现象，上述立法清理思路或许可以推广到我国许多领域的立法问题，尤其是行政法规、部门规章和地方性法规等。

〔2〕　参见李昌庚：《国有财产法基本制度研究——"国有资产法"正本清源之二》，法律出版社2015年版，第116~137页。

第三节　企业国有产权登记内容

一、企业国有产权登记范围

根据《国家出资企业产权登记管理暂行办法》《中央文化企业国有资产产权登记管理暂行办法》等有关规定，国家出资企业国有产权的登记范围主要包括如下几个方面：①国家出资企业要进行产权登记。②国家出资企业（不含国有资本参股公司）拥有实际控制权的境内外各级企业及其投资参股企业，应作为国家出资企业的子企业（子公司）进行产权登记。但对于未拥有实际控制权的企业，应作为国家出资企业的对外投资在国家出资企业产权登记中反映出来。所谓"拥有实际控制权"，是指国家出资企业直接或者间接合计持股比例超过 50%，或者持股比例虽然未超过 50%，但为第一大股东，并通过股东协议、公司章程、董事会决议或者其他协议安排能够实际支配企业行为的情形。③国家出资企业所属事业单位视为其子企业进行产权登记。但随着事业单位改革的深入，国家出资企业所属事业单位可能会被交给地方政府管理或发生其他产权隶属关系变化，届时其产权登记也会发生变化。

根据《国家出资企业产权登记管理暂行办法》等有关规定，国家出资企业基于交易目的持有的下列股权不进行产权登记：一是为了赚取差价从二级市场购入的上市公司股权；二是为了于近期内（1 年以内）出售而持有的其他股权；三是金融类企业依法行使债权或担保物权而受偿于债务人、担保人或第三人的股权资产。这些股权不属于产权登记的范围，但要按照相关规定做好登记和处置工作。

此外，中国人民解放军、武装警察部队以及经国家批准的某些特定行业所办企业的国有产权登记及其管理办法，由解放军总后勤部、武装警察部队和有关主管部门会同财政部另行制定。但国防企业和军队经商办企业要加以区别，军队经商办企业面临着如何与军队脱钩的转型改革问题。

二、企业国有产权登记类型

根据《国家出资企业产权登记管理暂行办法》《中央文化企业国有资产产权登记管理暂行办法》等有关规定，国家出资企业国有产权登记应包括下列内容：①企业出资人及出资人类别、出资额、出资形式；②企业注册资本、股权比例；③企业名称及在国家出资企业中所处级次；④企业组织形式；⑤企业注册时间、注册地；⑥企业主营业务范围；⑦国有财产出资人机构要求的其他内容。

企业国有产权登记分为占有产权登记、变动产权登记和注销产权登记。具体包括如下：

1. 占有产权登记

履行出资人职责的机构和履行出资人职责的企业有下列情形之一的，应当办理占有产权登记：①因投资、分立、合并、转制而新设企业的；②因收购、投资入股而首次取得企业股权的；③其他应当办理占有产权登记的情形。

2. 变动产权登记

变动产权登记主要适用于如下几种情形：①履行出资人职责的机构和履行出资人职责的企业名称、持股比例改变的；②企业注册资本改变的；③企业名称改变的；④企业组织形式改变的；⑤企业注册地改变的；⑥企业主营业务改变的；⑦其他应当办理变动产权登记的情形。

3. 注销产权登记

注销产权登记主要适用于如下几种情形：①因解散、破产进行清算，并注销企业法人资格的；②产权转让、减资、股权出资、出资人性质改变等导致企业出资人中不再存续履行出资人职责的机构和履行出资人职责的企业的；③其他应当办理注销产权登记的情形。

第四节　企业国有产权登记程序

根据《国家出资企业产权登记管理暂行办法》《中央文化企业国有资产产权登记管理暂行办法》等有关规定，国家出资企业国有产权登记程序主要包括如下几个方面：

一、申请

（一）申请人

对于国家出资企业、国家出资企业（不含国有资本参股公司）拥有实际控制权的境内外各级企业及其投资参股企业，以及国家出资企业所属事业单位，由国家出资企业或履行国有资本出资人职责的机构负责申请产权登记。

同一国有资本出资人机构及其管理的多个履行国有资本出资人职责的企业共同出资的企业，由拥有实际控制权的一方负责申请办理产权登记；任一方均不拥有实际控制权的，由持股比例最大的一方负责申请办理产权登记；各方持股比例相等的，由其共同推举一方负责申请办理产权登记。其余出资人出具产权登记的授权委托书。

非同一国有资本出资人机构及其管理的多个履行出资人职责的企业共同出资的企业，由各方分别申请办理产权登记。如果国有资本出资人机构统一的话，则不存在这种问题。

(二) 申请材料

(1) 占有产权登记。对于已取得法人资格的企业，申请人应当提交下列文件和资料：①企业国有资产占有产权登记表；②批准设立企业的文件；③企业章程和《企业法人营业执照》副本复印件和最近一次的验资报告；④国有资本出资人机构审核批复的或经注册会计师审计的企业上一年度财务会计报告；⑤出资人为法人单位的应该提交法人营业执照或登记证副本复印件，其中国有资本出资人还应当提交产权登记证；⑥产权登记机关要求的其他文件和资料。

对于申请取得法人资格的企业，申请人应当提交下列文件和资料：①企业国有资产占有产权登记表；②批准设立企业的文件；③企业章程和《企业名称预先核准通知书》；④出资人为法人单位的，应该提交法人营业执照或登记证副本复印件、国有财产出资人机构审核批复的或经注册会计师审计的企业上一年度财务会计报告，其中国有资本出资人还应当提交产权登记证；⑤经注册会计师审核的验资报告，其中以非货币性资产投资的还应当提交资产评估报告的核准或备案文件；⑥产权登记机关要求的其他文件和资料。

(2) 变动产权登记。申请变动产权登记时，应当提交下列文件和资料：①企业国有资产产权登记证；②企业国有资产变动产权登记表；③批准产权变动行为的文件；④修改后的企业章程和《企业法人营业执照》副本复印件；⑤经注册会计师审计的产权变动时的验资报告，其中以非货币性资产投资的应当提交评估报告的核准文件或备案表；⑥企业国有资本出资人发生变动的，提交新加入的出资人的法人营业执照或登记证副本复印件，其中国有资本出资人还应当提交产权登记证；⑦通过产权交易机构转让国有财产产权的，提交产权交易机构出具的转让国有财产产权的交易凭证；⑧经注册会计师审计的发生变动事项后最近一期的财务报告；⑨产权登记机关要求的其他文件和资料。

（3）注销产权登记。申请注销产权登记，应当提交下列文件和资料：①企业国有资产产权登记证；②企业国有资产注销产权登记表；③批准产权注销行为文件或法院宣告企业破产的裁决书；④企业清算报告或资产评估报告的核准文件或备案表；⑤国有产权（股权）有偿转让或整体改制的协议、方案；⑥本企业的产权登记证正、副本和《企业法人营业执照》副本复印件；⑦受让方的法人营业执照或登记证的复印件；⑧通过产权交易机构转让国有财产产权的，提交产权交易机构出具的转让国有财产产权的交易凭证；⑨产权登记机关要求的其他文件和资料。

（三）管辖和申请期限

企业发生产权登记相关经济行为时，申请人应当在何时提出申请产权登记呢？2012年颁布的《国家出资企业产权登记管理暂行办法》和《中央文化企业国有资产产权登记管理暂行办法》规定20个工作日内。

因此，申请人应当自相关经济行为完成后20个工作日内，在办理工商登记前，向申请人的国有资本出资人机构申请办理产权登记。如前所述，根据本书的观点，国有财产出资人机构是各级财政部门，即为产权登记机构。其中，企业产权登记仅涉及企业名称、注册地、主营业务等基础信息改变的，可以在办理工商登记后20个工作日内，向原产权登记机构申请办理变动产权登记；企业注销法人资格的，应当在办理工商注销登记后20个工作日内，向原产权登记机构申请办理注销产权登记。

二、审核

企业国有产权登记机构应当在接到申请人提交的产权登记申请材料后，及时进行审查，决定是否受理。我国现有立法并未规定决定受理的期限，笔者建议，登记机构应当在收到申请材料后3日内决定是否受理，并对此进行立法完善。这种审查是形式审查，主要审查申请人是否合格、是否向有管辖权的登记机构申请、申请人提交的登记材料在形式上是否符合法律规定，是否齐全等。

如果登记机构作出不予受理决定，申请人应当及时补充、完善材料并在规定期限内向有权登记机构再次提出申请。对此，现有立法也未予规定，笔者建议在不予受理决定之日起 3 日内再次提出申请。笔者建议，登记机构作出不予受理决定书的，应当告知当事人在 3 日内再次申请事项。但申请人不能因登记机构作出不予受理的决定就放弃登记申请，因为国有产权登记是申请人的法定义务。

如果登记机构作出受理决定，登记机构应当在多长时间内审核完毕？《国家出资企业产权登记管理暂行办法》规定 10 个工作日内完成。《中央文化企业国有资产产权登记管理暂行办法》规定 20 个工作日内予以办理。但上述期限都没有考虑是否决定受理的期限和不予受理时当事人再次申请的期限。综合上述因素，笔者建议采用"15 个工作日内"，即在产权登记机构决定受理之日起 15 个工作日内应当进行实质审查，决定是否核发登记；并建议在统一国有产权登记立法时予以修订。

三、登记

《国家出资企业产权登记管理暂行办法》规定，审核完毕后，对符合占有和变动产权登记要求的企业直接核发登记证。《中央文化企业国有资产产权登记管理暂行办法》则规定，对符合占有和变动产权登记要求的企业先核发产权登记表，企业依据产权登记表办理工商登记后再来领取产权登记证。笔者同意《中央文化企业国有资产产权登记管理暂行办法》的规定，尽量减少产权登记与工商登记冲突的问题，降低登记成本；并建议在统一国有产权登记立法时予以修订。

因此，登记机构自受理决定之日起 15 个工作日内审核完毕后，对于尚未进行工商登记的情形，对符合占有和变动产权登记要求的国家出资企业先予核发产权登记表，并由其依据产权登记表，于向工商部门申请办理工商登记后 10 个工作日内，到登记机构领取产权登记证，同时提交《企业法人营业执照》副本复印件。对符合占有和变动产权登记要求的其他企业，由登记机构或者由登记机构授权国家出资企业核发产权登记表，并于其依据产权登记表向工商部门申请办理工商登记后 10 个工作日内，向登记机构提交《企业法人营业执照》副本复印件。

对于已经进行工商登记的，对符合占有和变动产权登记要求的国家出资企业直接核发产权登记证；对符合占有和变动产权登记要求的其他企业，由登记机构或者由登记机构授权国家出资企业核发产权登记表。

对符合注销产权登记要求的企业，登记机构自受理决定之日起 15 个工作日内核准注销。登记机构核准企业注销产权登记后，应当及时收回产权登记证，并予以注销。

对不符合合产权登记要求的企业，如存在产权纠纷，暂缓办理产权登记，应当先办理产权界定，再办理产权登记；对在相关经济行为操作过程中存在瑕疵的企业，登记机构应当向国家出资企业下发限期整改通知书，完成整改后予以登记。

产权登记证、登记表是企业办结产权登记的证明，是客观记载企业产权状况基本信息的文件。产权登记证、登记表的格式和内容由国务院国有资本出资人机构统一制作，企业应妥善保管。任何单位和个人均不得伪造、涂改、出租、出借。产权登记证遗失或者毁坏的，必须按规定向登记机构申请补领。

工商登记信息与产权登记信息存在不一致的，企业应当核实相关资料，涉及变更产权登记信息的，企业应当在修改后重新报送，国有资产监督管理机构或者国家出资企业对相关登记信息进行确认后重新核发产权登记证、登记表。

四、产权登记年度检查

国家出资企业及其需要产权登记的子企业（公司）应当于每年 5 月 31 日前完成上一年度本企业及其各级子企业（公司）的产权登记年度检查工作，并向国有产权登记机构提交下列检查资料：①产权登记年度检查申请；②企业国有资产产权登记表（年度检查）；③企业国有资产经营年度报告书；④产权登记证和《企业法人营业执照》副本复印件；⑤经注册会计师审计的企业上一年度财务会计报告；⑥登记机构认定需提交的其他文件和资料。

企业国有资产经营年度报告书是反映其在检查年度内国有资产经营状况、产权变动情况的书面文件。主要报告以下内容：①企业国有资产保值增值情况；②企业国有资本金实际到位和增减变动情况；③企业国有资本的分布及结构变化，包括对外投资及投资收益情况；④企业发生产权变动以及办理相应产权变动登记情况；⑤企业提供担保以及资产被司法机关冻结等产权或有变动事项；⑥其他需要说明的问题。

企业应当及时对产权登记检查中发现的问题进行整改，并按照有关规定，申请补办产权登记或者对原有登记内容进行更正。登记机构依据产权登记检查情况和问题整改情况，在企业产权登记证上签署年度检查意见。

企业国有产权登记机构应于产权登记年度检查结束后 1 个月内，将产权登记检查情况抄送同级国有财产监管机构（国资委）。

五、产权登记档案管理

根据《档案法》和《国有资产产权登记档案管理暂行办法》等规定，国有产权登记档案是国家档案的重要组成部分。国有产权登记机构、国家出资企业应当建立健全产权登记档案管理制度，对办理完成的产权登记事项，应当及时将合规性资料目录中所列资料整理归档，分户建立企业国有产权登记档案。

企业国有产权登记机构和国家出资企业应由具有专业知识的专职人员负责管理，建立健全工作制度，以确保国有产权登记档案的完整、准确、系统、安全和有效利用。

第五章 企业国有资本出资人 *

Chapter 5

第一节 企业国有资本出资人概述

一、企业国有资本出资人概念及其意义

我国《企业国有资产法》首次提出了国家出资企业概念。所谓国家出资企业，是指国家投入资本的企业，包括国有独资企业、国有独资公司、多个国有投资主体的有限责任公司、国有控股公司和国有参股公司。如前所述，国家出资企业不同于国有企业，我们一般将国有独资企业、国有独资公司、多个国有投资主体的有限责任公司和国有控股公司称为国有企业。国家出资企业涉及的国有资本即为企业国有资本，又被称为"企业国有资产"或"企业性国有财产"。

长期以来，国有财产毫无疑问地被视为国家所有，也即全民所有，因此我国一直没有明确的出资人概念以及出资人机构。在计划经济时期，国有企业作为政府附属物也不例外。由于政府的社会公共管理职能与国有财产出资人职能没有分开，因此国家所有权主体抽象性的弊端进一步凸显。尤其是对于国有企业而言，历史上存在过的"五龙治水"等类似现象即是典型例证。[1] 随着改革开放尤其是市场经济体制的进一步深化，国有产权多元化趋势迫切要求解决国有企业出资人问题。直到于 2008 年颁布《企业国有资产法》，我国才从立法上正式明确了出资人概念。《企业国有资产法》第 4 条和第 11 条规

---

* 本章主要内容参见李昌庚：《国有财产法基本制度研究——"国有资产法"正本清源之二》，法律出版社 2015 年版，第 49~76 页；并以"企业国有资本出资人：国际经验与中国选择"为题发表于《法学论坛》2014 年第 2 期。

〔1〕 所谓"五龙治水"，是指 1998 年国务院机构改革时，企业国有资产出资人职能由财政部、国家经济贸易委员会、人事部、中共中央大型企业工作委员会和稽察特派员公署等五部门联合行使。

定，国务院和地方人民政府分别代表国家对国家出资企业履行出资人职责，[1]享有出资人权益；国务院国有资产监督管理机构和地方政府设立的国有资产监督管理机构代表本级政府对国家出资企业履行出资人职责；国务院和地方政府根据需要，可以授权其他部门、机构代表本级政府对国家出资企业履行出资人职责。

从政治上来看，国有企业固然属于国家所有（也即全民所有），但从法律上来看，国有企业产权主体需要明晰、具体，而不是笼统的"国家"或"人民"。尽管国家所有权主体存在过"全民说""国家说"或"国家和地方说"以及"政府说"或"公法人说"等争议，但相比较而言，"政府说"或"公法人说"在一定程度上克服了"全民说"和"国家说"或"国家与地方说"的缺陷与不足，使国家所有权主体从"抽象"到相对"具体"，相对满足了所有权及其责任主体明晰的要求。因此，笔者建议采用"政府说"或"公法人说"，即将国家所有权主体直接落实到政府等公法人身上，减少不必要的抽象代理环节，这也符合法人制度的构建。[2]在此基础之上，只有对政府公权力加以有效制约，方能体现国家所有权的人民利益。

但企业国有资本出资人还不能被笼统地说是"政府"，更不能说是"国家"或"人民"，否则出资人制度构建便没有多大意义了。企业国有资本出资人的身份应当类似于私有财产股东，明确政府授权的具有法人资格的具体职能部门或其他特定单位，实现政府社会公共管理职能与出资人职能的分离，方有现实意义。

鉴于此，所谓企业国有资本出资人，是指政府依法授权的能够代表政府行使企业国有资本股东或类似股东权利和承担义务的具体职能部门或其他特定单位。

当然，企业国有资本出资人制度无论如何设计，均无法改变国有企业的公权力因素。试图以此彻底解决国有企业缺陷，无疑会陷入国家所有权神话。其实，一旦实现国有企业市场转型改革到位、市场经济体制建立健全和法治

---

〔1〕 所谓国家出资企业，根据《企业国有资产法》的规定，主要包括国家出资的国有独资企业、国有独资公司、国有资本控股公司和国有资本参股公司。

〔2〕 参见李昌庚："国家所有权理论拷辨"，载 http：//www.calaw.cn/article/default.asp？id＝8501，2013 年 5 月 10 日最后访问。该文初稿发表于《政治与法律》2011 年第 12 期，网站发表时对该文进行了修改和补充。

国家构建，国有企业的诸多问题自然会消解。因此，企业国有资本出资人制度设计具有相对意义。

二、企业国有资本出资人法律地位

（1）从企业国有资本出资人与政府的关系来看。我国现有法律规定，国有企业属于国家所有，由政府代表国家行使国家所有权。如前所述，笔者建议国家所有权直接由政府行使。但无论如何，在市场经济社会，本着政府的社会公共管理职能与出资人职能分离的原则，最终都应由政府授权某个具体职能部门或其他特定单位作为企业国有资本出资人。出资人机构代表政府履行企业国有资本出资人职能，但不能同时代表政府履行国有财产监管职能，否则便会陷入自己监管自己的陷阱。这恰是我国现有企业国有资本出资人制度需要解决的问题。

（2）从国有资本出资人与被出资单位的关系来看。国有资本出资人与被出资单位之间是一种产权关系，往往通过投资、行政划拨、法定取得等方式形成。对于国家出资企业而言，国有资本出资人的身份是股东，按照出资比例对被出资单位享有重大决策、选择管理者、投资收益分配等股东权利。基于国有股东的公权力因素，国有资本出资人依据法律规定对被出资单位还享有一些特殊的股东权利，从而表现出行政型治理模式。[1]

（3）从国有资本出资人与其他投资主体来看。国有资本出资人作为政府的职能部门或特定的行政机构，相对于特定的被出资企业其他股东而言，其与其他投资主体之间是一种股东合作关系。一般而言，股东之间地位平等，原则上同股同权、同股同利，除非企业章程另有约定或法律另有规定。但在实践中，基于国有资本出资人机构的公权力因素，国有资本出资人难免有诸多特殊的股东权利，或渗透公权力因素，从而影响其他投资主体权益。这也进一步说明，国有企业的公权力制度安排是非常重要的，其可以限制国有资本出资人。

三、企业国有资本出资人职权

如何理解企业国有资本出资人职权？笔者以为，关键要把握如下三点：

---

〔1〕 参阅本书第六章"国有企业治理"的相关内容。

一是政府的社会公共管理职能与国有资本出资人职能的分离，国有资本出资人的职能不能与政府的社会公共管理职能相混淆。比如，国有资本出资人的职权中也涉及监督职权，但这仅是出资人在履行出资人职权过程中应有的股东监督权利，并不代表（更不能替代）独立的国有资本监管职能。二是国有资本出资人职权不等于（更不能替代）被出资企业的职权。被出资企业作为法人单位应享有法人所有权及其相应的职权，尤其是对国有独资企业、国有独资公司、多个国有投资主体的有限责任公司，要更加注意。三是基于国有企业类型不同，国有资本出资人职权有所区别，比如国有全资企业（或公司）、国有绝对或相对控股公司等。

根据现有《企业国有资产法》的有关规定、国有企业特殊立法精神、国有资本出资人作为股东的一般要求，以及国有资本出资人基于国有企业的公权力因素所赋予的可能存在的某些特殊股东要求，国有资本出资人的职权主要包括如下：

（1）股东决定权或表决权。国有资本出资人根据国有企业特殊立法规定以及企业章程等规定，直接以股东身份或通过参加股东会或股东大会的形式，对企业章程修订，企业董事会、监事会和高级管理人员等机构和人选的建议，企业利润分配以及其他重大决策事项行使决定权或表决权。

（2）查阅权。国有资本出资人根据国有企业特殊立法规定以及企业章程等规定，有权以股东身份查阅企业经营状况和财务状况。

（3）优先受让和认购股权的权利。经股东同意转让的出资，在同等条件下，国有资本出资人根据国有企业特殊立法规定以及企业章程等规定，或者公共利益保留，享有优先受让和认购股权的权利。

（4）转让出资或股权的权利。国有资本出资人根据国有企业特殊立法规定以及企业章程等规定，有权转让出资或股份。

（5）利润分配权。国有资本出资人根据国有企业特殊立法规定以及企业章程等规定，有权分配企业利润。

（6）剩余资产分配权。当企业终止清算时，国有资本出资人有权根据国有企业特殊立法规定以及企业章程等规定，按照出资比例或持股比例分配企业剩余资产；或基于公共利益保留原则，分配并收购企业剩余资产。

（7）负责国有产权登记、资产统计、资产评估和资产清查等工作。

（8）建立和完善国有财产管理信息系统，对国有财产实行动态管理。

（9）建立和完善针对国有财产安全性、完整性和有效性的评价方法、评价标准和评价机制，对国有财产实行绩效考核与管理。

（10）国有资本出资人作为国有股东可能存在涉及政府意志的其他保留权利等。

第二节　企业国有资本出资人现状

2003 年，为了解决国有企业"五龙治水"模式的缺陷，[1]我国成立了国资委，作为国务院特设直属机构，代表政府专门履行企业国有资本出资人职能。2003 年颁布的《企业国有资产监督管理暂行条例》对此作出了明确规定。2008 年颁布的《企业国有资产法》不仅提出了更为科学的"国家出资企业"概念，而且进一步详细明确了国资委的出资人职能。

目前，由国资委履行出资人职能的国家出资企业共有 96 家，[2]国资委可以通过这 96 家国家出资企业对其旗下的国家出资履行企业国有资本出资人职能。

但是，国家出资企业并非都是由国资委代表国务院履行企业国有资本出资人职能。我国对于有些行业的国家出资企业的出资人有特殊规定。首先，金融类国家出资企业（含银行、保险、证券等）由财政部或通过财政部投资的中央汇金投资有限责任公司等金融类国有资本投资运营公司履行企业国有资本出资人职能，而最终都是由财政部履行企业国有资本出资人职能。比如，中国工商银行股份有限公司的国有股东是财政部和中央汇金投资有限责任公司。其次，中国国家铁路集团有限公司以及中国邮政集团有限公司、中国烟草总公司和中央文化企业等企业国有资本出资人职能由财政部代表国务院履行。上述企业一般都是国有资本控股集团公司，相关部委通过上述企业对其旗下的国家出资企业履行具体企业国有资本出资人职能。

综上，我国企业国有资本出资人制度主要存在如下缺陷与不足：

---

〔1〕 1999 年，中共中央大型企业工作委员会撤销，成立中央企业工作委员会；2003 年，国家经济贸易委员会撤销，相关职能并入商务部；2008 年，人事部与有关部门合并调整为人力资源社会保障部；稽察特派员制度也逐渐取消，改为外派监事会制度。

〔2〕 以上数据统计截至 2019 年 11 月 8 日。

一、企业国有资本出资人划分标准不明确

从我国现有规定及实践来看，企业国有资本出资人既有国资委，也有财政部门。对于企业国有资本出资人到底哪些属于国资委，哪些属于财政部门，无论是立法还是实践都没有作出明确规定。理论上有一种说法，即认为一些特殊行业的国家出资企业由财政部门履行企业国有资本出资人职能。其实，这种说法并不完全科学。因为在国资委管辖的 96 家中央企业中，有许多企业也属于特殊行业，如中国核工业集团有限公司、中国航天科工集团有限公司等。而且，无论是中央还是地方，国资委管辖的国有企业也都存在投资金融等特殊行业，如江苏省农村信用社联合社属于省国资委管辖，江苏省国资委管辖的江苏苏豪控股集团有限公司也投资经营华泰证券有限公司、江苏银行、中国太平洋保险公司等。

当初国资委成立时，哪些国有企业归国资委管辖，哪些国有企业另行规定并不明确，因为当时铁路、邮政、金融、文化、体育、教育等领域均有主管部门。也正因为如此，企业国有资本出资人设置才会存有争议。

二、财政部门履行出资人职能关系尚未理顺

目前，我国铁路、邮政、烟草等领域的中央国有企业以及中央文化企业等企业国有资本出资人职能由财政部门代表国务院履行。除此以外，行政事业单位办"三产"和"非转经"等历史遗留的部分企业国有资本出资人职能也由财政部门履行。

我国财政部门履行企业国有资本出资人职能至少有如下关系尚未被理顺或解决：

（1）在财政部门与国有企业之间是否设立履行具体出资人职能的机构并不统一和明确。财政部门能否直接履行企业国有资本出资人职能？如果不能，在财政部门与国有企业之间如何设立履行具体出资人职能的机构？总出资人职能机构与具体出资人职能机构的关系如何处理？等等。比如，中国工商银行股份有限公司的国有股东是财政部和中央汇金投资有限责任公司，而中央汇金投资有限责任公司是财政部管辖的中国投资有限责任公司的子公司。

（2）财政部门履行企业国有资本出资人职能的自身关系尚未理顺。比如，财政部门对其管辖的国有企业更多的是履行传统的资产管理职能，并未凸显

出资人职能；财政部门履行的国有资本出资人职能分属于财政部门的若干职能部门，如中央金融企业由金融司负责，中央文化企业由科教与文化司负责，中国国家铁路集团有限公司、中国邮政集团有限公司和中国烟草总公司由经济建设司负责，除此以外，还有资产管理司等。这些职能部门是否要调整？还是在财政部门内部专设履行出资人职能的机构？

（3）财政部门与国资委的关系尚未理顺。一是财政部门与国资委的国有资本出资人关系尚未理顺；二是财政部门与国资委的国有资本监管关系尚未理顺。比如，财政部门是否如同国资委那样，既履行出资人职能，又履行监管职能？如果由财政部门履行国有资本出资人职能，是否由国资委统一履行国有资本监管职能？

三、国资委存在着职能冲突和角色错位

有学者从企业国有资本出资人应是民事主体身份的角度抨击国资委行政主体身份的弊端。[1]但试想一下，虽然国资委具有民事主体身份，但作为96家巨型国家出资企业的国有股东，其是否存在缺陷与不足？笔者以为，企业国有资本的最终出资人当然是政府，因此应当具有行政主体身份。这是由国有企业公权力因素决定的，也是国际通例。在国外，许多国有企业高级管理人员也是由政府直接任命的。比如，美国田纳西河流域管理局（TVA）等国有企业董事会成员就由总统提名、参议院批准。又如，新加坡国有企业中就有政府官员担任董事。国资委的弊端不在于其行政主体身份，关键在于如下几点：一是履行出资人职能的国资委的设立有无必要；二是国资委的社会公共管理职能与出资人职能是否应当分离；三是国资委和国家出资企业之间应否设立若干资本控股公司（或类似机构）作为隔离层；四是国家出资企业市场转型和权力制衡的公权力制度安排是否到位。

从我国现有立法和实践来看，国资委的职能冲突与角色错位主要表现在如下几个方面：

（一）出资人职能与社会公共管理职能的冲突

一方面，希望把国资委打造成"干净"的出资人。如《企业国有资产监

---

〔1〕 平新乔："'功能错位'的国资委"，载《中国企业家》2005 年第 2 期。

督管理暂行条例》第 7 条规定，国有资产监督管理机构不行使政府的社会公共管理职能，政府的其他机构、部门不履行企业国有资产出资人职责。《企业国有资产法》第 6 条规定，国务院和地方人民政府应当按照政企分开、社会公共管理职能与国有资产出资人职能分开、不干预企业依法自主经营的原则，依法履行出资人职责。另一方面，国资委并未完全充当"干净"的出资人，其还具有监管者等其他社会公共管理职能角色。如《企业国有资产监督管理暂行条例》规定，作为国务院的特设直属机构，国有财产监督管理机构指导推进国有企业改革和重组；通过法定程序对企业负责人进行任免、考核并根据其经营业绩进行奖惩；通过统计、稽核对所管国有财产的保值、增值情况进行监管；拟订国有财产管理的法律法规和规章制度，依法对地方国有财产进行指导和监督；承担国务院交办的其他事项等。[1] 又如《中央企业国有资本收益收取管理办法》所调整的中央企业主要是国资委所属企业和中国烟草总公司，但其第 5 条却规定，中央企业国有资本收益由财政部负责收取，国资委负责组织所监管的企业上缴国有资本收益。又如《广东省省属国有资产收益收缴管理暂行规定》第 6 条规定，省属国有资产收益除省国资委监管企业国有产（股）权转让收益缴入省国资委专户外，其他企业国有产（股）权转让收益、省属企业国有资产经营利润等收益缴入省财政专户。

虽然后来颁布的《企业国有资产法》比《企业国有资产监督管理暂行条例》有所进步，至少从立法形式上避免了出资人职能与社会公共管理职能混同的现象，但在我国的现实国情下，国资委的职能仍然超出了出资人职能，这一点从国资委公布的主要职能就可以看出。比如，指导推进国有企业改革和重组，推进国有企业的现代企业制度建设，完善公司治理结构，推动国有经济布局和结构的战略性调整；负责企业国有资产基础管理；监管国有企业。由此可见，国资委一方面是出资人，另一方面又是监管者或是公共管理者，二者的身份对立，必然会出现目标对立。[2] 甚至有学者质疑国资委的出资人身份。[3]

---

〔1〕 参见《企业国有资产监督管理暂行条例》第 12 条、第 13 条等规定。

〔2〕 郭复初领著：《完善国有资产管理体制问题研究》，西南财经大学出版社 2008 年版，第 19 页；魏杰：《动摇不得：中国经济改革若干问题》，中国发展出版社 2007 年版，第 214 页；解云龙、杨玉红："国资委在探索中前行"，载《中国投资》2005 年第 6 期。

〔3〕 史际春等：《企业国有资产法理解与适用》，中国法制出版社 2009 年版，第 3 页；谢次昌：《国有资产法》，法律出版社 1997 年版，第 49 页。

他们认为，国资委实际上并没有落实政府的社会经济公共管理职能和国有资产所有者职能分开的初衷，造成了国资委自己监督自己的利益冲突现象，有违法治的基本要求。[1]

（二）总出资人职能与具体出资人职能的冲突

设置专门机构，使国资委仅仅履行总出资人职能，国资委是心有不甘的。国资委在总出资人职能和国资监管职能的旗号下，必然容易迈向具体出资人职能角色。国资委一方面充当了国家出资企业的总出资人，另一方面又不自觉地行使具体出资人职能。如同有学者所言，国资委的设置未能体现在国有财产投资经营中政府的总老板职能与具体老板（出资人或股东）职能应当分开的道理，在角色定位上存在着矛盾。[2]这种矛盾主要表现在：国资委一方面具有行政干预的冲动，另一方面又具有利益扩张、"与民争利"的冲动，结果是国资委既像行政机构，又像"巨无霸"一般的国有特殊企业。而且，还容易进一步助长"政企不分"、关联交易和行政垄断等弊端。

（三）国有资本经营预算与财政预算的冲突

一方面，国有资本经营预算应当被纳入财政预算范围，这是财政部门的公共职能。另一方面，国有资本经营预算应当由企业国有资本出资人负责，这是出资人职能的应有要求。而我国相当一部分企业的国有资本出资人是国资委，国资委作为企业国有资本出资人还要履行国有资本经营预算职能，否则便有违出资人角色。因而，国有资本经营预算编制主体纠结于是财政部门还是国资委，进而影响到了其能否被有效纳入财政预算范围。对此，我国现有立法和相关政策文件作了折中规定。我国《企业国有资产法》第61条规定，国务院和有关地方人民政府财政部门负责国有资本经营预算草案的编制工作，履行出资人职责的机构向财政部门提出由其履行出资人职责的国有资本经营预算建议草案。同样，《中央企业国有资本收益收取管理办法》等相关规定也是如此。但这种规定在无形之中留下了隐患。一方面，国有资本经营预算与财政预算的编制主体难以有效统一，国资委和财政部门在国有资本经营预算方面的关系难以理顺。另一方面，国资委既负责提出国有资本经营预

---

[1] 史际春等：《企业国有资产法理解与适用》，中国法制出版社2009年版，第3页。
[2] 史际春等：《企业国有资产法理解与适用》，中国法制出版社2009年版，第61页。

算建议草案，又负责监督国有资本经营预算，这在逻辑上显然难以自洽，容易造成国资委职能错位，影响监督成效。

第三节　企业国有资本出资人的国际经验与教训

一、企业国有资本出资人的国际典型模式

（1）不设立专职管理部门，由财政部履行出资人职能，辅以相关部门管理模式。典型国家如美国、新加坡、德国、新西兰、意大利等。比如，美国除了田纳西河流域管理局、阿巴拉契亚区域开发委员会、进出口银行、联邦存款保险公司和宾夕法尼亚道路发展公司等五家国有企业由美国总统直接负责外，其他国有企业均由根据国会各种决议设立的各种专门常设委员会管理。[1]如美国联邦原子能委员会管辖国家原子能工业企业、美国矿务局管辖国有采矿工业企业、国家宇航委员会管辖空间技术开发和武器研制等。但财政部在国有企业管理中处于核心地位，履行出资人职能。新加坡的 6 个法定机构（Statutory Board）和 4 个国有控股公司都由财政部履行出资人职能，[2]国有企业财政预算、财务收支的最终决定权在财政部。各专业部门负责专业管理。法定机构和国有控股公司旗下再设各种国连公司。从而形成"财政部—法定机构和淡马锡控股公司—控股企业（23 家国有企业）"三个层次。德国国有企业为议会所有，授权政府管理，具体由财政部管理，履行出资人职能，辅以有关部门专业管理。新西兰国有企业由财政部履行出资人职能，由有关行业主管部门给予专业管理。意大利早先曾设立国家参与部对国有企业履行出资人职能，1992 年国家参与部撤销，其职能并入国库部（相当于财政部），由国库部统一履行国有企业出资人职能，并与相关部门一起参与国有企业管理，从而形成了"国库部（相当于财政部）—国有控股公司—控股企业"三个层次。

（2）财政、预算部门下设专职管理部门，辅以各部门专业管理模式。典

---

〔1〕　史忠良等：《国有资产管理体制改革新探》，经济管理出版社 2002 年版，第 74 页。

〔2〕　法定机构是新加坡政府设立的管理国有财产，尤其是公共事业的，介于政府与普通商事企业之间具有准行政性质的特殊国有企业，属于特殊企业类型。著名的新加坡淡马锡公司就是 4 家国有控股公司之一。

型国家如法国、澳大利亚、日本、巴西、印度等。法国早先是通过若干政府
职能部门管理国有企业，比如财政经济与预算部、计划总署、国防部、工业
部、运输部和邮电部等。其中，财政经济与预算部拥有较大权力，负责管理
国有企业的资产。2003 年，法国财政经济与预算部下设国家参股局，履行国
有企业出资人职能。澳大利亚财政部下设财产管理局，履行国有企业出资人
职能。日本大藏省（即财政部）内设理财局，履行普通财产（包括国有企业
在内）的出资人职能，[1]同时辅以各省厅的专业管理。巴西于 1979 年在国家
计划预算管理部下设国有企业控制署，专门履行国有企业出资人职能。印度
国有企业由政府各行业主管部门管理，各行业主管部门对国有企业既行使行
业管理职能，又行使部分所有权职能。同时，由财政部履行最终出资人职能。
1965 年成立的公营企业局隶属于财政部，参与管理国有企业，但公营企业局
自身不享有国有企业所有权职能。后来，公营企业局被重工业和公共企业部
取代，后者主要负责管理印度联邦所属的国有企业。

（3）相关政府部门下设专职管理机构，由财政部充当最终出资人模式。
典型国家如英国、瑞典、奥地利、韩国等。英国于 20 世纪 70 年代在政府工
业部下设国家企业局（后与英国研究开发公司合并组建了英国技术集团），履
行国有企业控股及其关联企业的出资人职能。同时，从 20 世纪七八十年代来
看，英国国有企业也由各行业经济职能部门专业管理。此外，由财政部对国
有企业进行综合管理。瑞典于 1998 年在政府工业部下设国有企业局，履行国
有企业出资人职能。奥地利通过公共交通与公共企业部下设的奥地利工业控
股股份公司，代表政府履行国有企业出资人职能。韩国于 1998 年在经济企划
院下设国有企业经营绩效评估委员会，具体履行国有企业出资人职能，国有
企业最终出资人则主要为企划财政部，从而改变了原来政府主管部门直接管
理国有企业的状况。

（4）独立设置专职管理部门履行出资人职能，辅以相关部门和财政部管
理模式。典型国家如俄罗斯、中国等。苏联解体后，俄罗斯先通过联邦财产

---

　　[1]　根据《日本国有财产法》（2002 年修订版）的规定，日本国有财产分为行政财产和普通财
产。其中，普通财产主要包括国有企业财产等。行政财产包括公用财产、公共财产、皇室财产和企业
财产等。这里的“企业财产”不是指国有企业财产，而是指国家提供给国有企业使用和提供给在国有
企业就业的职员居住用的财产，及已决定将提供给上述诸方面使用的财产。参见［日］大塚芳司：
《日本国有财产之法律、制度与现状》，黄仲阳编译，经济科学出版社 1991 年版，第 25 页。

关系部专门管理国有企业。1997 年，俄罗斯成立了国有财产管理部，履行包括国有企业在内的国有财产出资人职能。我国目前也是采取这种模式，即除了财政部门外，还设立专职国资委等。

二、企业国有资本出资人的国际经验与教训

（1）分散管理向集中管理转变。即从过去的分散管理向相对集中管理以及"统分结合"模式转变。许多国家都改变了过去多部门分割管理国有企业的状况，纷纷设立专职管理机构或授权少数部门或机构履行企业国有资本出资人职能，并由财政部门充当最终出资人角色，在国有企业管理中处于核心地位。

（2）普遍推行社会公共管理职能与出资人职能分离的市场原则。在市场经济社会，政府不能既当"裁判员"又当"运动员"。为了保持市场中立，政府原则上应当退出一般市场竞争领域，这也是世界各国国有企业的发展趋势。在确需国有企业存在的领域，虽然出资人职能与社会公共管理职能最终都属于政府，但在具体履职部门上实现出资人职能与社会公共管理职能分离却是国有企业管理的发展趋势。

（3）普遍奉行企业国有资本总出资人职能与具体出资人职能分离原则。虽然世界各国普遍由财政部门履行企业国有资本最终出资人职能，但财政部门一般不直接履行面向市场和社会的企业国有资本出资人职能，而是通过若干中间部门、特定机构或控股公司来具体行使出资人职能，从而隔离政府与具体从事经营的国有企业之间的直接关系，缓解"政企不分"、关联交易和行政垄断等弊端。比如，许多国家设立的国有企业主管机构，如法国的国家参股局、巴西的国有企业控制署、新加坡的法定机构、奥地利的工业控股股份公司等。

（4）普遍由财政部门履行企业国有资本总出资人职能，实现国有资本经营预算与财政预算的统一，符合国有财产的本质属性。首先，从国有企业来看，无论是不设立专职管理部门，还是在财政部门或其他部门下设专职管理机构，财政部门总体上都充当总出资人的角色，在国有企业管理中处于核心地位。

（5）世界各国企业国有资本出资人设置因国情而表现出各自的特色。虽然世界各国总体上遵循了国有企业管理的市场经济规律，但在企业国有资本出资人及其具体机构设置方面又表现出了各自特色。比如，美国国有企业很

少，故没有设置专门的国有企业管理机构，但由于其政府行政事业性财产相对而言较为庞大，因而设立了专门管理机构，如联邦事务服务总局等。又如，有些国家的国有企业在一定时期比重相对较大，故设立了国有企业专门管理机构，如英国历史上的国家企业局、法国的国家参股局。再如，在一定时期内，俄罗斯不仅国有企业比重较大，而且还正在进行市场转型改革，故独立设置专门机构负责。

（6）有些国家在历史上曾遭遇过国有企业计划管理问题。不仅苏联、东欧各国等执行计划经济的国家如此，即便是法国、英国、印度等国，在历史上由于受到战争、经济危机和社会主义计划经济因素的影响，也曾出现过国有化浪潮，或多或少地带有国有企业管理的计划经济色彩，进而出现了缺乏明确或统一的国有财产出资人，或出资人职能与社会公共管理职能不分等问题。比如，法国早先是通过若干政府职能部门管理国有企业，如财政经济与预算部、计划总署、国防部、工业部、运输部和邮电部等。又如，从 20 世纪七八十年代来看，英国的国有企业也是由各行业经济职能部门分割管理的。再如印度各行业主管部门对国有企业既行使行业管理职能，又行使部分所有权职能。但上述国家（尤其是英国和法国）在后来的国企改革中均实现了市场转型。

第四节　我国企业国有资本出资人制度构建

一、企业国有资本出资人制度设计原则

（一）中央与地方分别所有原则

笔者主张国有财产的中央与地方分别所有原则，[1]国有企业也不例外。国有财产的中央与地方分别所有原则已是国际惯例，不仅可以满足中央与地方分权的需要（以满足财权与事权相适应要求），而且也是缓解国有企业产权主体抽象化问题，进而有效管理国有企业的重要手段。因此，企业国有资本出资人制度设计涉及中央与地方各级政府的国有企业划分归属及其出资人职

---

〔1〕　参见李昌庚：《国有财产法原理研究——迈向法治的公共财产》，中国社会科学出版社 2011年版，第 199～205 页。

能问题，而不是企业国有资本出资人最终都归属到中央政府的问题。我们一般只讨论中央政府层面上的企业国有资本出资人制度设计，地方政府依此类推，适用相同的原理和机制。

（二）出资人职能与社会公共管理职能分离原则

在市场经济社会，政府不能既当"裁判员"，又当"运动员"，否则容易造成角色错位与利益冲突，容易发生"与民争利"现象。结果便是权力的腐蚀和规则的破坏，这是对法治的最大威胁。因此，为了保持市场中立，凡是一般市场竞争领域，凡是能够盈利的领域，政府原则上都不宜介入。即便是基于特殊原因，政府要进入或暂时进入也需经过最高权力机关的审批。这便是国外国有企业设立往往需经议会审批的重要原因。这也是彻底解决出资人职能与社会公共管理职能冲突的有效手段。

尽管如此，市场经济国家也还是都有国有财产存在，国有企业也不例外。这不仅是为了弥补市场失灵，而且许多发展中国家在特定时期基于某种特定需要（如产业结构调整、产业扶持、地区发展平衡等），均需要政府主动履行"经济国家"职能，中国也不例外。国有企业公权力因素决定了出资人职能与社会公共管理职能无论如何分离，最终都要归属于政府。但这不能成为否定企业国有资本出资人职能与社会公共管理职能分离的理由。相反，国有企业管理更需要在具体履职部门上实现出资人职能与社会公共管理职能的分离，以便尽可能降低国家所有权的消极因素。

对于我国而言，企业国有资本出资人制度设计不仅面临着国有企业市场转型问题，而且还面临着出资人职能与社会公共管理职能分离问题。

（三）企业国有资本总出资人职能与具体出资人职能分离原则

虽然世界各国普遍由财政部门履行企业国有资本总出资人职能，但财政部门一般不直接面向市场和社会履行企业国有资本出资人职能。无论是财政部门还是国资委或其他机构，如果集企业国有资本总出资人职能和具体出资人职能于一身，则一方面会限于自身职能而无力承担面向市场和社会的股东责任，另一方面也容易异化出资人职能，从而助长国有企业之间的关联交易和"政企不分"等弊端。

因此，企业国有资本出资人制度设计要将企业国有资本总出资人职能与具体出资人职能分离，既要解决总出资人问题，也要通过若干控股公司或特定机构等来解决具体出资人问题,从而相对隔离政府与具体从事经营的国有企业之间的直接关系,进而缓解"政企不分"、关联交易和行政垄断等弊端。

当然,国有企业的国家所有权公权力性质决定了国有企业"政企不分"及其行政型治理模式。[1]因此,国有企业出资人制度的优化设计只能缓解"政企不分"、关联交易和行政垄断等弊端,但无法也无需彻底解决上述弊端。国有企业出资人制度设计不能苛求普通商事企业的股东效果。

(四)国有资本经营预算与出资人职能统一原则

世界各国在过去很长一段时间内多采取财政单式预算方式,但现在一般都采取复式预算方式。我国也不例外。我国过去并没有建立国有资本经营预算制度,但为了适应我国现阶段国有企业的改革需要,我国已经推行国有资本经营预算制度,并将国有资本经营预算和政府一般公共预算、社会保障预算等一并纳入财政预算的范围内。从企业国有资本出资人制度设计来看:一是要求国有资本经营预算应当成为出资人职能的一部分;二是要求国有资本经营预算应当被纳入财政预算范围内。

二、我国企业国有资本出资人制度构建

关于企业国有资本出资人制度的构建,学界讨论已久。有学者将之总结为最具典型性的四种模式设计:一是在全国人民代表大会之下设立国有资本管理委员会;二是在国务院之下设立国有资本管理委员会;三是在财政部内部设立国有资本管理总局;四是在行业部门内部设立国有资本管理机构。[2]

关于在行业部门内部设立国有资本管理机构的观点。这是计划经济的"条块分割"管理的思路,历史已经证明其是行不通的。学界和实务界也很少有人再提这种观点。

关于在全国人民代表大会之下设立国有资本管理委员会的观点,有学者认为,如果把经营性国有资产交给政府一并管理,政府就会把它一起装入财政预算的盘子,容易引起决策过程和决策目标的混乱。因此,必须建立独立于政府的国有资产管理、监督和营运体系。应该在全国人民代表大会下面设立一

---

〔1〕 参阅本书第六章"国有企业治理"的相关内容。
〔2〕 张先治主笔:《国有资本管理、监督与营运机制研究》,中国财政经济出版社 2001 年版,第 37~38 页。

个与国务院平行的"国家国有资产管理委员会",负责管理国有资产的经营和分配及其他相关业务。[1]笔者以为,这种说法混淆了人大职能与政府职能、"管理"与"出资人职能"的关系。让主要履行立法和监督职能的人大承担企业国有资本出资人角色,既会使人大难以胜任出资人职能,也容易造成立法权与行政权的错位,混淆政府的国有资本出资人职能与人大的国有资本监督职能。国有资本的本质属性决定了政府应当履行总出资人职能,并将国有资本经营预算纳入财政预算范围。政府履行企业国有资本出资人职能,并不同于一般意义上的"企业管理",而是股东权利的行使。不能将国家所有权的消极因素一概归咎于政府履行企业国有资本出资人职能。政府履行企业国有资本出资人职能中存在的问题,只能通过政府自身合理设计出资人制度,相对缓解国家所有权消极因素(如"政企不分"等),但不能因此否定政府出资人职能,进而发生权力分工错位和功能紊乱。

关于在国务院之下设立国有资本管理委员会的观点,如前所述,国资委存在诸多缺陷。学界对此也多有阐述。有学者为此提出了诸多改进措施。比如,有学者认为,国资委的法律定位应是"法定特设出资人机构",是"特殊商业目的法人"。由此,"国有资产监督管理委员会"应改名为"国有资产经营管理委员会",国资委应该是一个"航母级"的资本运营中心。[2]笔者以为,这虽然解决了出资人职能与国资监管等社会公共管理职能的分离问题,但却加剧了企业国有资本总出资人职能与具体出资人职能不分的问题,关联交易、"政企不分"和行政垄断等问题将进一步凸显。而且,国有资本经营预算与出资人职能统一等问题并未得到有效解决。

也有学者认为,应将国资委的定位从履行出资人职能转变为履行管理出资人职能,并在国资委和大型国有企业之间构造一个履行出资人职责的、专门从事国有资产经营和管理的中间层次——控股公司,由控股公司专门以股东身份从事国有资本的经营管理和运作。[3]该学者其后又认为,由国资委统一履行国资监管职能,形成大国资监管模式。[4]笔者赞同设立若干行使具体出资人

---

[1] 宁向东:"'新国有资产管理体制'的十点担忧(上)",载《清华大学中国经济研究中心研究动态》2002年12月9日。

[2] 李曙光:"论《企业国有资产法》中的'五人'定位",载《政治与法律》2009年第4期。

[3] 刘纪鹏:"国资体制改革需处理三问题",载《发展》2006年第2期。

[4] 参见刘纪鹏:《凤凰涅槃:刘纪鹏论国资改革》,东方出版社2016年版,第131~145页。

职能的国有资本控股公司，也赞同由国资委统一行使国资监管职能、避免分散监管的观点，但不赞同由国资委履行管理出资人职能的观点，因为这并没有明确谁是总出资人，但容易推导出具体出资人之后的总出资人仍是国资委，从而导致出资人职能与国资监管等社会公共管理职能不分、国有资本经营预算与出资人职能统一等问题并未得到有效解决，而且国资委依然可能延伸到"控股公司"，代行具体出资人职能。

近几年来，也有学者建议，国资委作为功能类和竞争类国企的出资人代表，专司功能类和竞争类国有资本监管职能；财政部门作为公益类国企的出资人代表，专司公益类国有资本监管职能。[1]也有学者表达了同样观点，建议公益类国企交财政部监管，营利类国企应由国资委监管。[2]以上建议主要存在如下不足：一是并没有彻底解决国资委和财政部管辖国有企业的标准划分问题，因为公益类、特定功能类和一般竞争类国有企业划分是相对的，彼此之间还存在交叉的领域，尤其是在我国现有国有企业改革尚未彻底的状况下。二是并没有理顺和解决国有资本出资人职能与监管等社会公共管理职能的分离问题。

因此，综合前已论及的国资委弊端、出资人制度设计原则以及不同出资人制度设计的利弊分析等因素，笔者认为，企业国有资本出资人制度设计主要包括如下几个方面：

（1）企业国有资本总出资人职能由财政部担当，并建议在财政部下设相对独立的级别较高的国有财产管理局具体负责，将由财政部的经济建设司、金融司、科教与文化司和资产管理司等履行企业国有资本相关职能并入国有财产管理局。由财政部国有财产管理局统一履行包括金融企业、文化企业在内的所有国家出资企业的企业国有资本出资人职能。

（2）财政部不直接行使具体出资人职能，在财政部国有财产管理局和从事具体经营的国家出资企业之间设立若干国有资本投资运营公司，由国有资本投资运营公司履行具体国有资本出资人职能。加快推进国有资本授权经营体制改革，改革和完善以管资本为主的国有财产管理体制，加大授权、放权力度，建立若干国有资本投资运营公司，如中国投资有限责任公司、中央汇

---

〔1〕　张林山等：《国资国企分类监管政策研究》，中国言实出版社2015年版，第25~26页。

〔2〕　温源："国企如何动'手术'"，载《光明日报》2015年1月8日。

金投资有限责任公司、中国诚通控股集团有限公司和国家开发投资集团有限公司等，从而形成"财政部—国有财产管理局—若干国有资本投资运营公司—若干从事具体经营的国家出资企业"的多层次运营模式。前已述及的财政部持有的中国工商银行股份有限公司股份应当被转移给诸如中国投资有限责任公司、中央汇金投资有限责任公司等国有资本投资运营公司。财政部国有财产管理局代表财政部对若干国有资本投资运营公司履行的是具有公权力性质的总出资人职能，而若干国有资本投资运营公司则对旗下的国家出资企业履行具体出资人职能，即具体股东权利。

国有资本投资运营公司主要以国有独资公司和多个国有投资主体的有限责任公司为企业组织形式，尤其是国有独资公司形式。国有资本投资运营公司以资本运营和资产处置为主，以政府项目投资和重点产业项目为主，推动国有资本向公益类和特定功能类领域集聚。

对此，2019年颁布的《改革国有资本授权经营体制方案》作了较为详细的规定，进一步深化了国有资本授权经营体制改革，但对于国资委、财政部门等在国有企业中的定位问题还有待于进一步改革与探索。

（3）根据上述思路，国资委目前管辖的96家国有企业，财政部目前管辖的中央文化企业和中国国家铁路集团有限公司、中国邮政集团有限公司、中国烟草总公司和金融类国有企业需要进行改革与重组。一是国有企业需要进一步进行市场转型改革，国有资本原则上要退出一般市场竞争领域，该放松管制的领域要放开。二是在国有企业市场转型改革的基础上，对于上述若干国有资本投资运营公司以及从事具体经营的国有企业，应进一步降低其数量及比重。三是在国有资本投资运营公司中推行中央与地方财政部门、不同地方财政部门以及不同控股公司之间的国有资本出资人交叉持股的做法，并在从事具体经营的国有企业中除私有资本外，推行不同控股公司之间的国有资本出资人交叉持股的做法，从而尽可能实现国有股权多元化。四是有条件的国有企业可以采取信托经营模式。为了实现上述国企目标，笔者认为，财政部和国资委均难以胜任也不宜担任此项工作，2015年成立的国务院国有企业改革领导小组或类似的相对独立机构可以专门负责国企改革的顶层设计和通盘推进，从而避免各种既得利益的干扰和阻碍，也有助于国企改革的彻底和到位。

对于国资委而言，不再履行企业国有资本出资人职能，作为纯粹的国有财产监管机构，不仅监管企业性国有财产，还监管行政事业性国有财产和资源性国有财产，形成大国资监管模式，可以解决行政事业性国有财产和资源性国有财产监管缺位以及监管机构设置问题，并使国资委名副其实。同时，将财政部的中央文化企业国有资产监督管理领导小组办公室的监督职能并入国资委，出资人职能并入财政部国有财产管理局。国资委作为独立的政府特设直属机构，统一履行纯粹的国资监管职能，从而真正符合"监管"内涵。[1]因而，笔者顺便建议，将"国有资产监督管理委员会"改为"国有财产监督管理委员会"；不宜简称为"国资委"，更适合简称为"国监会"。[2]"国监会"与人大、司法在不同的权力配置下共同监管国家出资企业。当然，"国监会"的成效还要取决于法治的完善程度。随着我国国有财产市场转型到位，以及国家监察委员会、审计部门、人大、司法等权力制衡机制的有效形成，将来也不一定非要设立"国监会"，就如同许多国家一样。但在很长一段时期内，只要财政部门履行企业国有资本出资人职能，"国监会"的存在便仍是有必要的。

地方国家出资企业根据中央与地方分别所有原则，依据上述原理进行相应的企业国有资本出资人制度设计。

这种制度设计至少具有如下优点：①财政部门履行企业国有资本总出资人职能，并不容易出现国资委那种利益扩张、"与民争利"的利益冲动和行政不当干预现象。因为财政部门代表政府履行企业国有资本出资人职能仅是其本职职能的一项，财政部门还有其他诸多职能。财政部门一般只会从出资人本职职能考虑问题，因而不会出现职能异化问题。②避免了国有企业在国资委和财政部门划分归属及其标准的不确定性，实现了企业国有资本出资人职能的统一管理。③实现了企业国有资本出资人职能与国资监管等社会公共管理职能的分离，避免了出资人职能的股东监督与政府监督职能的混淆。④实现了国有资本经营预算与财政预算的统一，以及国有资本经营预算和出资人职能的统一。⑤实现了企业国有资本总出资人职能与具体出资人职能的分离，使公权力性质的总出资人职能向具体股东权利相对平稳转型，从而隔离了政

---

〔1〕　此时，国资委会真正履行国资监管功能，勇于揭露国企阴暗面。这不仅符合监管的功能定位，也有助于国企改革和国企治理等。

〔2〕　当然，上述更名问题并不重要，这只是形式问题，关键要看国企改革的实质方向是否科学合理。

府与企业之间的直接关系，有助于缓解"政企不分"、关联交易和行政垄断等弊端，进而有助于完善企业治理等。

或许有人会提出财政部门能否承担全部企业国有资本出资人责任的质疑。其实，这种质疑本身就意味着某些人的国有企业管理思维还没有完成市场转型。一是国有企业自身还面临着市场转型改革，国有资本原则上要退出一般市场竞争领域，需要进一步降低国有企业数量及其比重。二是财政部门仅仅履行公权力性质的企业国有资本总出资人职能，并非直接参与企业经营管理。在财政部门和从事具体经营的国家出资企业之间还有若干国有资本投资运营公司，由其履行具体出资人职能，行使具体股东权利。而且，国有资本的性质决定了，本着出资人职能与社会公共管理职能的分离、国有资本经营预算与出资人职能的统一等原则，财政部门应担当此重任。

相应地，我国《企业国有资产法》《企业国有资产监督管理暂行条例》等相关立法均需做相应修改，修订颁布国有企业基本法《国有企业法》或《国有公司法》或《国有控股公司法》等类似名称，[1]以便统一规范企业国有资本出资人和监管机构等。

---

〔1〕 参阅本书第二章"国有企业法一般原理"的相关内容。

第六章 国有企业治理
Chapter 6

第一节 国有企业治理概述

一、国有企业治理含义

（一）企业治理含义

企业治理源自市场经济社会现代企业所有权与经营管理权分离情况下的"代理人问题"，旨在解决委托人与代理人之间的权力分配与制衡问题。从企业组织形式来看，合伙企业和个人独资企业的所有权与经营权不分或较少分离，不具有企业治理的典型性；公司尤其是股份有限公司真正实现了所有权与经营权的分离，这也是市场经济社会现代企业制度最重要的特征。因此，企业治理主要是指公司治理。

公司治理（Corporate Governance）是一个外来词。其概念最早源自 20 世纪七八十年代的相关经济学文献，如"Governance Structure"或"Corporate Governance"等相关概念。后来，公司治理概念逐渐被引入法学，尤其是公司法。

公司治理涉及产权理论、委托代理理论、利益相关者理论、企业社会责任理论等。关于公司治理的定义及其相关理论，学术界（尤其是经济学界和法学界）讨论得非常充分，在此重复已无多大意义。简而言之，所谓公司治理，是指协调公司股东和其他利益相关者之间涉及指挥、控制、激励和监督等方面的活动内容的一种制度安排，是关于公司委托人与代理人之间的控制权和剩余索取权分配等方面的制度性安排。

世界经合组织（OECD）颁布的《公司治理准则》认为，公司治理涉及公司管理层、董事会、股东和其他利益相关者之间的关系，并对公司治理提出了五项原则：一是确保股东权益；二是股东权益平等；三是利益相关者的合法利益；四是信息公开披露；五是加强对管理者的监管等。

（二）国有企业治理含义

从 1949 年以来的国有企业治理来看，我国经历了民主管理委员会制、厂长负责制、党委领导下的厂长分工负责制、党委负责制等。上述均是计划经济模式下的国有企业治理。在企业普遍依附于政府时，也就无市场意义上的企业，在此语境下讨论国有企业治理并无多少价值。至于承包经营责任制、租赁制等则是计划经济向市场经济转型过程中国有企业治理的阶段性表现。

虽然我国自 1983 年开始进行国有企业股份制改革试验，但公司治理概念却是在 20 世纪 90 年代中期以后才被引入中国的。我国学者也多从普通商事企业的公司治理角度加以分析。后来，也有学者开始把公司治理理论引入国有企业改革，比如吴敬琏、钱颖一、张维迎等，从而使国有企业有了"治理"或"治理结构"概念。

在市场经济社会，从组织形式来看，我国国有企业主要是公司形式，而且最终都要进行公司化改制。[1]从此形式意义上说，国有企业治理就是公司治理的一部分。但是，国有企业的所有权和经营权分离并不像私有企业等普通商事企业那么明显和典型，而且国有企业具有强烈的公权力因素，政府对企业的影响较大。虽然国有企业也存在委托代理关系，但都会受到政府的强烈影响，并非是一般意义上的意思自治和契约自由。因此，国有企业尽管是（或将来都是）公司形式，但却具有特殊性，国有企业治理不是一般意义上的公司治理，或是公司治理的特殊领域。市场经济发达国家的公司治理概念如同所有权概念一样，当初也主要是从私有企业等普通商事企业角度考虑的。

合伙企业和个人独资企业是私有企业，虽然存在企业所有权与经营权不分或较少分离的问题，企业治理并不具有典型性，但"理性经济人"的假设决定了这纯粹是投资者个人的事情，无需给予过多关注。但国有企业则不同，虽然它不具有企业治理的典型性，也不同于一般意义上的公司治理，但在缺乏"理性经济人"以及国有资本保值增值和预防国资流失等情况下，在有别于公司治理的基础上讨论国有企业治理显然非常必要。

---

　〔1〕　参阅本书第一章"国有企业法理解读"的相关内容。

所谓国有企业治理，是指协调国有企业股东（尤其是国有股东）及其政府和其他利益相关者之间涉及指挥、控制、激励和监督等方面活动内容的一种制度安排。国有企业治理主要涉及国有股东与代理人之间的权力分配、监督与制衡、国有资本保值增值和预防国有资产流失等方面的制度性安排，其中主要涉及公权力制度安排。

二、国有企业治理特征

（一）国有企业治理具有行政性

国有企业股东是（或者主要是）国有股东，国有股东的最终投资者是政府。虽然从理论上说国有股东和其他股东是平等的，但在实践中，国有股东具有公权力因素，有别于其他股东的私权利属性，国有股东的公权力影响要远远大于其他股东的私权利影响。国有股东占据主导的国有企业必然会体现出公权力因素，从而影响到自身的发展走向。而这恰是国有企业在市场经济社会发挥特定功能和应有作用的基础。

政府在国有企业中具有双重身份，既是最终国有资本出资人，又是社会公共管理者。虽然也强调所有权与经营权的分离，但在实践中，政府对国有企业的影响无所不在。虽然也强调委托代理关系，但国有企业体现的更多的不是意思自治和契约自由，而是行政意志性。"政企不分"是国有企业的本质特征。因此，国有企业治理不是一般意义上的普通商事企业公司治理，而更多的是规制国有企业及其国有股东公权力因素的公权力制度安排，具有行政性特征。

（二）国有企业治理具有政治性

这主要体现在如下两个方面：

（1）国有企业治理的行政性。由于国有企业治理体现了政府意志，在政党政治的环境下，政府意志的背后渗透了执政党的意志。因而，有关国有企业的设立、变更、终止，经营范围及其领域，董事、监事及其高管人选的任命、委派或推荐等都体现了政府及其执政党的政策走向。比如，市场经济发达国家的国有化运动与私有化浪潮都与两次世界大战、经济危机、社会主义思潮、左右翼不同政党的执政等因素密切相关。

（2）加强国企党建对国有企业治理的影响。虽说国有企业治理的公权力制度安排并非必然体现出企业党建特征（这在国外非常明显），但基于我国社会转型期的国有企业改革以及政党政治特色，国有企业治理体现党建特征成了必然。基于中国国情和历史惯性，为了进一步深化改革，打破既得利益障碍，需要强有力的政治权威主导，因此对于特定时期相应的法治回应就不能简单地以理想化的法治标准衡量。[1]同样，国有企业改革也不例外。为了啃国企改革领域的硬骨头，打破既得利益障碍，需要强有力的国企改革领导权威。因此，从历史发展的眼光来看，基于中国共产党作为执政党的改革任务，进一步加强国企党建工作有助于把党的十八大和十九大以来关于深化国企改革的意图和决策贯彻到国企改革中，实现国有企业改革的既定目标和建立健全社会主义市场经济体制。在此阶段就不能简单地用一般市场经济法则衡量国有企业。

（三）国有企业治理具有外部性

在通常情况下，普通商事企业的公司治理主要是指公司内部治理结构。外部治理环境并非公司及其股东所能解决。但国有企业却不同：一方面，国有企业是（或主要是）政府投资主导，政府无论是作为最终国有资本出资人还是管理者，均需要加强对国有企业的影响与监管。另一方面，由于国有企业具有公权力因素，国有企业治理具有行政性和政治性特征，国有企业治理不能简单地以普通商事企业衡量，借鉴普通商事企业的公司内部治理结构仅具有相对意义。因此，国有企业治理更需要公权力制度安排的外部治理环境，即良好的国家治理及其民主法治化水平。国有企业治理的关键在于外部治理，而非内部治理。当然，对于不同类型的国有企业，基于国有控股程度或国家控制力不同等因素，其行政型治理模式也存在差异。相应地，不同类型的国有企业治理的外部性程度也存在差异。

第二节　国有企业治理建构

一、我国国有企业治理现状

从现有的国有企业治理相关文献资料来看，相当多的学者均是研究国有

---

〔1〕　详细论述参见李昌庚："中国社会转型的路径依赖及其法治回应"，载《青海社会科学》2016年第2期。

企业改革及其转型为私有企业或公私混营企业下的公司治理问题，而非专门研究市场经济社会国有企业治理问题，或将普通商事企业治理与国有企业治理混同，并以普通商事企业的公司治理标准衡量国有企业治理的不足。比如，有学者强调国有企业和私有企业都必须面对"委托代理"问题，并主张国有企业应借鉴市场经济发达国家公司治理的有关制度。[1]有学者抨击国有企业政企不分，实行行政型治理模式，以行政命令的方式任命董事人选、监事人选以及经理层。[2]也有学者认为，国有企业治理存在所有者主体虚置导致治理效率低下、"政企不分"、企业组织机构不尽完善、内部人控制严重、"新老三会"职能冲突、国有股"一股独大"等问题。[3]其实，上述诸多问题均是由国有企业市场转型不到位造成的，并非完全是国有企业治理本身的问题，所有者主体虚置、"政企不分"等是国有企业固有的特性。国有企业治理应当立足于国有企业特殊性考量。

即便是有关国有企业治理的专门研究，也没有充分考虑到国有企业的特殊性。比如，多从"政企分开"以及围绕国有企业出资人制度和国资委监管等视角加以分析，而忽视了国有企业市场转型是否完全到位以及法治化环境，在此语境下谈如何设置国有企业出资人代表机构及国资委监管无非是一种"缘木求鱼"的做法；多从一般意义上分析国有企业治理，而忽视了我国社会转型期的特殊性，包括经济、政治和法治环境等，比如职工参与下的工会问题、银行商业化问题；多从内部治理角度分析国有企业治理，而忽视了国有企业外部治理环境；等等。

因此，在实践中，一方面，在国有企业改革过程中，尤其是在某些产权改革难以推进的领域，我国一直试图通过借鉴普通商事企业的公司治理结构来解决国有企业问题，或作为其中的对策措施之一，并没有完全立足于国有企业特殊性来解决国有企业治理等相关问题。固然，这在一定阶段起到了一定效果，但并没有从根本上解决包括国有企业治理在内的国有企业问题。另一方面，我国长期以来并没有严格界定和区别国有控股程度不同的国有企业

---

〔1〕　参见林毅夫、蔡昉、李周："国有企业改革的核心是创造竞争的环境"，载《改革》1995年第3期。

〔2〕　参见李维安等：《现代公司治理研究——资本结构、公司治理和国有企业股份制改造》，中国人民大学出版社2002年版，第222页。

〔3〕　参见王新红等：《国有企业法律制度研究》，中央编译出版社2015年版，第156～160页。

在公司治理结构等方面的差异性；或虽在借鉴普通商事企业的治理结构形式上存有差异，但在实践中依然更多笼统地一概比照传统的全民所有制企业进行调整，而并没有充分认识到市场经济社会不同类型国有企业内部治理结构的差异性。比如，根据《企业国有资产法》第22条的规定，国有独资公司总经理通过借鉴普通商事企业的法人治理结构由董事会聘任，却忽视了国有独资公司作为国有企业的特殊性以及不同类型国有企业治理结构的差异性，但在实践中往往又由出资人机构任免总经理，从而导致立法与实践的紊乱。

从立法实践来看，作为调整普通商事企业的《公司法》等相关立法也调整国有独资公司、多个国有投资主体的有限责任公司和国有控股公司等国有企业。姑且不论作为特殊企业的国有企业不宜一概与普通商事企业一并被纳入《公司法》等相关立法规制，即便是《公司法》关于国有独资公司的规定也相当简单，包括其中的国有企业治理问题等。至于《全民所有制工业企业法》等有关全民所有制企业的相关立法已经不能适应市场经济环境下的国有企业及其治理问题。同样，《企业国有资产法》等相关立法也皆是如此。[1]

其结果是，不仅异化了《公司法》等商事法律法规及其普通商事企业的公司治理，而且还混淆和模糊了国有企业治理的本质特征，无助于国有企业治理本身。

二、国有企业治理建构的逻辑前提

在传统意义上，所有权如若从权利性质来划分，一般包括国家所有权、集体所有权和私人所有权。[2]但是，所有权概念从其产生之日起就与私有财产密切联系。在外国法学家眼里，所有权概念往往是指私人所有权。杰里米·沃尔德伦曾经说过，所有权是一个只有私人财产制度才能加以具体说明的概念。[3]即使是关于国有财产的研究，也存在国家公私产划分及其区别法律适用，并多从私有财产的价值理念分析国家私产，而国家公产则更多地具有主

---

〔1〕 参阅本书第二章"国有企业法一般原理"的相关内容。
〔2〕 民法学界关于所有权的分类一直存有争议，尤其是在《物权法》起草过程中，国家所有权和集体所有权概念是否有存在的必要，也一直颇受学界质疑。笔者以前的论文也提及过此问题。国家所有权的公权力性质不变，决定了无论概念是否转换都仅具有形式意义，不影响论证。
〔3〕 [美] 克里斯特曼：《财产的神话——走向平等主义的所有权理论》，张绍宗译，张晓明校，广西师范大学出版社2004年版，第39~40页。

权性质。[1]这种财产观念和研究方法是由这些法学家根深蒂固的私有财产观念所决定的。[2]正如马克思所言，罗马人的"主要兴趣是发展和规定那些作为私有财产的抽象关系的关系"。[3]然而，传统社会主义国家基于公有制和私有制的意识形态分野与对立，把所有权与社会制度简单挂钩，使私人属性的所有权成了绝对公有制的化身，将国家所有权推崇至极致，使其发生异化。基于国家所有权属性的国有企业在传统社会主义国家计划经济时期走向了一个极端便是其典型表现。

学界（尤其是民法学界）关于国家所有权的消极因素论述颇多，在此不再阐述。从国有企业视角来看，具有国家所有权属性的国有企业至少存在两个缺陷：①国有企业产权主体虚化。国有企业的终极所有者理应是"全民"，但"人民"毕竟是政治概念，不能成为法律意义上的民事主体。因此，国有企业的国家所有权主体是"国家"或"政府"，[4]但无论是"国家"还是"政府"，均是通过具体的国家机构及其行政公务人员代理行使国家所有权的。人的本性在于私利与发挥人的潜能存在正相关，而国有企业资产的实际行使者并不直接拥有产权，在人性的驱动下，国有财产的实际行使者容易假借"全民"名义蚕食或浪费国有财产，从而引发哈丁教授所谓的"公地的悲剧"。[5]尽管《企业国有资产法》的出台试图构建国有企业出资人制度，姑且不论该出资人制度是否合理，[6]但也仅具有相对意义。②国有企业具有行

---

[1] 所谓国家公产，是指国家所拥有的不以营利为目的，不可自由处分，直接供社会公众使用并提供服务的一般适用公法规范的特别财产。比如，国家机关办公用品、公立学校、医院、道路、河流、特殊国有企业等。所谓国家私产，是指国家所拥有的除国家公产以外的以营利为目的，可自由处分，能够满足类似于私人的私的需求，主要适用私法规范的国有财产。比如，用于收益使用的国有房屋、土地、森林；国家在一般商业性企业中的股份、债券；知识产权、渔业权、采矿权等。国家公私产分类起源于罗马法，后被法国所集大成，目前世界上多数国家和地区一般均有国家公私产或类似划分及其区别法律适用。比如，法国、德国、意大利、西班牙、墨西哥、阿根廷、委内瑞拉、智利、危地马拉、多米尼加、俄罗斯、蒙古、日本、韩国等。这种分类并非追求国家所有权和私人所有权同等看待，而是意在限制国家所有权。具体论证参见李昌庚：《国有财产法原理研究——"国有资产法"正本清源之一》（修订版），中国社会科学出版社 2011 年版。

[2] 王利明：《国家所有权研究》，中国人民大学出版社 1991 年版，第 1~2 页。

[3] 《马克思恩格斯全集》（第 1 卷），人民出版社 1972 年版，第 382 页。

[4] 笔者更倾向于法律意义上的国家所有权主体是政府。具体论证参见李昌庚："国家所有权理论拷辨"，载《政治与法律》2011 年第 12 期。

[5] Garrett Hardin, "The Tragedy of the Commons", *Science*, 1968, p. 162.

[6] 参阅本书第五章"企业国有资本出资人"的相关内容。

政垄断倾向。无论是国有企业垄断，还是私有企业垄断，均是市场经济的天敌。但由于国有企业是（或主要是）由政府投资的，即便强调"政企分开"，国有企业依然与政府存在千丝万缕的关系。作为国有企业股东的政府也不应当放任国企不管，否则就是放弃了股东的权利义务，"政企不分"才是国有企业的本性。因此，国有企业国有股东的公权力因素决定了其与行政权力存在天然联系，也就必然容易滋生行政垄断等特权现象。私有企业垄断多是市场竞争的经济规律性表现，是经济性垄断，往往通过市场机制、政府监管以及法律手段得以消解。而国有企业的行政垄断则不然，尤其是在民主法治化水平不高的情况下。因此，反行政垄断难上加难。总之，国有企业缺陷就是政府失灵的一种具体体现，尤其是在民主法治化程度不高、行政权力缺乏有效规制的环境下更是如此。[1]

由此可见，国有企业缺陷并不能被简单地归咎于"政企不分"和"委托代理"等表象因素，而是由"政资不分"的国家所有权公权力因素决定的。英国管理大师德鲁克曾经说过："政府是一个永远管理不得力的股东。"虽然此话需要放在不同语境辨析，但至少反映了国有股东的缺陷与不足。因此，解决国有企业问题的关键是"政资分开"。在市场经济社会，国有企业原则上不宜介入一般市场竞争领域，主要存在于市场机制无法或难以发挥作用的领域，即主要存在于私人无法或难以自治的领域，主要是为了弥补市场失灵和起到推行再分配政策等作用。

但对于后发型发展中国家而言，为了发展和构建国民经济及其工业体系，培育、孵化市场主体，进行产业引导和扶持，推动技术创新，尽快赶超发达国家，从而在国际市场上拥有一席之地，政府在一定阶段投资或介入特定功能类等市场领域也是必要的。中国作为世界上最大的发展中国家更不例外。但这应当有着严格限定，也具有时间阶段性。[2]

很显然，国有企业的诸多问题不是国有企业治理所能解决的。如果纠缠于国有企业治理本身，而置国家所有权于不顾，无疑是本末倒置和缘木求鱼的做法。其实，一旦实现国有企业市场转型，国有资本退出不该进入的领域，

---

〔1〕 李昌庚："金融危机视野下经济法价值拷辨——以国有企业为例的实证分析"，载《政治与法律》2010 年第 6 期。

〔2〕 参阅本书第一章"国有企业法理解读"的相关内容。

其诸多问题自然会消解。尽管我国国有企业经历了四十多年的改革，但尚未完成市场化转型改革。这也是十九大以来党和国家进一步提出全面深化国企改革的原因所在。因此，解决国有企业问题，当务之急是进一步推动基于后发型发展中国家背景的国有企业市场转型改革，合理界定国家所有权市场边界。这是国有企业治理的逻辑前提，也只有在此前提下，研究国有企业治理才有现实意义。同时，这也是习近平总书记强调的"把国有企业做强做优做大"的逻辑前提，也只有以此为前提才能更好地理解和把握习总书记的讲话内涵与精神实质。

三、国有企业治理建构模式

公权力因素的国有企业决定了"政企不分"是其主要特征。这是世界上国有企业的共同特征，不仅传统社会主义国家以及发展中国家如此，即使是市场经济发达国家也不例外。在市场经济发达国家，对于非独立法人企业的国有企业，所有者、经营者和决策者三者合一，不具有一般企业的内部治理结构，不设股东会、董事会、监事会等，由不同政府模式管理，政府直接享有企业最终经营管理权，企业管理者比照政府雇员管理。对于独立法人国有企业而言，虽借鉴普通商事企业的公司内部治理结构，如股东（大）会、董事会、监事会等，但董事会、经理层等构成受到政府的严格限制。比如，美国国企董事会成员常由总统任命，并经国会批准；国有企业设立、变更、解散、经营范围和目标、重大投资计划、市场准入、销售价格、利润分配以及国有资本经营预算等均需由最高权力机关审批。比如，法国国有企业董事会实行国家、企业和职工比例构成；政府通过任免或提名董事长和总经理来实现对国有企业的管理；企业的重大问题常常由议会和政府决定或受二者影响。加拿大联邦政府拥有的国有企业，主要受到议会、总督、国库委员会、主管部长和财政部等多方公权力的监督。日本国有企业员工多被当作国家公务员对待，其主要领导也需政府和国会审批决定。

但这不同于有学者提及的"企业政治联系"。在市场经济发达国家，有些私有企业作为"公司帝国"，利用财团影响着选举及其政治。这并不一定都是坏事，而是社会经济发展规律以及如何对此加以法律调整与规制的问题。其并不足以影响到私有企业等普通商事企业的公司治理。而国有企业的"政企不分"则是由国家所有权公权力因素决定的，这决定了国有企业治理的特殊性，从而有别于私有企业等普通商事企业的公司治理。

如果说我们过去鞭挞国有企业是行政附属物，那是基于国有企业过多地进入了不该进入的市场竞争领域，发生了"与民争利"的现象。但对于市场转型保留下来或在特定发展阶段需要的国有企业，国有企业的行政附属物则是国有企业存在及解决市场失灵的代价，不应成为被鞭挞的对象。国有企业治理及其立法只有立足于此才有现实意义。

相对于普通商事企业而言，由于国家所有权具有公权力因素，而非普遍遵循意思自治和契约自由的私权利，导致了国有企业产权主体缺陷、行政垄断倾向以及公私企业市场竞争的非平等性等深层次问题，从而决定了国有企业治理存在诸多缺陷。在国家所有权体制内，作为所有者的"全民"只能通过政治机制而难以运用公司治理结构来控制和约束国家行为。同时，国有企业资本具有不可分割性，缺乏"用脚投票"的资本市场，导致外部治理的市场环境也先天不足。[1]

因此，对于市场经济环境下的国有企业而言，立足于国有企业"政企不分"的本质特征，以及国有企业改革路径依赖，对于国有企业治理不能被简单地以普通商事企业的公司治理衡量，更需要公权力的制度安排，即良好的国家治理及较高的民主法治化水平。国有企业治理追求的是一种以公权力制度安排为核心的行政型治理模式，而非一般意义上的企业型治理模式。国有企业治理的关键在于外部治理，而非内部治理。以此价值判断，建构国有企业治理方可起到事半功倍的效果。

当然，对于不同类型的国有企业，基于国有控股程度或国家控制力不同等因素，其行政型治理模式也存在差异。公益类国有企业、商业二类（特定功能类）国有企业、商业一类（一般竞争类）国有企业受市场环境影响的程度不断提高，受国家公权力制度安排影响的程度逐渐减弱，因而不同类型的国有企业在借鉴普通商事企业的内部治理结构等方面也存在差异性。

---

〔1〕 参见毛程连等：《国有企业的性质与中国国有企业改革的分析》，中国财政经济出版社 2008 年版，第 69 页。

第三节 国有企业内部治理

一、国有企业内部治理概述

从我国国有企业公司化改制的改革发展趋势来看，国有企业内部治理主要立足于国有企业公司化改制并借鉴普通商事企业的公司治理结构。[1]但在实践中存在一种误区，即认为国有企业公司化改制并借鉴普通商事企业的公司治理结构就是建立了现代企业制度。其实不然，国有企业无论是否为公司组织形式，国有企业的特殊性都决定了其难以构建严格意义上的现代企业制度。即便是在市场经济发达国家，也存在非公司组织形式的非独立法人的国有企业，比如通过政府模式管理，政府直接享有企业最终经营管理权，企业管理者比照政府雇员管理；对于独立法人的国有企业而言，其虽具有一般企业的内部治理结构，但董事会、经理层等构成受到了严格限制，董事长、总经理等高管常由政府直接任命或提名，企业重大问题主要受到议会和政府的影响。因此，现代企业制度并非要求国有企业运用普通商事企业那样的公司治理模式，而是要求国有企业在市场经济社会中具有合理定位，从而为私有企业等其他类型企业提供现代企业制度生存空间。从国有企业改革路径来看，我国通过国有企业公司化改制，试图推行混合所有制改革和员工持股计划，实现股权结构多元化，并使国有资本逐渐退出一般市场竞争领域，这才是问题的关键。

从普通商事企业的公司治理结构来看，尽管世界各国因所处法系不同和国情差异等因素而在构建公司治理结构方面存有差异［如美国的单轨制，即公司机关由股东（大）会和董事会等构成；德国的双轨制，即公司机关由股东（大）会、监事会和董事会等构成］，但随着世界经济一体化发展和文明交流互动，各国在许多领域相互学习和借鉴成为发展趋势，公司治理结构也不例外。总体而言，公司治理机构的基本模式主要包括表意机关、执行机关和监督机关。公司机关的典型模式就是股东（大）会、董事会和监事会，其中，

---

〔1〕 在我国，尚未公司化改制的全民所有制企业均将面临公司化改制，其内部治理并非本书所讨论的范畴，也没有多大必要和价值。掌握国有企业治理实质所在即可。

董事会聘任经理层。公司治理如同国家治理一样，通过公司内部的股东（大）会、董事会、经理层和监事会的权（力）利制衡达到有效的企业治理效果。

从世界公司治理的发展历程来看，公司在某种程度上经历了从"股东中心主义"到"董事会中心主义"再到"经理层中心主义"的变迁过程，尤其是大型公众型公司，即大型股份有限公司。从某种程度上说，这并非是坏事。这是公司股权结构多元化的某种反映，是公司所有权与经营权的进一步分离、公司所有权社会化、公司社会化企业发展趋势的具体体现，尤其是股份有限公司。至于是否会使股东权益受损，基于股东"经济人"特性，现代公司法可以通过重新定位公司权力、改变公司治理结构、强化公司内部监督机制、严格履行受信义务、加强董事和管理者的责任心等方式进行适时的调整与修正，[1]以适应公司治理变迁，维护股东权益。与此同时，在较为成熟的市场经济社会，产品或服务市场、金融市场、经理人市场等市场环境也会对公司治理产生积极影响。

但对于国有企业来说，国有企业内部治理受到政府公权力影响，是一种低效率的内部治理结构。由于存在国有股"一股独大"的现象，国有资本所有者主体虚置所带来的国有股东层层授权委托关系，无论是基于"股东中心主义""董事会中心主义"还是基于"经理层中心主义"，都有可能造成不同于普通商事企业的公权力与代理人勾结的"内部人控制"问题，不仅容易损害其他中小股东的权益，而且还容易导致国资流失，损害国家和全民利益。除此以外，在市场经济社会，国有企业主要存在于市场机制无法或难以发挥作用的领域，因而国有企业治理也缺乏相应的外部市场环境制约。

因此，国有企业治理是一种行政型治理模式，借鉴普通商事企业的公司治理结构仅具有相对意义。而即便是这种"借鉴"，也显示出了国有企业内部治理的特殊性；不同类型的国有企业，其内部治理结构存在差异性。唯有如此理解与把握，才能理性构建国有企业内部治理结构、明晰其功能定位，并充分认识到国有企业治理的关键所在。

从国有企业治理立法来看，国有企业治理的特殊性并非普通商事企业的公司法所能完全解决，而是应当通过国有企业特殊立法解决。关于国有企业内部治理的法律适用，优先适用国有企业特殊立法；未予规定部分，可以适

---

〔1〕 参见施天涛：《公司法论》（第2版），法律出版社2006年版，第297页。

用《公司法》等普通商事企业立法。这是特别法与一般法的关系。

二、国有资本出资人制度

对于私有企业等普通商事企业而言，私有股东资格在不违反法律法规强制性规定的前提下纯粹是契约自由、意思自治的结果。但国有企业则不同，国有企业的国有资本在政治上属于"人民"，在法律上属于国家或政府，股东资格本身就存在授权委托关系，也就是国有资本出资人制度设计的问题。虽然这并不实质性地影响到国有企业内部的股东（大）会等治理结构，但科学、合理的国有资本出资人制度设计有助于相对改善国有企业内部治理。

从我国现实来看，国有企业国有资本出资人既有国资委，也有财政部门，不仅造成了出资人不统一，而且还导致了出资人职能与社会公共管理职能发生混淆等一系列问题。因此，笔者不同意有的学者提出的观点，即建议国资部门作为功能类和竞争类国企的出资人代表，专司功能类和竞争类国有资本监管职能；财政部门作为公益类国企的出资人代表，专司公益类国有资本监管职能。[1]笔者建议，国有企业国有资本总出资人职能应统一由财政部门履行，财政部门再下设若干国有资本投资运营公司行使具体出资人职能；国资委统一对所有国有财产专门履行监管职能。[2]以管资本为主改革国有资本授权经营体制，国有资本出资人机构重点管好国有资本布局、规范资本运作、强化资本约束、提高资本回报、维护资本安全。

根据《企业国有资产法》等相关立法的规定，国有资本出资人机构根据本级政府授权依法对国有企业行使股东权利，除了作为股东（如同其他股东一样）享有股东决定权、表决权、查阅权、转让权、利润分配权、剩余资产分配权等基本权利外，还享有国有资本出资人机构基于国有企业的公权力因素而被赋予的某些特殊股东权利，比如管理者选择与考核权、优先受让或认购股权的权利等。[3]其中，市场经济发达国家国有企业改革过程中曾经使用的"黄金股"制度在我国国有企业改革及其公司化改制中值得借鉴。[4]为此，应根据《国务院办公厅关于进一步完善国有企业法人治理结构的指导意

---

〔1〕 张林山等：《国资国企分类监管政策研究》，中国言实出版社2015年版，第25~26页。
〔2〕 参阅本书第五章"企业国有资本出资人"的相关内容。
〔3〕 参阅本书第五章"企业国有资本出资人"的相关内容。
〔4〕 参阅本书第一章"国有企业法理解读"的相关内容。

见》的要求，适时制定国有资本优先股和国家特殊管理股管理办法。

根据《企业国有资产法》等相关立法的规定，国有资本出资人机构及其股东代表除了具有其他股东的一般职责外，还具有一些特殊的职责要求。主要包括如下：

（1）履行出资人职责的机构对法律、行政法规和本级政府规定须经本级政府批准的履行出资人职责的重大事项，应当报请本级政府批准。

（2）履行出资人职责的机构委派的股东代表参加国有资本控股公司、国有资本参股公司召开的股东会会议、股东大会会议，应当按照委派机构的指示提出提案、发表意见、行使表决权，并将其履行职责的情况和结果及时报告委派机构。

（3）履行出资人职责的机构应当依照法律、行政法规以及企业章程履行出资人职责，保障出资人权益，防止国有财产损失。

（4）履行出资人职责的机构应当维护企业作为市场主体依法享有的权利，除依法履行出资人职责外，不得干预企业经营活动。

（5）履行出资人职责的机构对本级政府负责，向本级政府报告履行出资人职责的情况，接受本级政府的监督和考核，对国有财产的保值、增值负责。

（6）履行出资人职责的机构应当按照国家有关规定，定期向本级政府报告有关国有财产总量、结构、变动、收益等汇总分析的情况等。

三、股东（大）会

根据我国《公司法》的规定，除了国有独资公司和一人有限责任公司外，无论是有限责任公司还是股份有限公司，均必须设立股东（大）会。通常来说，有限责任公司称为股东会，股份有限公司称为股东大会。股东（大）会由全体股东组成，是公司最高权力机构。

对于国有企业而言，股东（大）会作为公司最高权力机构，主要应从如下两个方面加以分析：

（一）从国有独资公司来看

根据《公司法》等相关规定，国有独资公司不设股东会，由政府授权投资机构或部门行使股东会职权，即由国有资本出资人机构根据政府授权依法行使股东会职权。在市场经济社会，由于国有独资公司多为国有资本投资运营公司，国有资本出资人机构尤其要重点管好国有资本布局、规范资本运作、强化资本约束、提高资本回报、维护资本安全。国有资本出资人机构可以授权公司董事会行使股东会的部分职权，决定公司的重大事项。但是，公司的合并、分立、解散、申请破产、增减注册资本、发行公司债券以及董事长和总经理等高级管理人员的任免，必须由国有资本出资人机构决定，并报请本级政府批准，必要时还需报请本级人大审批。除此以外，国有资本出资人机构还具有有限责任公司股东会的诸多职权。

（二）从多个国有投资主体的有限责任公司和国有控股公司来看

无论是有限责任公司还是股份有限公司都必须要设立股东（大）会。国有资本出资人机构作为国有股东主要依据股权比例参加股东会议，行使股东权利。股东（大）会作为公司最高权力机构，从形式上与普通商事企业的公司股东（大）会并无多大差异。根据《公司法》第37条、第100条的规定，股东（大）会的职权主要包括如下：①决定公司的经营方针和投资计划；②选举和更换非由职工代表担任的董事、监事，决定有关董事、监事的报酬事项；③审议批准董事会的报告；④审议批准监事会或者监事的报告；⑤审议批准公司的年度财务预算方案、决算方案；⑥审议批准公司的利润分配方案和弥补亏损方案；⑦对公司增加或者减少注册资本作出决议；⑧对发行公司债券作出决议；⑨对公司合并、分立、变更公司形式、解散和清算等事项作出决议；⑩修改公司章程；⑪公司章程规定的其他职权。其中，对于多个国有投资主体的有限责任公司而言，股东会还具有董事长和总经理人选的提名、推荐或任免权限。无论是多个国有投资主体的有限责任公司还是国有控股公司，股东会在行使上述职权时，国有股东均还需要向国有资本出资人机构报告工作；必要时，还需报请本级政府和人大审批。

在实践中，对于多个国有投资主体的有限责任公司和国有控股公司来说，由于存在国有股"一股独大"或占据主导现象，根据"资本多数决"的规则，股东（大）会必然更容易反映国有股东及其背后政府的政策和意图，尤其是多个国有投资主体的有限责任公司。这正是市场经济社会国有企业定位及其功能需要所在。这是资本民主的体现，本身具有正当性。因为股东的持股比例越高，承担的风险就越大，享有的权益也越多，所以应当享有更多的表决权。根据"资本多数决"规则所形成的股东（大）会决议无论从维护股东权益还是从公司利益最大化等角度都具有合理性。

但国有股"一股独大"或占据主导现象也容易造成消极影响。主要包括如下：①容易造成国有股东操纵股东（大）会，使股东（大）会流于形式，进而延伸到董事会和经理层；②国有股东不仅行使股东权利，其背后还渗透着政府公权力对公司及其他股东的影响；③国有资本所有者主体虚置所带来的国有股东层层授权委托关系，加剧了代理人的道德风险，有可能造成不同于普通商事企业的公权力与代理人勾结的"内部人控制"问题；④国有资本所有者主体虚置所带来的国有股东层层授权委托关系，会催生代理成本高昂等问题。以上这些问题不仅容易损害其他中小股东权益，而且还容易损害公司利益，导致国有资本流失，进而损害国家和全民利益。

关于"一股独大"或少数股占据主导现象，这在普通商事企业中完全是股东之间意思自治、契约自由的结果。其中所存在的问题，应基于股东"经济人"特性，通过股权结构调整，以及通过公司立法防止股东（大）会"资本多数决"议事规则被滥用和建立保护中小股东权益的制度（如限制表决权制度、表决权回避制度、累积投票制度、大股东诚信义务制度、股份回购请求权制度等）加以解决。

但对于市场经济社会下的国有企业而言，国有股"一股独大"或占据主导现象是基于市场经济社会特殊领域的需要，是国家和政府所应当承担的责任与义务。国有股"一股独大"或占据主导现象所产生的消极影响也正说明了国有企业主要存在于市场机制无法或难以发挥作用的领域，同时这也是国有企业的特性。因此，国有企业的这种现象及其消极影响并非通过股权结构调整所能解决，而是在于如下几个方面：一是构建科学合理的国有资本出资人制度，形成相对合理的股东代表及其委托代理关系；二是借鉴普通商事企业公司立法中有关防止股东（大）会"资本多数决"议事规则被滥用和建立保护中小股东权益的制度，但基于国有股东公权力因素，这种设置仅具有相对意义；三是形成良好的公权力制度安排的外部治理环境，这是解决问题的关键。

随着条件的成熟，有关国有独资公司、多个国有投资主体的有限责任公司以及国有控股公司特殊性的相关立法不应当出现在《公司法》等普通商事企业立法中，而是应当通过国有企业基本法、单行法和特别法等国有企业特殊立法加以规定。[1]

四、董事会

一般而言，董事会是指由公司股东或股东（大）会选举产生的董事所组成的，代表公司并行使公司业务执行权的常设机关。董事会对公司股东（大）会或股东负责。在德国，董事会由公司监事会选举产生并对监事会负责是例外。虽然说公司在某种程度上经历了由股东中心主义到董事会中心主义再到经理层中心主义的变迁过程，但总体而言，董事会在公司治理结构体系中仍居核心地位。根据《中共中央、国务院关于深化国有企业改革的指导意见》和《国务院办公厅关于进一步完善国有企业法人治理结构的指导意见》的要求，我国要重点推进国有企业董事会制度建设。

（一）董事会设立及其规模

关于国有企业董事会的设立，《企业国有资产法》第17条提出了"国家出资企业应当依法建立和完善法人治理结构"，但并未明确提出"应当设立董事会"。

对于具有国有独资企业而言，《全民所有制工业企业法》等相关立法并没有规定设立董事会。但在实践中，国有独资企业虽是全民所有制企业，但却普遍受到《公司法》影响，许多国有独资企业近些年来也设立了董事会、监事会，比如中国盐业总公司等。但也有尚未设立董事会的国有独资企业，比如中国烟草总公司等。

对于具有公司性质的国有企业而言，从现有法律适用来看，《公司法》第67条规定"国有独资公司设立董事会"，第108条规定"股份有限公司设董事会"，第44条规定"有限责任公司设董事会"，但第50条又规定"股东人数较少或者规模较小的有限责任公司，可以设一名执行董事，不设立董事会"。

由此可见，在现有国有企业特殊立法没有规定的情况下，根据参照适用《公司法》的条款规定，国有独资公司和国有控股的股份有限公司必须设立董事会，但多个国有投资主体的有限责任公司和国有控股的有限责任公司在股东人数较少或者规模较小的情况下似乎可以不设立董事会。

---

[1] 后文类似情形均做同样解释。具体参阅本书第二章"国有企业法一般原理"的相关内容。

笔者认为，《公司法》第 51 条规定对普通商事企业可以适用，但却不能适用于国有企业。理由如下：一是在市场经济社会，根据国有企业的市场定位，虽然国有企业股东人数较少，但企业规模却普遍较大；二是由于国有企业存在所有权主体虚置缺陷，以及主要存在于市场机制无法或难以发挥作用的领域，因而国有企业既缺乏股东"经济人"特性的内部利益制衡机制，也缺乏外部市场制衡环境。如果国有企业不设立董事会，那将进一步加剧企业内部制约机制的缺失，使国有资产流失现象进一步恶化。因此，我国所有国有企业均应当设立董事会，包括目前尚未进行公司化改制的国有独资企业。[1]国有独资企业应当通过此次公司化改制改革契机解决上述问题。从当前来看，现有的国有独资企业和国有独资公司董事会由国有资本出资人机构决定设立；多个国有投资主体的有限责任公司和国有控股公司董事会由股东（大）会选举产生；董事会对国有资本出资人机构或股东（大）会负责。

而且，我国应当借鉴美国等市场经济发达国家的经验与做法，还应当在国有企业董事会内部设立若干专门委员会（Special Committees）作为董事会的咨询议事辅助机构，如提名委员会、战略委员会、审计委员会、薪酬与考核委员会等。其中，薪酬与考核委员会、审计委员会应由独立董事组成。

关于国有企业董事会的规模，《企业国有资产法》等有关国有企业的特殊立法并未作出规定。但《公司法》第 44 条规定：有限责任公司董事会成员为 3 人到 13 人；第 108 条规定：股份有限公司董事会成员为 5 人到 19 人。鉴于国有企业的市场定位及其规模普遍较大，以及考虑到需要引入独立董事等因素，笔者建议国有企业董事会人数应当在 7 人到 19 人之间。

上述关于国有企业董事会及其专门委员会设立、董事会规模要求等建议，应当在我国将来的国有企业特殊立法中得到明确规定。

（二）董事、董事长及其产生

鉴于国有企业既缺乏股东"经济人"特性的内部利益制衡机制，也缺乏外部市场制衡环境，以及考虑到国有企业规模普遍较大和国有资本属性等因素，国有企业董事会应当由内部董事、职工董事和独立董事等三类董事构成。这也是国际上的普遍做法。比如，法国国有企业董事会实行国家、企业和职

---

〔1〕 根据《中共中央、国务院关于深化国有企业改革的指导意见》的规定，到 2020 年要基本完成所有国有企业的公司改制。

工比例构成，奉行"三方代表制"原则，即国家代表、职工代表、专家代表，各占1/3。又比如，芬兰国有和国有控股公司的董事有许多是从社会上选派或提名代表进入董事会的，可以是专职董事，也可以是兼职独立董事。[1]

1. 内部董事

所谓内部董事，是指由公司股东或其授权的管理人员等内部人员担任的董事。许多内部董事同时也是公司高管人员，比如总经理、副总经理等。内部董事是公司全职董事和执行董事。内部董事一般是指股东董事，主要通过股东任免或股东推荐并经股东（大）会选举产生。

对于国有独资企业和国有独资公司而言，内部董事人选由履行国有资本出资人职责的机构会商政府有关部门提名，并按照法定程序任命；多个国有投资主体的有限责任公司的内部董事人选由国有控股股东会商其他国有股东推荐，由股东会选举或更换；国有控股公司的内部董事人选由各股东依据公司章程，根据股权比例推荐，并由股东（大）会选举或更换。其中，国有股东派出的董事要反映国有股东的意志，积极维护国有资本权益。对此，我国《企业国有资产法》第22条规定，履行出资人职责的机构依照法律、行政法规以及企业章程的规定，任免国有独资公司的董事；向国有资本控股公司的股东（大）会提出董事人选。我国《公司法》第67条、第44条、第108条等也作了类似规定。在实践中，由于国有资本占据主导地位及具有公权力因素，在国有控股企业中，由国有股东推荐的董事人选无论是在数量上还是在影响力上均居主导地位，从而更多地体现政府意志。

2. 职工董事

所谓职工董事，是指由公司职工代表大会或工会会员大会选举产生，代表公司职工，依据法律程序进入公司董事会的董事。从广义上说，公司职工也是公司内部人员，进而也是内部董事。从狭义上说，由于职工董事是从公司管理人员以外的其他职工中选举产生的，因此职工董事不是内部董事，当然也不是执行董事。目前，对于职工董事一般从狭义上理解。

从现有《公司法》来看，《公司法》第67条、第44条、第108条规定：国有独资公司董事会成员中应当有公司职工代表；多个国有投资主体的有限责任公司董事会成员中应当有公司职工代表；其他有限责任公司和股份有限

---

〔1〕　王冀宁、朱玲："美英法德日芬的国有资产管理体制的国际比较"，载《求索》2007年第6期。

公司董事会成员中可以有公司职工代表；董事会成员中的职工代表由公司职工代表大会选举产生。由此推论，从我国现有立法来看，国有独资公司和多个国有投资主体的有限责任公司必须要有职工董事，但国有控股公司并非一定要有职工董事。

笔者认为，鉴于国有企业的特殊性，无论是国有独资企业、国有独资公司、多个国有投资主体的有限责任公司还是国有控股公司均应当设立职工董事。这并非中国独有。

职工董事通过企业职工代表大会民主选举产生。《企业国有资产法》第22条规定，国家出资企业中应当由职工代表出任的董事，依照有关法律、行政法规的规定由职工民主选举产生。我国现有的《公司法》第45条、第68条、第109条作了类似规定。

同时，也不要对职工董事寄予过高的期望，理由在于：一是职工董事相对于公司管理层等而言总体素质有待提高；二是职工董事在其内部与公司管理层是上下级隶属管理关系，受制于公司管理层，容易被公司内部董事和管理层俘获。因此，在国有企业董事会中，职工董事比例不宜高，既要低于内部董事，也要低于独立董事；职工董事的人数主要取决于国有企业国有控股程度、董事人数、内部董事和独立董事人数等因素。但在我国的国有企业实践中，职工董事一般都是一人，且由企业工会主席兼任。

关于国有企业职工董事制度的建立、职工董事人选及其人数要求、职工董事职权等均应当在我国将来的国有企业特殊立法中予以明确规定。

3. 独立董事

独立董事制度源于美国。20世纪60年代以来，在市场经济发达国家（尤其是美国），公司（尤其是股份有限公司）股权愈趋分散，出现了"经理层中心主义"及其"内部人控制"现象。为了更好地改善公司内部治理，强化对执行董事和经理层的监督，美国通过立法推进独立董事制度。后被其他国家纷纷效仿。

所谓独立董事，是指来自于外部不在公司担任除董事职务以外的其他任何职务，并与公司及其主要股东没有关联关系的董事。独立董事是外部董事，也是非执行董事。

但是，独立董事的独立性是相对的。因为，一方面，如何将灰色董事从独立董事中排除出去有时是比较模糊和困难的。所谓灰色董事，是指与公司、公司股东、公司高管人员等存在其他千丝万缕的亲属关系、同学关系、同乡关系或业务关系的董事。[1]即便是许多市场经济发达国家也存在灰色董事这个问题。比如，澳大利亚的有些公司有高达35.2%的非执行董事是灰色董事。[2]另一方面，难以排除公司管理层对独立董事的影响，独立董事与公司管理层可能多少会存在各种利益或其他关系。

独立董事作为非执行董事，并不参与公司经营管理活动，在董事会中主要起到对公司内部董事和高管人员的监督作用。比如，对高管人员的任命提出意见，对高管人员的业绩、薪酬提出评价意见，参与公司审计，对公司内部董事和高管人员的行为进行监督，对涉及司法活动的股东、董事和高管人员提出意见。

在我国，2001年颁布的《关于在上市公司建立独立董事制度的指导意见》（以下简称《指导意见》）明确要求上市公司应当建立独立董事制度。其实在《指导意见》颁布之前，已有一些上市公司推行独立董事制度。其中当然也包括国有控股的上市公司。至于其他类型的国有企业是否要建立独立董事制度，立法并没有作出明确规定。

笔者认为，国有企业具有特殊性，容易产生公权力与代理人勾结的"内部人控制"问题，尤其需要强调独立董事制度。因此，所有国有企业都应当推行独立董事制度，以便强化对公司内部董事、公司高管人员的监督制约，缓解由国有企业所有权主体虚置及其缺乏股东"经济人"特性的利益制衡机制带来的内部治理危机，有利于国有资产保值、增值，减少或避免国有资产流失。在我国国有企业改革实践中，无论是国家政策文件还是国有企业，都将独立董事习惯性地笼统称为外部董事，这种外部董事主要就是指独立董事，比如国家电网有限公司等。

针对国有企业独立董事人选，应当建立国有企业独立董事选聘与管理制以及独立董事召集人制度等。独立董事的性质和功能决定了不宜由股东任免或推荐选举产生。从我国目前来看，国资委既履行企业国有资本出资人职能，又履行监管的社会公共管理职能。本书认为，国资委不宜履行企业国有资本出资人职能，应由财政部门统一履行企业国有资本出资人职能，国资委仅履

---

〔1〕 参见李建伟：《独立董事制度研究——从法学与管理学的双重角度》，中国人民大学出版社2004年版，第45页。

〔2〕 参见朱义坤：《公司治理论》，广东人民出版社1999年版，第513~516页。

行纯粹的国有资本监管职能。[1]因此，建议由履行企业国有资本监管职能的国资委统一负责所有国有企业独立董事的选聘和外派工作，至于履行企业国有资本出资人职能的财政部门则统一负责前已述及的内部董事（即股东董事）的任免或推荐提名等。对此，应当随着国有企业改革到位通过国有企业特殊立法进行统一规定。

关于独立董事的人数要求，从市场经济发达国家来看，独立董事人数在公司董事会中普遍较高，并有不断增加的趋势。以美国为例，在《财富》评选的美国公司1000强中，董事会的平均人数为11人，独立董事为9人，内部董事只有2人。根据OECD 1999年的调查统计，独立董事在董事会中的比例在美国、英国和法国分别已经达到62%、34%和29%。[2]从我国来看，根据《指导意见》的要求，上市公司至少要有1/3以上的独立董事。根据《中共中央、国务院关于深化国有企业改革的指导意见》和《国务院办公厅关于进一步完善国有企业法人治理结构的指导意见》的要求，国有独资公司、全资公司外部董事（即独立董事）应占多数，但并未涉及国有控股公司。在国有企业治理实践中，有些国有企业的独立董事已经达到57%。比如，中国国新控股有限责任公司、中国海洋石油集团有限公司等。鉴于国有企业的特殊性，以及世界公司治理的发展趋势，笔者建议独立董事人数在包括国有控股公司在内的所有国有企业董事会中至少要达到1/2以上。

在我国，为了充分发挥独立董事的作用，独立董事除具有公司法和其他相关法律、法规赋予董事的职权外，《指导意见》还赋予了独立董事以下特别职权：①重大关联交易（指上市公司拟与关联人达成的总额高于300万元或高于上市公司最近经审计净资产值的5%的关联交易）应由独立董事认可后，提交董事会讨论，独立董事作出判断前，可以聘请中介机构出具独立财务顾问报告，作为其判断的依据；②向董事会提议聘用或解聘会计师事务所；③向董事会提请召开临时股东大会；④提议召开董事会；⑤独立聘请外部审计机构和咨询机构；⑥在股东大会召开前公开向股东征集投票权。

国有企业独立董事制度的建立、独立董事人选及其人数要求、独立董事

---

[1] 参阅本书第五章"企业国有资本出资人"的相关内容。

[2] 李建伟：《独立董事制度研究——从法学与管理学的双重角度》，中国人民大学出版社2004年版，第81页。

职权等均应当在我国将来的国有企业特殊立法中被明确规定。

4. 董事长

一般而言，公司设立董事会，就有董事长；董事长是公司的法定代表人。但 2013 年修订的《公司法》关于公司法定代表人的规定更加凸显了公司股东的意思自治原则，体现了立法进步。《公司法》第 13 条规定，公司法定代表人依照公司章程的规定，由董事长、执行董事或者经理担任，并依法登记。公司法定代表人变更，应当办理变更登记。

但对于国有企业而言，根据国有企业的市场定位及其发展趋势，以及国有企业的特殊性，国有企业（无论是有限责任公司还是股份有限公司）均应当设立董事会，设立董事长，可以设立副董事长。但在实践中，许多国有企业并不设立副董事长，而且原则上董事长与党委书记兼任，但与总经理不可兼任，从而既要协调董事会与企业党委的关系，也要减少相互内耗，又要相对形成内部制衡机制。[1]董事长是公司的法定代表人。

董事长应当从公司内部执行董事中产生。国有企业也不例外。关于国有企业董事长、副董事长的产生，根据《企业国有资产法》第 22 条、《公司法》第 67 条以及《国务院办公厅关于进一步完善国有企业法人治理结构的指导意见》的规定和要求，国有独资企业、国有独资公司和多个国有投资主体的有限责任公司应当由履行国有资本出资人职责的机构依照法律、行政法规以及企业章程的规定，从董事会成员中指定或任免董事长、副董事长；国有控股公司由履行国有资本出资人职责的机构以及其他股东向股东（大）会提出董事人选，并由董事会选举产生董事长和副董事长。其中，国有独资企业、国有独资公司和多个国有投资主体的有限责任公司的董事长和副董事长比照行政公务人员对待；国有控股公司董事长和副董事长是否比照行政公务人员对待，则要根据公益类和商业类国企以及国有控股程度区别对待；对于董事长和副董事长比照行政公务人员对待时，还需要履行行政公务人员任免程序。在国有控股公司实践中，由于国有资本占据主导地位，董事长和副董事长人选主要受到国有资本出资人及其政府意志的影响，影响程度主要取决于国有资本控股程度；国有资本控股达到一定程度时，甚至可以由国有资本出资人直接任免或提名确定董事长和副董事长人选。随着条件的成熟，国有企业董

---

〔1〕　本章节后文将会进一步分析。

事长、副董事长以及前已述及的国有董事人选还需要报请本级政府和人大批准。对此，我国在将来的国有企业特殊立法中应当予以明确规定。

其实，这也是世界各国国有企业的普遍做法。比如，美国田纳西河流域管理局（TVA）等国有企业董事会成员就由总统提名、参议院批准等。法国政府通过任免董事长和总经理来实现对国有企业的管理。国家控股90%以上的企业和国有独资公司董事长直接由国家任命。国家控股50%以上的国有企业董事长，实际上也是由国家提名确定的。国家控股50%以下的公私混合企业董事长通过股东大会选举产生。[1]但政府有推荐董事人选的权利，也有成为董事长的机会。新加坡许多国有企业中就有政府官员担任董事长。

国有企业董事长除了具有董事的一般职权外，对外作为法定代表人代表公司，对企业改革和发展负首要责任，对内主要行使下列职权：①主持股东（大）会会议；②召集和主持董事会会议；③定期向董事会报告工作，及时向董事会和国有股东报告重大经营问题和经营风险；④检查董事会决议的实施情况；⑤签署公司股票、债券等。

（三）董事会职权

国有企业董事会是公司的业务决策机构，要对股东（大）会负责，执行股东（大）会决议，依照法定程序和公司章程授权决定公司重大事项，接受国有资本出资人机构、股东（大）会、监事会监督。

关于国有企业董事会职权，无论是理论界还是实务界，都并没有充分认识到市场经济社会不同类型国有企业内部治理结构的差异性。比如，有学者认为，根据《公司法》第67条的规定，国有独资公司董事会的职权与普通有限责任公司相同。[2]同样，在国有企业立法实践中也存在上述情形。比如，根据《企业国有资产法》第22条的规定，国有独资公司总经理通过借鉴普通商事企业的法人治理结构由董事会聘任，却忽视了国有独资公司作为国有企业的特殊性以及不同类型国有企业治理结构的差异性，在实践中往往又由出资人机构任免总经理，从而导致立法与实践的紊乱。此外，国有控股公司董事会职权应当借鉴普通商事企业法人治理结构的部分并没有被充分落到实处。

---

〔1〕 刘泉红：《国有企业改革路径设计和整体推进》，社会科学文献出版社2012年版，第264页。
〔2〕 施天涛：《公司法论》（第2版），法律出版社2006年版，第336页。

正因为如此，自从党的十八大以来，针对健全与完善国有企业法人治理结构，中央连续出台了若干政策文件，比如 2016 年颁布的《关于开展落实中央企业董事会职权试点工作的意见》、2017 年颁布的《国务院办公厅关于进一步完善国有企业法人治理结构的指导意见》等。其中，针对国有企业董事会职权，根据《关于开展落实中央企业董事会职权试点工作的意见》的要求，国资委将选择在核心业务处于竞争领域的试点国有企业开展落实董事会职权试点，授予长期发展战略规划、高级管理人员选聘、业绩考核、薪酬管理、工资总额备案制管理和重大财务事项管理等六项职权。

对此，有如下几个问题需要进一步澄清：①核心业务处于竞争领域的试点国有企业一般是国有控股公司，且国有控股程度相对较低。条件成熟时，国有资本原则上要逐渐退出一般市场竞争领域。因而，这种董事会职权试点是必要的。②国有控股公司董事会职权试点借鉴普通商事企业治理结构也要充分考虑到国有企业特殊性，而不是简单地照搬普通商事企业治理结构。比如，国有控股公司因公益类或商业类经营领域及其国有控股程度等因素，"高级管理人员选聘"等董事会职权也存在差异性。③这种董事会职权试点不能被简单地无限度推广到多个国有投资主体的有限责任公司、国有独资公司和国有独资企业，要充分考虑到不同类型国有企业治理结构及其董事会职权的差异性。

鉴于此，关于国有企业董事会职权，具体分析如下：

（1）对于国有独资企业、国有独资公司、多个国有投资主体的有限责任公司以及公益类的国有控股公司而言，[1]企业董事会对国有资本出资人机构或股东（大）会负责，主要行使如下职权：①向国有资本出资人机构或股东（大）会报告工作；②执行国有资本出资人机构的决定或股东（大）会决议；③拟定企业的长期发展战略、经营计划和投资方案；④拟定企业的年度财务预算方案、决算方案；⑤拟定企业的利润分配方案和弥补亏损方案；⑥拟定企业增加或者减少注册资本以及发行公司债券的方案；⑦拟定企业合并、分立、变更公司形式、解散的方案；⑧决定企业内部管理机构的设置；⑨根据总经理提名，决定聘任或者解聘企业除经理层以外的一般管理人员及其报酬

---

〔1〕 在市场经济社会，公益类国有企业组织形式应当多为国有独资公司或多个国有投资主体的有限责任公司，国有控股公司相对较少。

事项；[1] ⑩制定企业的基本管理制度；⑪企业章程规定的其他职权。上述董事会职权中凡属拟定事项均需要报请国有资本出资人机构或股东（大）会审批。

（2）对于商业类的国有控股公司而言，公司董事会职权尽可能趋向普通商事企业，公司董事会对股东（大）会负责，主要行使如下职权：①召集股东（大）会会议，并向股东（大）会报告工作；②执行股东（大）会的决议；③决定公司的长期发展战略、经营计划和投资方案；④制订公司的年度财务预算方案、决算方案；⑤制订公司的利润分配方案和弥补亏损方案；⑥制订公司增加或者减少注册资本以及发行公司债券的方案；⑦制订公司合并、分立、变更公司形式、解散的方案；⑧决定公司内部管理机构的设置；⑨决定聘任或者解聘公司总经理及其报酬事项，并根据总经理的提名决定聘任或者解聘公司副总经理、财务负责人及其报酬事项；⑩制定公司的基本管理制度；⑪公司章程规定的其他职权。

此外，商业二类（特定功能类）国有企业受政府公权力影响和市场化程度往往介于公益类国企和商业一类（一般竞争类）国有企业之间，从而在其董事会职权上与二者也有所差异。

关于国有企业董事会职权，还需要做如下说明：①基于公司法人治理结构属性，国有企业与普通商事企业以及不同类型的国有企业董事会职权从形式上来看存在诸多共性，并没有太大差异。②国有企业与普通商事企业以及不同类型的国有企业董事会职权的最大差异主要在于人事任免权，以便反映政府意志，更好地体现国有企业的市场定位和功能。③虽然国有企业与普通商事企业以及不同类型的国有企业董事会职权从形式上来看并没有太大差异，但在实践中，国有股"一股独大"或国有控股程度占据主导地位以及背后的公权力因素，导致公司治理及其董事会职权的实施效果存在差异性。这也正是国有企业行政型治理模式不同于普通商事企业治理的重要因素。因此，我们不能对《国务院办公厅关于进一步完善国有企业法人治理结构的指导意见》《关于开展落实中央企业董事会职权试点工作的意见》抱有过高希望。④国有企业董事会应当更多地从独立董事、专门委员会等方面加强对公司内部董事

---

〔1〕 经理层包括总经理、副总经理和总工程师、总经济师、总会计师和总法律顾问等。本章节后文将进一步分析。

和高级管理人员的监督与制衡。⑤对于国有企业与普通商事企业以及不同类型的国有企业董事会职权的差异性，学界只是做一般原理分析，并没有固定模式，这主要取决于不同类型国有企业的改革实践与探索。

五、经理层

（一）经理层概述

经理层是指公司高级管理人员，主要包括总经理、副总经理、财务负责人、董事会秘书和公司章程规定的其他人员。从广义上说，经理层还包括"四总"，即总会计师（或财务总监）、总经济师、总工程师和总法律顾问，这个广义的经理层范围也基本等同于《中央企业负责人经营业绩考核暂行办法》（已失效）所界定的范围。经理层是公司常设业务执行机关。

在我国，随着改革开放和国际交流的不断深化，无论是国有企业还是其他类型，企业经理层都经历了厂长、经理、总裁（President）、首席执行官（Chief Executive Officer，CEO）等不同称呼。在当今时代，通常情况下一般称为经理。但在市场经济发达国家（尤其是美国），自从 20 世纪 60 年代公司治理结构改革变迁以来，许多大企业的经理往往都被更有权威的首席执行官（CEO）所代替，并衍生到首席运营官（Chief Operation Officer，COO）等。随后，首席执行官（CEO）等概念也被引入了我国的有些企业，比如海尔集团等。但是，我国国有企业经理层一般被称为经理，即总经理和副总经理等。当然，也有一些国有企业经理层被称为总裁，如中国中化集团有限公司、中国石油天然气股份有限公司等。经理层如何称呼要取决于不同国家的历史传统习惯、不同企业类型以及公司治理结构变迁等因素，但其性质都是一样的，均为公司常设业务执行机关。

关于公司"四总"，并非所有企业均同时具有"四总"，这要取决于不同类型企业的业务范围及其要求等因素。国有企业也不例外。一般而言，国有企业至少要有总会计师。但有些国有企业有总会计师和总法律顾问，如中国国新控股有限责任公司、中国诚通控股集团有限公司等；有些国有企业有财务总监（或总会计师）和总工程师，如中国交通建设集团有限公司、中国建筑集团有限公司等；有些国有企业有总工程师和总经济师，如中国核工业集团有限公司等。

(二) 经理层产生

一般情况下，普通商事企业经理层由董事会聘任，通常是从公司内部执行董事中产生的。对此，《公司法》第49条、第113条作了明确规定。但是，国有企业却有其特殊性，并因国有企业种类不同而存在差异性。

对于国有独资企业而言，根据《企业国有资产法》第22条的规定，由履行出资人职责的机构依照法律法规和企业章程规定，直接任免国有独资企业的经理、副经理、财务负责人和其他高级管理人员。《全民所有制工业企业法》等相关立法对此并没有作出明确规定。

《企业国有资产法》作出上述规定，不仅符合国有独资企业性质，而且还考虑到了国有独资企业作为全民所有制企业并没有规定要求设立董事会。但在实践中，许多国有独资企业受到《公司法》的影响，也设立了董事会、监事会。从《公司法》来看，应当由董事会聘任经理层，但无论是《全民所有制工业企业法》还是《企业国有资产法》都并没有明确规定国有独资企业董事会与经理层的关系。笔者以为，如果国有独资企业设立董事会，就应当遵循国有独资公司董事会与经理层的关系。

对于设立董事会的国有独资企业和国有独资公司而言，出资人机构可以授权董事会行使股东会的部分职责，其总经理和副总经理以及其他经理层人员由出资人机构会商政府有关部门提名，并履行董事会聘任的法定程序。

对于多个国有投资主体的有限责任公司以及公益类国有控股公司而言，由国有控股股东与其他股东商定总经理、副总经理以及其他经理层人员人选，并通过董事会履行聘任程序。至于商业类国有控股公司，尤其是商业一类（一般竞争类）国有控股公司，则要借鉴普通商事企业的公司治理模式，市场化选聘管理人员，实行职业经理人制度，总经理由董事会聘任，并根据总经理提名，聘任公司副总经理及其他高级管理人员。但在国有控股公司实践中，由于国有资本占据主导地位，经理层人选主要受到国有资本出资人及其政府意志的影响，影响程度主要取决于国有资本控股程度。

国有独资企业、国有独资公司和多个国有投资主体的有限责任公司经理层比照行政公务人员对待。国有控股公司经理层是否比照行政公务人员对待，要根据公益类和商业类国企以及国有控股程度区别对待。其中，公益类国有控股公司经理层多比照行政公务人员对待；商业类尤其是商业一类（一般竞争类）国有控股公司经理层多实行职业经理人制度。国有企业经理层比照行政公务人员对待时，还需要履行行政公务人员任免程序。

国有企业总经理应当从公司内部执行董事中产生，并且总经理与董事长要分设。随着条件的成熟，许多国有企业经理层人选（尤其是总经理人选）如同董事长、副董事长人选一样还需要报请本级政府和人大批准。对此，我国在将来的国有企业特殊立法中应当予以明确规定。

（三）总经理职权

从尚未进行公司化改制且未实行董事会制度的国有独资企业来看，根据《全民所有制工业企业法》等相关立法规定，企业实行厂长（经理）负责制，厂长（经理）是企业的法定代表人。

根据《全民所有制工业企业法》第45条的规定，厂长（经理）领导企业的生产经营管理工作，行使下列职权：①依照法律和国务院规定，决定或者报请审查批准企业的各项计划；②决定企业行政机构的设置；③提请政府主管部门任免或者聘任、解聘副厂级行政领导干部，法律和国务院另有规定的除外；④任免或者聘任、解聘企业中层行政领导干部，法律另有规定的除外；⑤提出工资调整方案、奖金分配方案和重要的规章制度，提出福利基金使用方案和其他有关职工生活福利的重大事项的建议，提请职工代表大会审议决定；⑥依法奖惩职工，提请政府主管部门奖惩副厂级行政领导干部；等等。

从进行了公司化改制的国有企业来看，包括国有独资公司、多个国有投资主体的有限责任公司以及国有控股公司等，根据现有适用的《公司法》第49条的规定，经理对董事会负责，行使下列职权：①主持公司的生产经营管理工作，组织实施董事会决议；②组织实施公司年度经营计划和投资方案；③拟订公司内部管理机构设置方案；④拟订公司的基本管理制度；⑤制定公司的具体规章；⑥提请聘任或者解聘公司副经理、财务负责人；⑦决定聘任或者解聘除应由董事会决定聘任或者解聘以外的负责管理人员；⑧董事会授予的其他职权。公司章程对经理职权另有规定的，从其规定。

从当前的国有独资企业治理实践来看，其更多的是受到《公司法》影响，而非受《全民所有制工业企业法》等相关立法影响。无论是国有独资企业还是公司性质的国有企业，关于经理职权的规定从专业术语表达等方面来看更多地适用《公司法》等规定，具有较大程度的一致性。当然，《公司法》关于经理职权的规定本身也受到了《全民所有制工业企业法》的影响，关于经理设置具有一定程度的法定性，体现了国有企业厂长（经理）体制在公司法上的延续。[1]笔者认为，国有企业经理及其职权设置的法定性是可以理解的，但对于普通商事企业而言，应当保留较大的灵活性和公司章程的自治性。这恰是作为适用普通商事企业法的《公司法》需要修订之处。

六、监事会

一般而言，监事会是依法产生，对公司董事、经理、财务负责人及其他高级管理人员的经营管理行为以及公司财务进行监督的常设机构。监事会制度体现了公司内部的权力分工与制衡机制，类似于国家治理结构。

（一）监事会设立

1. 监事会设立一般模式

关于监事会设立，世界各国的规定存有差异。主要有如下几种模式：

（1）美国模式，即只设立董事会而不设监事会。但是，美国公司内部并不缺乏监督机构，主要通过独立董事、董事会内部的各专门委员会以及市场经济社会中的独立审计人和公共会计师事务所等形成有效的监督制约机制。

（2）德国模式，即"双层委员会"制度，由股东（大）会和工会选举产生监事会，再由监事会选举产生理事会。德国的监事会更像是美国的董事会，兼顾决策和监督双重职能；理事会则负责企业的日常经营管理活动。

（3）日本模式，即公司设立股东（大）会、董事会、监察人（即监事会）。监事会由股东（大）会选举产生，对股东（大）会负责，是公司常设监督机构。

（4）法国模式，即公司对是否设立监事会采取灵活态度，由公司章程决定是否设立监事会，可以设立监事会，也可以不设立监事会，从而赋予了公司较大的自治权。

这只是一般意义上的大致分类。事实上，随着世界各国的交流互鉴，包括上述国家在内的世界各国公司治理结构也并非固定模式，也出现了诸多弹性与灵活。这符合现代企业制度的发展要求。我国也不例外。虽然我国公司

---

[1] 施天涛：《公司法论》（第 2 版），法律出版社 2006 年版，第 351 页。

治理结构总体上受日本影响较大，基本上属于日本模式，但也借鉴了美国的独立董事和董事会内部专门委员会制度。同时，也可以借鉴德国的银行代表监事制度，扩大债权人尤其是银行在监事会中的比例，实行主银行监督制度等。

2. 国有企业监事会设立

对于国有企业而言，早先的全民所有制企业并没有监事会制度要求，《全民所有制工业企业法》等相关立法对此也没有规定。随着国有企业公司化改制改革的推进，无论是国有全资公司还是国有控股公司一概适用《公司法》，这也就要求有相应的监事会制度。尽管《公司法》第51条规定，股东人数较少或者规模较小的有限责任公司，可以设1名至2名监事，不设立监事会。但对于国有企业而言，无论是有限责任公司还是股份有限公司，考虑到国有企业的性质、防范"内部人控制"和国有资本监管等因素，均应当设立监事会。对此，我国《企业国有资产法》第19条明确规定，国有独资公司、国有资本控股公司和国有资本参股公司应依照《公司法》的规定设立监事会。

即使是还没有进行公司化改制的国有企业在企业治理结构等方面受到《公司法》的影响也较大，许多国有独资企业也纷纷设立董事会、监事会等。对此，我国《企业国有资产法》第19条明确规定，国有独资企业由履行出资人职责的机构按照国务院的规定委派监事组成监事会。当然，国有独资企业也将随着公司化改制改革在监事会制度等企业治理结构方面进行进一步的健全与完善。

虽然国有企业监事会的形式与普通商事企业监事会在《公司法》规定上并没有太多差异，但事实上，国有企业监事会制度有着诸多特殊性，而并非是《公司法》中有关"国有独资公司"的规定所能涵盖的。尽管我国于2000年颁布了《国有企业监事会暂行条例》和《国有重点金融机构监事会暂行条例》，但其不仅存在滞后性，而且也不足以解决国有企业立法的特殊性问题，因而有待于将来国有企业立法的规定。[1]

（二）监事会产生及其组成

从普通商事企业来看，监事会一般由股东（大）会依法选举产生，对股

---

〔1〕　参阅本书第二章"国有企业法一般原理"第五节"国有企业法体系"的相关内容。

东（大）会负责。我国《公司法》规定，监事由股东代表和适当比例的公司职工代表组成，其中职工代表的比例不得低于 1/3，具体比例由公司章程规定。其中，监事会中的股东监事由股东提出监事人选，经股东（大）会选举产生；监事会中的职工监事由公司职工代表大会或其他形式民主选举产生。随着社会的发展，许多公司都设置了外部监事，由公司股东（大）会选举产生的与公司股东、董事和高管等没有利害关系的外部专业人士担任外部监事，以便强化对公司董事和高管的监督。监事会设主席 1 人，由全体监事过半数选举产生。董事、高级管理人员不得兼任监事。

从国有企业来看，根据 1998 年颁布的《关于印发国务院向国有重点大型企业派出稽察特派员方案的通知》，我国早期采取的是稽察特派员制度，即由国务院向国有重点大型企业派出稽察特派员，对国有企业高管经营管理活动和财务等进行监督。1999 年修订的《公司法》不仅确立了国有独资公司建立监事会制度，而且多个国有投资主体的有限责任公司和国有控股公司按照《公司法》要求也需要建立监事会制度，从而在试行稽察特派员制度的基础上，实现了企业法人治理制度层面的构建。为此，2000 年国务院颁布了《国有企业监事会暂行条例》和《国有重点金融机构监事会暂行条例》等。

根据现有的《企业国有资产法》《公司法》《国有企业监事会暂行条例》和《国有重点金融机构监事会暂行条例》等规定，国有独资企业和国有独资公司由履行国有资本出资人职责的机构委派监事，组成监事会；多个国有投资主体的有限责任公司和国有控股公司由履行国有资本出资人职责的机构向股东（大）会提出监事人选，并由股东（大）会选举产生，组成监事会。其中，职工代表监事由公司职工代表大会或其他形式民主选举产生，报监事会管理机构批准。

根据《国有企业监事会暂行条例》和《国有重点金融机构监事会暂行条例》的规定，监事分为专职监事和兼职监事：从有关部门和单位选任并委派到国有企业的监事，为专职监事；监事会中国务院有关部门、单位派出代表和企业职工代表担任的监事，为兼职监事。专职监事由监事会管理机构任命。

从我国现有立法规定来看，一方面，虽然确立了国有企业监事会制度，以及股东监事和职工监事，但并未明确外部监事，也没有明确区分股东监事和外部监事。尽管国有独资企业早期在没有设立监事会时期的确存在国资委外派监事会的情形，但并没有明确界定外部监事和股东监事的关系。另一方面，国资委目前作为履行企业国有资本出资人职能的机构专门设置了监督一局（国有企业监事会工作办公室），作为中央国有企业监事会管理机构，负责国有企业监事会的日常管理工作。地方国资委依此类推。但在我国，财政部门也履行部分国有企业出资人职能，对此仅规定了金融企业监事会问题，并未涉及文化企业、铁路、烟草等其他国有企业。而且，国资委不宜既履行出资人职能，又履行监管职能。

因此，一方面，国有企业尤其要设立外部监事制度，而且要提高国有企业外部监事比例。另一方面，如同本书第五章所述，国资委不宜履行企业国有资本出资人职能，应由财政部门统一履行企业国有资本出资人职能，国资委则履行纯粹的国有资本监管职能。[1]因而，建议由履行国有资本监管职能的国资委统一负责所有国有企业外派监事会工作，即国有企业外部监事的选聘和管理工作，至于履行企业国有资本出资人职能的财政部门则统一负责前已述及的股东监事任免或推荐提名等工作。对此，应当随着国有企业改革的到位，通过国有企业特殊立法统一予以规定。

关于监事会的组成人数，根据《公司法》的规定，无论是有限责任公司还是股份有限公司，监事会成员一般都不得少于 3 人，但国有独资公司监事会成员不得少于 5 人。虽然《国有企业监事会暂行条例》第 14 条规定，监事会成员不少于 3 人，但从国有企业特殊性来看，笔者建议，国有企业无论采取何种组织形式，监事会成员都不得少于 5 人。

关于职工监事，根据《公司法》的规定，其中职工代表的比例不得低于 1/3，具体比例由公司章程规定。笔者以为，由于职工监事与被监督的对象董事、经理等高管存在上下级隶属关系，再加上专业素质等因素，我们不宜高估职工监事的作用。实践也证明了这一点，尤其是国有企业。因此，监事会组成需要职工代表，尤其是国有企业，但不宜提高职工监事的比例。对于如何彰显职工监事的立法意图和功能，笔者以为，一方面应提高股东代表监事的比例；另一方面可以借鉴德国的做法，提高债权人尤其是银行在监事会中的比例，实行主银行监督制度，提高监事的监督激励动机等。

关于监事会主席，普通商事企业一般由全体监事过半数选举产生，但国有企业监事会主席的产生有其特殊性。对于国有独资企业和国有独资公司而

---

〔1〕 参阅本书第五章"企业国有资本出资人"的相关内容。

言，监事会主席由履行国有资本出资人职责的机构从监事会成员中指定并任免。其中，对于由国务院派出的国有重点大型企业监事会，即中央企业，根据《国有企业监事会暂行条例》和《国有重点金融机构监事会暂行条例》的规定，监事会主席人选按照规定程序确定，由国务院任免。必要时，监事会主席还需要经同级人大审批。地方国有企业依此类推。对于多个国有投资主体的有限责任公司和国有控股公司而言，监事会主席由国有控股股东提名，经全体监事过半数选举产生。

（三）监事会职权

根据《公司法》第53条、第54条、第118条的规定，普通商事企业监事会、不设监事会的公司监事主要行使下列职权：①检查公司财务；②对董事、高级管理人员执行公司职务的行为进行监督，对违反法律、行政法规、公司章程或者股东会决议的董事、高级管理人员提出罢免的建议；③当董事、高级管理人员的行为损害公司的利益时，要求董事、高级管理人员予以纠正；④提议召开临时股东会会议，在董事会不履行本法规定的召集和主持股东会会议职责时召集和主持股东会会议；⑤向股东会会议提出提案；⑥依照《公司法》第152条的规定，对董事、高级管理人员提起诉讼；⑦监事有权列席董事会会议，并对董事会决议事项提出质询或建议；⑧监事会、不设监事会的公司监事发现公司经营情况异常，可以进行调查，必要时，可以聘请会计师事务所等协助其工作，相关费用由公司承担；⑨公司章程规定的其他职权。

根据《国有企业监事会暂行条例》第5条以及《国有重点金融机构监事会暂行条例》第6条的规定，国有企业监事会职权主要包括如下：①检查企业贯彻执行有关法律、行政法规和规章制度的情况；②检查企业财务，查阅企业的财务会计资料及与企业经营管理活动有关的其他资料，验证企业财务会计报告的真实性、合法性；③检查企业的经营效益、利润分配、国有资产保值增值、资产运营等情况；④检查企业负责人的经营行为，并对其经营管理业绩进行评价，提出奖惩、任免建议。但不可否认，上述条例随着时间的推移，显得有些滞后，包括其中涉及的监事会职权等。

由于国有企业具有特殊性，比如存在不设立股东会的情形、董事和企业高管具有行政公务人员或准行政公务人员的身份特殊性等因素，因而国有企业监事会职权除了具有普通商事企业监事会有关检查公司财务、监督董事、高管行为等一般职权原理外，还有其特殊性。

因此，结合现有的《国有企业监事会暂行条例》《国有重点金融机构监事会暂行条例》和《公司法》等相关规定，国有企业监事会主要包括如下职权：①检查企业贯彻执行有关法律、行政法规和规章制度的情况；②检查企业财务，查阅企业的财务会计资料及与企业经营管理活动有关的其他资料，验证企业财务会计报告的真实性、合法性；③检查企业的经营效益、利润分配、国有资本保值增值、资产运营等情况；④检查董事、高级管理人员的经营行为，并对其经营管理业绩进行评价，提出奖惩、任免建议；⑤当董事、高级管理人员的行为损害企业利益时，要求董事、高级管理人员予以纠正，并有权向国家监察委员会或司法机关提出司法建议；⑥向履行国有资本出资人机构或股东（大）会汇报工作，并有权提出提案；⑦监事有权列席董事会会议，并对董事会决议事项提出质询或建议；⑧监事会发现企业经营情况异常，可以进行调查，必要时，可以聘请会计师事务所等协助其工作，相关费用由企业承担；⑨企业章程或相关立法规定的其他职权。以上职权有待于将来的国有企业特殊立法予以规定。

在实践中，众所周知，由于存在"一股独大"的股权结构、监事会和经营管理层的信息不对称以及监事会职权缺乏基本制度保障等因素，监事会常常形同虚设，没有发挥应有的功能，尤其是国有企业。但也不宜走入另外一个极端，即有学者所谓的废除监事会的观点。因此，在合理界定国有企业市场定位的基础上，一方面要建立健全包括监事会职权在内的监事会制度；另一方面则不要高估监事会功能，进一步改进董事会制度，引入独立董事和董事会内部专门委员会制度等。

七、董事、监事和高级管理人员的任职资格

关于董事、监事和高级管理人员的任职资格包括积极资格和消极资格。所谓积极资格，是指担任上述职务必须具备的条件；所谓消极资格，是指担任上述职务不得具备的条件。

（一）积极资格

从普通商事企业来看，《公司法》等相关立法均是对消极资格予以规定，对积极资格并没有多少规定，原则上不做任何限制，赋予企业较大的自治权。

一般而言，董事、监事和高级管理人员均为自然人，只要具备相应的民事行为能力，就可以担任上述职务。

除了具备上述基本条件外，我国对国有企业董事、监事和高级管理人员的积极资格作了明确规定。根据《企业国有资产法》第23条的规定，履行出资人职责的机构任命或者建议任命的董事、监事、高级管理人员，应当具备下列条件：①有良好的品行；②有符合职位要求的专业知识和工作能力；③有能够正常履行职责的身体条件；④法律、行政法规规定的其他条件。

除此以外，部分国有企业的某些职务积极资格还有特殊规定。比如，根据《国有企业监事会暂行条例》第15条的规定，外派监事会的中央国有重点大型企业监事会主席由副部级国家工作人员担任，为专职，年龄一般在60周岁以下；专职监事由司（局）、处级国家工作人员担任，年龄一般在55周岁以下等。

(二) 消极资格

普通商事企业立法一般均从董事、监事和高级管理人员的消极资格角度考虑。国有企业董事、监事和高级管理人员的消极资格也大体类似。根据《企业国有资产法》第23条的规定，董事、监事、高级管理人员在任职期间出现《公司法》规定的不得担任公司董事、监事、高级管理人员情形的，履行出资人职责的机构应当依法予以免职或者提出免职建议。对此，《公司法》第146条规定，有下列情形之一的，不得担任公司的董事、监事、高级管理人员：①无民事行为能力或者限制民事行为能力；②因贪污、贿赂、侵占财产、挪用财产或者破坏社会主义市场经济秩序，被判处刑罚，执行期满未逾5年，或者因犯罪被剥夺政治权利，执行期满未逾5年；③担任破产清算的公司、企业的董事或者厂长、经理，对该公司、企业的破产负有个人责任的，自该公司、企业破产清算完结之日起未逾3年；④担任因违法被吊销营业执照、责令关闭的公司、企业的法定代表人，并负有个人责任的，自该公司、企业被吊销营业执照之日起未逾3年；⑤个人所负数额较大的债务到期未清偿。

除此以外，我国对于国有企业董事、监事和高级管理人员的消极资格还有如下一些规定：

（1）根据《企业国有资产法》第25条的规定，未经履行出资人职责的机构同意，国有独资企业、国有独资公司的董事、高级管理人员不得在其他企业兼职；未经股东（大）会同意，国有控股公司的董事、高级管理人员不得在经营同类业务的其他企业兼职；未经履行出资人职责的机构或股东（大）会同意，国有企业的董事长不得兼任经理；董事、高级管理人员不得兼任监事。

（2）根据《国有企业监事会暂行条例》第 15 条、第 16 条的规定，企业负责人不得担任职工监事。虽然董事、监事和经理层每届任期为 3 年，但监事会主席和专职监事、派出监事不得在同一企业连任，而董事和经理层在同一企业连任则并没有限制。

还需要说明的是，国有企业董事、监事和高级管理人员存在行政公务人员或准行政公务人员以及职业经理人等分类。其中，具有行政公务人员或准行政公务人员身份的董事、监事和高级管理人员除了具备上述积极资格和消极资格外，还要有相应的公务人员任职条件和资格。对此，我国《企业国有资产法》第 24 条作了原则性规定，即履行出资人职责的机构对拟任命或者建议任命的董事、监事、高级管理人员的人选，应当按照规定的条件和程序进行考察。考察合格的，按照规定的权限和程序任命或者建议任命。但上述规定还需要进一步的明确分类规范和完善，有待于将来的国有企业立法作出规定。

八、妥善处理特定时期党委会与“新三会”的关系[1]

所谓“新三会”，是相对于“老三会”而言的，是指公司股东（大）会、董事会和监事会。“老三会”是指企业党委会、职代会和工会，主要针对全民所有制企业。在我国国有企业公司化的改制过程中，除了具有股东（大）会、董事会和监事会等公司治理结构外，还具有党委会、职代会和工会等组织构架。其中，工会是职代会的常设机构，是所有国家的企业所共同具有的组织。在我国现阶段，在企业党委会的领导及其影响下，企业工会也具有自身特色。因此，学界常说的处理“新三会”与“老三会”关系的关键即在于处理党委会与“新三会”的关系。

立足于中国国情，应当置身于中国社会转型期全面深化改革背景下理解

---

〔1〕　本章节部分内容参见李昌庚、李鑫：“国有企业治理：行政型治理模式”，载《国有资产管理》2017 年第 6 期。

和把握加强国企党建及其党委会领导。主要基于如下两点考虑：

（1）社会转型期国企改革的需要。我国尚未完成国企市场转型改革任务，距离市场经济目标还有一定的距离。为此，2015年8月24日颁布的《中共中央、国务院关于深化国有企业改革的指导意见》提出进一步全面深化国企改革。这也是国有企业治理的逻辑前提。在社会转型期，我国经历了四十年的改革，相对容易的改革领域已经改革完毕或改革得差不多了，当前改革已经进入了深水区、攻坚区，面临着诸多利益藩篱。因此，基于中国国情和历史惯性，为了深化改革，打破既得利益障碍，需要有强有力的政治权威主导。[1]同样，国有企业改革也不例外。为了啃国企改革领域的"硬骨头"，打破既得利益障碍，需要强有力的国企改革领导权威。正如习近平总书记在2016年10月全国国有企业党的建设工作会议上所强调的，通过加强和完善党对国有企业的领导，加强和改进国有企业党的建设，推动国有企业深化改革。因此，基于中国共产党作为执政党的改革任务，进一步加强国企党建工作有助于把党的十八大、十九大关于深化国企改革的意图和决策贯彻到国企改革中，实现国企改革的既定目标和建立健全社会主义市场经济体制。在此阶段，就不能简单地用一般市场经济法则衡量国有企业。

（2）国企行政型治理的需要。国有企业是一种行政型治理模式。虽说国企行政型治理模式并非必然体现出企业党建特征，但基于社会转型期国企改革以及中国的政党政治特色，国企行政型治理模式必然体现出国企党建工作。同时，借此将实现国企党建与企业文化建设的有机结合，从中凸显企业文化精神，也便于与国际接轨。

在此背景下，现阶段如何妥善处理好企业党委会与股东（大）会、董事会、监事会和经理层的关系就显得非常重要了。笔者认为，在社会转型期，在国有企业董事长或总经理是中共党员的情况下，在国有企业设立董事会的情况下，国有企业董事长兼任党委（党组）书记，总经理兼任党委（党组）副书记，董事长与总经理分设。这也是我国当前国有企业的普遍做法。在国有企业暂未设立董事会的情况下，总经理兼任党委（党组）书记，如中国中丝集团有限公司等。如前所述，国有企业改革的发展趋势是普遍要求设立董

---

〔1〕 详细论述参见李昌庚："中国社会转型的路径依赖及其法治回应"，载《青海社会科学》2016年第2期。

事会。同时，党委会与董事会成员交叉任职以及党委会与董事会在企业许多重大事项中合并会议等是较好的选择，可以较好地处理企业党委与行政的关系，减少或避免内耗，提高企业管理运营效率，有利于更好地推动和深化国有企业改革。

第四节　国有企业外部治理

国有企业的公权力因素决定了其行政型治理模式。国有企业治理的关键在于外部治理，内部治理仅具有相对意义。从国有企业外部治理来看，关键是良好的市场经济和民主法治环境。一方面，需要健康、成熟的市场机制及其市民社会对国有企业的监督制约；另一方面，需要人大、司法机关以及政府等公权力制度安排对国有企业的监督制约。

一、健康成熟的市场经济体制

国家所有权的公权力因素决定了国有企业一直缺乏市场竞争压力。即使对于市场转型后的国有企业也是如此。长期的自然经济和计划经济体制致使我国市场机制尚未成熟，从而进一步凸显了国有企业治理的缺陷。国有企业的非市场因素尤其需要一个良好的外部市场环境，通过市场的私权利限制国家所有权的公权力，以此尽可能减少国有企业自身的弊端。

市场经济发达国家有着较为成熟的市场机制和社会中介机构，征信体系成熟。在此基础上，市场经济发达国家企业外部治理又主要存在着英美模式和德日模式，两者的区别主要在于政府对市场作用的程度不同。英美模式强调市场约束的外部治理，政府更多的是从制度上来规范、引导企业；德日模式则强调政府对市场经济的干预作用。英美模式的外部治理主要通过资本市场进行，德日模式的外部治理主要通过主银行制进行。[1]

我国在立足国情和国有企业特殊性的基础上，适当借鉴国外经验，进一步深化了市场经济体制改革，完善了市场机制，为国有企业提供了良好的私权利制约机制。主要包括如下几个方面：

---

〔1〕　参见杨瑞龙主编：《国有企业治理结构创新的经济学分析》，中国人民大学出版社 2001 年版，第 253 页。

（1）进一步深化国有企业改革。既然国有企业不能成为市场经济社会的主要主体，那么国有企业比重过大就成了影响市场健康发展的重要因素。因此，国有企业的市场转型改革是构建成熟市场机制的重要条件。具体而言，主要包括如下几个方面：一是合理界定国有企业在市场经济社会的定位；二是为私有企业以及公私混合所有制企业等普通商事企业提供发展空间，释放私权利制约力量；三是为金融体制改革及其证券市场的健康发展提供良好环境；四是有利于创造平等、自由、公平竞争的市场环境。至于如何深化国有企业改革，本书在第一章已有详叙。[1]

（2）完善商品或服务市场机制。通过私有企业、公私混合所有制企业以及外商投资企业、外国企业等的健康发展和市场开放，国有企业商品或服务市场遭遇到了有效的竞争对手，从而形成了对国有企业的外部制约力量。当然，国家所有权的公权力因素决定了国有企业商品或服务容易具有垄断性，从而决定了商品或服务市场的竞争机制仅具有相对意义，关键还要取决于国有企业的合理市场定位及其公权力制度安排。

（3）完善资本市场机制。一方面，进一步深化金融体制改革，推动国有商业银行的产权多元化及市场化，发挥银行在企业治理中的作用。另一方面，建立统一、开放、规范、高效的证券市场，提供健康的资本市场，实现资本要素的合理流动与配置，发挥"用脚投票"的功能和资本市场对国有企业的有效制约。当然，国家所有权的公权力因素决定了资本市场机制对于国有企业仅具有相对意义，关键还要取决于国有企业的合理市场定位及其公权力制度安排。

（4）完善经理人市场机制。长期以来，国有企业高管多是由政府任命或提名推荐，且多是长期任职，缺乏经理人市场竞争与约束。虽然国有企业的公权力因素决定了国有企业高管存在行政公务人员或准行政公务人员身份，但适度地引入经理人市场是非常必要的。某些领域的国有企业（尤其是商业类国有企业）通过市场选聘某些岗位的管理人员，从而形成国有企业经营管理人员的经理人市场竞争与约束机制。

（5）完善社会中介市场机制。在市场经济发达国家，企业治理的一个重要外部力量来自社会的中介组织，如独立审计人、评估机构、会计师事务所、

---

［1］ 参阅本书第一章"国有企业法理解读"的相关内容。

律师事务所、各种行业协会、新闻媒体等。但在我国，基于传统计划经济体制的影响和历史惯性等因素，许多社会中介机构都是政府职能机构转型而来的，独立性、自治性和民间性不够，从而影响到了对企业（尤其是国有企业）的外部监管约束。因此，立足于国情，我国应循序渐进地推动社会中介机构改革，提高其民间性、独立性和自治性，加强行业自律监管，构建征信体系等，发挥审计、评估、验资、法律、新闻媒体等社会中介机构对国有企业的监督制约功能，从而形成社会中介机构的约束机制。[1]

二、合理的公权力制度安排

国家所有权的公权力因素决定了国有企业的诸多特权，包括但不限于公共财政投入、银行信贷的非市场优惠、国有垄断利润、政府官员进入国企高管层等。而这种特权必然容易滋生腐败。这是国有企业存在的孪生产物及解决市场失灵的应有代价。公权力的副作用均有可能发生在国家所有权身上。因此，制衡国家所有权除了前已述及的以市场私权利对抗国家所有权的公权力之外，关键来自公权力制约的合理制度安排，即国有企业需要一个良好的国家治理及其民主法治化环境，需要一种以公权力对抗公权力的制度安排。[2]具体而言，主要包括如下几个方面：

（一）人大对国有企业的监督

国有企业的性质决定了最高权力机关对国有企业的监督是国际社会的普遍做法，而且是非常重要的公权力制衡手段。最高权力机关对国有企业的监督涉及国有企业设立、变更、经营范围、市场准入、重点产业分布、重大投资计划、企业并购交易、国有资本经营预算、利润分配、人事任免、企业高管等，其中最重要的两项监督权在于人事任免权和财权。比如，美国国会对国有企业设立、董事会、经营范围、经营目标、市场准入、销售价格、利润分配等都要进行审批监管。

我国也不例外。但事实上，由于诸多因素，我国人大对国有企业的监督功能并没有得到有效发挥。这也正是我国进一步深化改革的重要内容之一。我国于 2017 年颁布的《中共中央关于建立国务院向全国人大常委会报告国有

---

〔1〕　参见李昌庚："转型视角下的中国国有企业治理法律研究"，载《法学杂志》2010 年第 12 期。
〔2〕　参见李昌庚："转型视角下的中国国有企业治理法律研究"，载《法学杂志》2010 年第 12 期。

资产管理情况制度的意见》（以下简称《意见》）即是一项重大的改革措施。根据《意见》的要求，我国建立了由国务院向全国人大常委会报告国有资产管理情况制度。主要包括如下几个方面：

第一，采取综合报告和专项报告相结合的方式。综合报告全面反映各类国有资产的基本情况，专项报告分别反映企业国有资产（不含金融企业）、金融企业国有资产、行政事业性国有资产、国有自然资源等国有资产管理情况。各类国有资产报告要汇总反映全国情况。企业国有资产（不含金融企业）、金融企业国有资产报告以中央本级情况为重点。在每届全国人大常委会任期内，届末年份，由国务院向全国人大常委会提交书面综合报告并进行口头报告；其他年份，在提交书面综合报告的同时就一个专项情况进行口头报告。

第二，在借鉴现有法律法规确定审议程序的基础上，制定国有财产管理情况报告的审议程序，明确全国人大常委会视情况需要可以综合运用专题询问、质询和特定问题调查等方式，从而强化监督力度。

第三，明确规定报告重点。就国有企业而言，主要包括总体资产负债，国有资本投向、布局和风险控制，国有企业改革，国有资本监管，资产处置和收益分配，境外投资形成的资产，企业高管薪酬等情况。

第四，明确规定了审议重点。主要包括：①贯彻落实党中央有关国有资产重大决策部署和方针政策情况；②有关法律实施情况；③全国人大常委会有关审议意见和决议落实情况；④完善国有资产管理体制，落实党中央有关国有资产和国有企业改革方案情况；⑤国有资本服务国家战略目标，提供公共服务、发展重要前瞻性战略性产业、保护生态环境、支撑科技进步、保障国家安全等情况；⑥国有资本保值、增值，防止国有资产流失制度的建立和完善，国有企业兼并重组、破产清算等国有资产处置以及国有资产收益分配情况；⑦推进绿色发展和生态文明建设情况；⑧有关审计查出问题整改情况；⑨其他与国有资产管理有关的重要情况。

相应的，地方各级政府根据国有企业中央与地方"分别所有"的原则也要建立国有企业出资人机构定期向同级人大报告国有企业重大事项制度。

当然，这项制度尚处于改革起步阶段，还存在诸多不足。主要包括如下：①《意见》主要针对国务院国资委管理的国有企业，还没有完全涵盖其他国有企业。而这需要伴随企业国有资本出资人、国有资本监管等制度改革而同步推进。②《意见》主要针对中央层面的国有企业，还没有完全在地方国有企业中推开。而这需要伴随着中央与地方财权与事权等领域的改革而同步推进。③《意见》尚是"指导意见"形式，还没有完全从立法层面上予以明确规定，并加以制度化。对此，在完善以宪法为核心的法律体系基础上，对国有企业加以国家公私产区别法律规制，并以此立法理念加强人大对国有企业的监督立法，形成适应市场经济条件，能够满足国有企业需要的良法，将企业国有资本出资人机构向人大报告并接受人大审议等加以法律化、制度化等。

（二）政府特设机构对国有企业的监督

企业国有资本出资人机构一般均为政府授权的相关部门或机构。因此，政府对国有企业的监督更多地来自于政府特设机构，如审计部门、监察部门等，而不是国有企业内部治理意义上的出资人机构的股东性质的监督。比如，在美国和德国，国有企业要受到审计署等特设机构的监督。加拿大联邦政府拥有四十多家全资国有企业，这些全资国有企业均要受到总督、国库委员会、主管部长和财政部等监管。

在我国，政府特设机构对国有企业的监督有自身特点。主要包括如下几个方面：①审计部门对国有企业的审计监督；②新近组建的国家监察委员会对国有企业公职人员的人事监督；③国资委对国有企业专司国有资本监管职能。从目前来看，国资委既履行企业国有资本出资人职能，又履行国有资本监管职能。笔者建议，基于中国现阶段的国有企业情况，由财政部门统一行使企业国有资本出资人职能，国资委专司国有资本监管职能。[1]比如，国资委通过建立国有企业信息公开平台，披露国有资本整体运营和监管、企业治理结构、经营情况、财务情况、关联交易、企业高管薪酬等信息，以此加强对国有企业的监督等。

除此以外，政府还通过外派外部董事和外部监事的方式加强对国有企业的监督，这也是国际惯例，比如德国联邦政府通过派驻监事会的政府代表控制监事会等。在我国，目前国资委和财政部门对国有企业均有外派外部董事和外部监事的做法。随着国有企业改革到位，一旦财政部门统一履行国有资本出资人职能，便应由专司国有资本监管职能的国资委负责外派外部董事和外部监事事宜。

---

〔1〕　参阅本书第五章"企业国有资本出资人"的相关内容。

（三）司法机关对国有企业的监督

司法机关的监督关键在于司法机关与其他国家机关权力合理配置以及司法独立性问题。司法机关对国有企业的监督也不例外。对此，理论界和立法都没有问题，但要考虑到中国社会转型期政治权威主导的改革路径依赖背景下的法治回应。[1]

司法机关对国有企业的监督除了一般意义上的涉及国有企业司法程序的被动监督外，更需要基于公益诉讼的主动监督机制。所谓公益诉讼，是指有权国家机关、社会组织或公民个人根据法律授权，对侵犯国家利益和社会公共利益的与其自身没有直接利害关系的违法行为，向法院或违宪审查机构提起诉讼的一种法律制度。[2]

国有企业的性质决定了国有资产容易流失，以及基于国有资产权益损害的权利诉求缺位。因此，构建包括国有企业在内的国有财产公益诉讼制度是相当必要的，尤其是基于我国国有企业比重过高，以及社会转型期进一步深化国有企业改革的背景。

国有企业公益诉讼的主体主要包括检察院、国资监管机构和财政部门等，以及包括工会在内的社会组织和公民个人，尤其是要确立检察机关对国有企业的公益诉讼制度。2000年，最高人民检察院颁布《关于强化检察职能、依法保护国有资产的通知》，赋予了检察机关的公益诉讼主体资格。2018年颁布的《最高人民法院最高人民检察院关于检察公益诉讼案件适用法律若干问题的解释》等进一步确立了检察机关的公益诉讼制度。

除此以外，还需要从公益诉讼的举证责任、诉讼费用分担、激励机制等方面进一步完善公益诉讼制度。[3]针对国有企业的性质和特点，通过构建并完善国有企业的公益诉讼制度，充分发挥司法机关在国有企业司法程序中的最后公正裁判功能和司法监督功能。

---

〔1〕 参见李昌庚："中国社会转型的路径依赖及其法治回应"，载《青海社会科学》2016年第2期。

〔2〕 李昌庚：《国有财产法基本制度研究——"国有资产法"正本清源之二》，法律出版社2015年版，第359页。

〔3〕 具体参见李昌庚：《国有财产法基本制度研究——"国有资产法"正本清源之二》，法律出版社2015年版，第370~375页。

第七章 国有企业高管业绩考核与薪酬激励

Chapter 7

一般而言，企业高级管理人员有广狭义之分，狭义上仅指经理层，主要包括总经理（总裁）、副总经理（副总裁）以及公司总会计师、总工程师、总经济师、总法律顾问（"四总"）等；广义上主要包括董事长、副董事长、董事（不含外部董事和职工董事）、总经理（总裁）、副总经理（副总裁）、监事会主席（监事长）以及企业总会计师、总工程师、总经济师、总法律顾问（企业"四总"）、董事会秘书等。但在我国，国企高管还涉及企业党委及其党委书记。本书将从广义上理解国企高管。

国企高管业绩考核及其薪酬激励一直是我国国有企业改革的一大热点问题。关于国企高管业绩考核及其薪酬激励，经管学界讨论得较多，而法学界则较少讨论此问题。为此，本书试图从法学视角跨学科作出回应。

第一节 国有企业高管业绩考核 *

一、国有企业高管业绩考核法律规制的可行性与特殊性

对于一般意义上的普通商事企业而言，企业高管主要通过公司法、合伙企业法等私法规范得以调整，企业高管业绩考核及其薪酬激励在股东意思自治、公司治理中得到有效管制，因而就没有凸显所谓的企业高管业绩考核问题。但国有企业不同于一般意义上的普通商事企业，国有企业股东因具有特殊性而很容易产生"内部人控制"问题，国有企业高管所涉及的业绩考核及其薪酬激励等诸多问题并非是市场自身的力量，以及股东意思自治、公司治

---

* 本章节以"国企高管业绩考核机制的法律规制与完善路径"为题发表于《法治现代化研究》2020年第2期。

理及其相应的私法规范所能解决的，更多地需要国有企业特殊立法等公法规范以及公权力规制等加以解决。在国有企业改革尚未完全到位，尤其是还存在商业竞争类与非商业竞争类大量混合的情形下，在国有企业特殊立法等公法规范尚不完善的情况下，在公权力规制不足的背景下，国有企业高管业绩考核及其薪酬激励问题尤为凸显。随着社会的发展，逐步通过科学和法律这些理性与和平的工具改良世界已经成为主流。[1] 因此，将国有企业高管业绩考核纳入法制轨道就成了必然，法律规制也就成了国有企业高管业绩考核的重要选项，这也是国有企业高管薪酬激励制度事前法律规制的重要步骤和内容。

即便我国国有企业改革到位，主要作为特殊企业的国有企业高管业绩考核相比较普通商事企业而言，其法律规制的必要性与可行性仍显得更为重要。因为国有企业遵行的主要是行政型治理模式，其内部治理仅具有相对性，更多地依赖外部治理；而普通商事企业遵行的是市场型治理模式，市场机制及其企业内部治理发挥了重要作用。相应的，国有企业高管业绩考核主要靠外部治理加以管控，其中的关键是公权力制度安排及其法律规制。从表面上看，公权力制度安排对于国有企业似乎非常重要，但公权力一旦脱离了法律规制便可能成为"魔鬼"，尤其是具有公权力属性的国有企业与公权力的牵连。因此，国有企业的公权力制度安排最终仍然依赖法律规制。国有企业高管业绩考核也不例外。这恰是我国社会转型全面深化改革及其国家治理现代化的重要缘由所在。

因此，国有企业高管业绩考核的法律规制有其特殊性。主要表现在如下几个方面：①主要表现为公法规范。在市场经济社会，国有企业主要被作为特殊企业，有其公权力属性及其公共利益目标和价值取向。从发达国家的法律传统来看，法律存在的目的主要在于确认和保护个人利益，[2] 基本目标主要是维护私人财产权。[3] 因而，作为特殊企业的国有企业不同于普通商事企

---

〔1〕 参见［法］菲利普·尼摩：《什么是西方》，阎雪梅译，广西师范大学出版社2009年版，第197页。

〔2〕 See Roscoe Pound, *the Spirit of the Common Law*, William S. Hein & Co., Inc., Buffalo, New York, 1995, p. 100.

〔3〕 See Roscoe Pound, *the Spirit of the Common Law*, William S. Hein & Co., Inc., Buffalo, New York, 1995, p. 144.

业，有其特殊立法要求，主要表现为特殊的公法规范。②主要表现为行政规章形式。无论是在国际上还是在国内，随着国有企业改革变迁，加之公权力属性等因素，国有企业立法位阶普遍不高，更多的是行政规章形式，效力层级低。尤其是国有企业高管业绩考核，不仅受到国有企业改革的影响，而且还受到国有企业高管身份属性的影响，因而更多地表现为部门规章和地方规章等行政规章立法模式。但随着国有企业改革的逐步到位，以及法治化进程的推进，相关国有企业立法位阶也将初步提高，但行政规章形式仍是其重要形式。③具有相对性和间接性。国有企业股东的特殊性很容易催生"内部人控制"问题。产权理论认为，国有产权外部性较大，因而缺乏效率。正如张五常所言，由私人拥有的资源常常会被配置到最有价值的用途上去。[1]因而，国有企业混合所有制的产权改革以及公权力制度安排仍是解决国有企业高管业绩考核问题的前提和基础，而公权力制度安排背后最终又取决于法律规制，因而，具有相对性和间接性。这也是国有企业立法的普遍特征。

二、国有企业高管业绩考核法律规制的缺陷与不足

关于国有企业高管业绩考核的法律规制，除了《企业国有资产法》外，主要表现为部门规章和地方规章。现有《企业国有资产法》第 27 条仅作了原则性规定，即"国家建立国家出资企业管理者经营业绩考核制度。履行出资人职责的机构应当对其任命的企业管理者进行年度和任期考核，并依据考核结果决定对企业管理者的奖惩。履行出资人职责的机构应当按照国家有关规定，确定其任命的国家出资企业管理者的薪酬标准"。

2003 年，国资委颁布了《中央企业负责人经营业绩考核暂行办法》（已失效）。该法随后经历了 2006 年、2009 年、2012 年等多次修订。2006 年修订该法时，在考核指标上增加了分类指标内容，主要包括：针对企业管理"短板"，强化对技术创新能力、资源节约和环境保护能力、可持续发展能力和核心竞争力等方面的考核。2010 年以前，年度考核指标为年度利润总额和净资产收益率，任期考核指标为国有资产保值增值率和主营业务收入平均增长率。我国于 2009 年修订该法，用经济增加值（EVA）取代了净资产收益率，引导国企高管追求股东价值最大化。2012 年修订该法时，将任期考核指标改为国

---

〔1〕 郭广辉、王利军：《我国所有权制度的变迁与重构》，中国检察出版社 2005 年版，第 95 页。

有资本保值增值率和总资产周转率。2016 年《中央企业负责人经营业绩考核办法》发布，规定对中央企业进行分类考核，并把考核结果等级由五级变为四级。2019 年修订该法时，突出考核指标的高质量发展理念引导；进一步加强国际对标行业的对标应用；进一步深化分类考核和差异化考核等。

相应的，地方各级政府关于地方国有企业高管业绩考核也出台了相应规定。比如，《湖北省人民政府国有资产监督管理委员会出资企业负责人经营业绩考核办法》《江苏省省属企业负责人经营业绩考核暂行办法》《威海市市属国有企业负责人经营业绩考核暂行办法》等。

不可否认，上述立法修订不断完善。但我国国有企业在市场经济社会作为特殊企业的特征尚不明显，还没有与普通商事企业严格区别法律规制，我国这种以法律规范为辅、行政规章为主的国有企业立法模式容易导致政出多门、立法冲突、衔接不畅、体系化欠缺等弊端。[1] 具体从国有企业高管业绩考核来看，上述法律规制主要存在如下不足：

（一）考核体系不统一

基于企业国有资本出资人不统一等因素，我国并没有将国资委管辖的国有企业和财政部门管辖的国有企业纳入统一考核体系中。2003 年国资委颁布的《中央企业负责人经营业绩考核暂行办法》（已失效）（包括 2006 年、2009 年和 2012 年的修订），以及 2016 年颁布、2019 年修订的《中央企业负责人经营业绩考核办法》等均是针对国资委管辖的中央企业，并不涉及财政部门管辖的中央企业，如国有文化企业、金融企业等。这种分类考核并非基于国有企业经营领域性质、功能和市场定位差异性，而是基于企业国有资本出资人不统一等因素，人为造成了国有企业负责人业绩考核及其立法不统一问题。虽然财政部门管辖的某些企业（如金融企业、文化企业等）存在一些特殊性，但这种考核及其立法不统一从其考核标准等因素来看并非科学合理。

虽然 2008 年颁布的《企业国有资产法》和 2016 年颁布的《关于完善中央企业功能分类考核的实施方案》涉及所有国有企业，但《企业国有资产法》第 27 条对国有企业管理者经营业绩考核仅作了原则性规定，国资委和财政部联合发布的《关于完善中央企业功能分类考核的实施方案》也只是规范性文

---

〔1〕 参见蒋大兴：“超越国企改革的观念谬误”，载《中国法律评论》2016 年第 2 期。

件，如何协调上述规定与国资委颁布的《中央企业负责人经营业绩考核办法》的关系，以及如何统一适用国资委和财政部门管辖的国有企业考核问题等，还有待于进一步改革和厘清。

（二）考核主体科学性有待商榷

第一，考核主体不统一。从《企业国有资产法》和《关于完善中央企业功能分类考核的实施方案》来看，由履行企业国有资本出资人职责的机构负责国企高管业绩考核。由于企业国有资本出资人机构不统一，导致考核主体不统一。国资委和财政部门分别负责对其管辖的国企高管业绩进行考核，《中央企业负责人经营业绩考核办法》更是明确规定由国资委对其管辖的中央企业负责人进行考核。这种由企业国有资本出资人不统一导致的考核主体不统一是否科学有待商榷。

第二，企业国有资本出资人能否作为考核主体。一般而言，作为企业股东对其推荐或任免的管理者进行考核是没有异议的。但对于国有企业而言，国有企业的性质决定了其产权主体容易虚置，尽管立法明确了企业国有资本出资人机构，也只具有相对意义。国有企业股东的特殊性容易导致"内部人控制"问题。在此背景下，尤其是在公权力及其公共利益缺乏有效管制的情况下，由国家授权的企业国有资本出资人负责国有企业及其高管的业绩考核并非最佳方案，容易发生内部人自我考核的现象，易使考核流于形式。实践也证明了这一问题的存在。

（三）考核对象存在歧义

2008年颁布的《企业国有资产法》第27条规定，履行出资人职责的机构应当对其任命的企业管理者进行年度和任期考核，并依据考核结果决定对企业管理者的奖惩。2016年颁布的《关于完善中央企业功能分类考核的实施方案》也表达了同样观点，即由履行出资人职责的机构对其任命的企业负责人进行年度和任期考核，并依据考核结果决定对企业负责人的奖惩。两者均强调"由履行出资人职责的机构对其任命的企业负责人进行年度和任期考核"。这对于国有独资企业和国有独资公司并没有问题，但对于多个国有投资主体的有限责任公司和国有控股公司而言，虽由履行国有资本出资人推荐相关负责人人选，但却存在履行股东（大）会、董事会选举或聘任程序的情形，而这类负责人理应被纳入考核对象范围。如果严格执行上述规定，则显然可能存在考核对象盲区或遗漏现象。因而，上述规定强调"任命"，是欠妥的。

2012年修订的《中央企业负责人经营业绩考核暂行办法》（已失效）第2条规定，本办法考核的中央企业负责人是指经国务院授权由国资委履行出资人职责的国家出资企业的下列人员：①国有独资企业的总经理（总裁、院长、局长、主任）、副总经理（副总裁、副院长、副局长、副主任）、总会计师；②国有独资公司的董事长、副董事长、董事（不含外部董事和职工董事），列入国资委党委管理的总经理（总裁、院长、局长、主任）、副总经理（副总裁、副院长、副局长、副主任）、总会计师；③国有资本控股公司国有股权代表出任的董事长、副董事长、董事，列入国资委党委管理的总经理（总裁、院长、局长、主任）、副总经理（副总裁、副院长、副局长、副主任）、总会计师。有学者进而简要归纳为：由国有股权代表出任的董事会成员（董事长、副董事长、董事）；列入国资委党委管理的总经理（总裁）、副总经理（副总裁）、总会计师。[1] 相比较而言，上述规定比较具体、明确，但却有可能难以涵盖全部考核对象。比如，某些国有独资企业也存在董事长、董事，虽然这类企业均要面临着公司化改制的问题；又如，企业"四总"除了总会计师，在有些企业有可能出现总工程师、总经济师或总法律顾问；又如，有些国有企业董事长或总经理如果不是中共党员的话，就会出现没有兼职的党委书记；又如，并未涵盖监事会主席（监事长）、董事会秘书等。

2016年颁布、2019年修订的《中央企业负责人经营业绩考核办法》取代了2012年修订的《中央企业负责人经营业绩考核暂行办法》。该法第2条规定，本办法考核的中央企业负责人，是指经国务院授权由国务院国有资产监督管理委员会履行出资人职责的国家出资企业中由中央和国资委管理的人员。应当说，上述关于考核对象的规定是比较科学合理的。但问题是，该法是国资委颁布的部门规章，却与作为上位法的人大制定的《企业国有资产法》相冲突，两者的内涵和外延范围存有差异。而且，该法只针对国资委管辖的中央企业，并不涉及财政部管辖的中央企业。同时，该法还与国资委与财政部联合发布的《关于完善中央企业功能分类考核的实施方案》相冲突。

---

[1] 史际春等：《企业国有资产法理解与适用》，中国法制出版社2009年版，第166页；汪立鑫编著：《国有资产管理：理论、体制与实务》，上海人民出版社、格致出版社2011年版，第138页。

（四）分类考核实施不到位

在发达国家，国企高管普遍采取参照公务员、市场化等类别进行分类管理、分类考核，并实行严格的信息披露制度。市场化机制进一步完善的我国也不例外。在市场经济社会，基于公益类、商业一类（一般竞争类）和商业二类（特定功能类）的不同分类，国有企业的市场定位、承担的目标和任务、垄断程度、社会责任等方面均存在很大的差异性，国有企业高管是通过组织任命还是通过职业经理人市场选聘也有很大差异。然而，自从推行对国有企业高管经营业绩进行考核以来，我国并没有充分考虑到国有企业市场垄断程度、行业特点、市场基础、企业定位等因素，并没有对国有企业及其高管进行分类考核，从而导致国有企业及其高管经营业绩考核缺乏科学性和合理性。2003 年颁布并于 2006 年、2009 年、2012 年历经多次修订的《中央企业负责人经营业绩考核暂行办法》（已失效）并没有对分类考核进行相应的规定。

尽管 2016 年颁布的《中央企业负责人经营业绩考核办法》《关于完善中央企业功能分类考核的实施方案》等从国有企业功能分类角度对国有企业及其高管分类考核作出了规定，有些地方立法也作出了相应规定，如《江苏省省属企业负责人经营业绩考核暂行办法》等，尤其是 2018 年修订的《中央企业负责人经营业绩考核办法》对此作了更为详细的规定。但由于国有企业改革不到位等历史原因，加以分类考核起步较晚，国有企业市场定位尚未完全明晰，国有企业经营领域过宽，如何对国有企业按照公益类、商业一类（一般竞争类）和商业二类（特定功能类）进行分类也是国资委和财政部门等实务部门十分纠结的话题。理论上好说，但在实践中难以厘清，从而影响到了国有企业高管分类考核。

此外，对于组织任命和市场选聘的国有企业高管在业绩考核等方面边界模糊，并没有严格区分，也没有严格进行分类考核，从而不利于国有企业高管经营业绩考核的科学性和合理性。对此，《中央企业负责人经营业绩考核办法》和《关于完善中央企业功能分类考核的实施方案》等也只是从国有企业功能分类角度对国有企业分类考核加以规定，但并没有从国有企业高管身份性质角度进一步作出分类考核规定。

（五）考核指标偏重财务指标、忽视非财务指标

国有企业高管经营业绩考核指标分为年度经营业绩考核指标和任期经营业绩考核指标。年度经营业绩考核指标包括基本指标和分类指标，其中，基

本指标包括年度利润总额和经济增加值；分类指标根据企业所处行业的特点，综合考虑反映企业经营管理水平、技术创新投入及风险控制能力等因素确定。任期经营业绩考核指标也包括基本指标和分类指标，其中，基本指标包括国有资本保值增值率和总资产周转率；分类指标根据企业所处行业的特点、发展阶段、管理短板和产业功能等，综合考虑反映企业技术创新能力、资源节约和环境保护水平、可持续发展能力和核心竞争力等因素确定。[1]

从理论上说，指标体系分为基本指标和分类指标，其设计越来越科学合理。从基本指标来看，年度经营业绩考核指标用经济增加值取代了净资产收益率；将任期考核指标改为国有资本保值增值率和总资产周转率等；从分类指标来看，分类指标越来越完善。但在实践中，往往偏重于财务指标，忽视非财务指标。财务指标过分依赖会计数据，容易导致国有企业高管短期行为，引起国有企业高管经营业绩不实，也容易忽视利益相关者利益，如股东、债权人、顾客、企业员工、竞争对手、政府等，从而影响到了国有企业的市场功能定位，影响到了企业的创新能力、未来发展能力、核心竞争能力、环保能力、人力资源状况等。

之所以如此，主要原因在于：在财务指标相对容易量化考核，而非财务指标相对难以量化考核操作的情况下，一旦国有企业市场功能定位尚未完全厘清、国有企业依然会进入一些不必要进入的市场竞争领域、国有企业尚未完全推行分类考核、国有企业高管激励方式以及公权力制约的民主法治化水平尚未完全跟进，必然容易导致偏重财务指标、忽视非财务指标等问题。

（六）考核评价与激励机制相关度不够

国有企业高管激励机制主要包括薪酬激励和职务晋升激励。国有企业性质决定了国有企业高管往往更看重政治上的职务晋升激励，这也成了国有企业高管最重要、最有效的激励方式。

在实践中，国有企业高管经营业绩考核评价与激励机制相关度不够，薪酬不能真实地反映企业的绩效和高管的贡献。[2]主要包括如下几点：一是考核评价侧重财务指标、忽视非财务指标，从而导致考核评价结果欠缺科学性、合理性，由此影响到了激励机制相关度。二是姑且不论考核评价结果是否科

---

〔1〕 参见史际春等：《企业国有资产法理解与适用》，中国法制出版社 2009 年版，第 166~167 页。
〔2〕 蒋建湘："国企高管薪酬法律规制研究"，载《中国法学》2012 年第 1 期。

学合理，由于国企高管薪酬制度本身存在一些不足，比如国有企业高管薪酬相比较国际企业总体水平偏低，且又存在部分国有企业高管薪酬过高、业绩与薪酬结构不合理和总体反差过大等问题，业绩考核评价结果与国有企业高管薪酬水平的相关度并不是很高。三是虽然国有企业高管职务晋升也考虑到了考核评价结果，但国有企业公权力性质等因素决定了国有企业高管职务晋升更多地由党委政府综合政治素质等其他诸多因素决定。

考核评价偏重财务指标、忽视非财务指标，以及考核评价与激励机制相关度不够，容易造成国有企业高管短期行为。国有企业高管更看重政治上的职务晋升，而职务晋升并非完全取决于经营业绩考核评价结果，还受到其他诸多因素的影响，从而导致国有企业高管不同于职业经理人，其任期普遍很短。根据有关数据统计，国有企业高管实际平均任期仅为 3.73 年，而获得晋升的国有企业高管的任期则更短，平均为 3.03 年。[1] 这势必会导致国有企业高管的短期行为。这种短期行为更容易造成国有企业高管关注财务指标，而不是非财务指标，从而不利于企业研发投入、长远发展和社会责任等。实践也证明，国有企业高管的晋升激励对企业研发投入的影响显著为负。[2]

三、国有企业高管业绩考核法律规制的修正与完善

修正与完善国有企业高管业绩考核法律规制是应然选择。固然，立法需要追求精确性，但在有些情况下，用一项精确的法律代替一项模糊的法律并不一定会使一个社会更加接近法治理想。[3] 尤其是对于国有企业高管业绩考核问题。

我国国有企业科学立法的前提和基础在于国有企业改革要到位、国有企业按照特殊企业与普通商事企业要区别法律规制，以及对现有立法的清理等。鉴于我国仍处于包括国有企业改革在内的全面深化改革阶段，国有企业处于动态变化中，加之国有企业公权力属性、法治化水平等因素，现阶段有关国

---

〔1〕俞鸿琳、张书宇："高管晋升激励、考核机制与国有企业研发投入"，载《经济科学》2016年第 5 期。

〔2〕俞鸿琳、张书宇："高管晋升激励、考核机制与国有企业研发投入"，载《经济科学》2016年第 5 期。

〔3〕[英] 蒂莫西·A. O. 恩迪科特：《法律中的模糊性》，程朝阳译，北京大学出版社 2010 年版，第 241 页。

有企业方面的立法多体现为规范性文件，具有较强的政策性、动态性、相对模糊性等特点。这是此阶段立法的重要特征。从长远来看，在市场经济社会，我国国有企业立法应当采取特殊企业立法模式，主要包括国有企业基本法、单行法和特别法等。对此，应当秉承这种阶段性立法理念，不断修正与完善国有企业高管业绩考核法律规制，包括但不限于《企业国有资产法》《中央企业负责人经营业绩考核办法》等。

（一）统一考核主体，构建统一考核体系

无论是《企业国有资产法》《中央企业负责人经营业绩考核办法》还是国资委、财政部联合发布的《关于完善中央企业功能分类考核的实施方案》等，均明确规定由企业国有资本出资人进行考核。但由于我国企业国有资本出资人职能分别由国资委、财政部门履行，从而导致国有企业及其高管经营业绩分别由不同主体考核，国有企业存在不同的考核体系。

问题的症结在于企业国有资本出资人职能分别由不同机构履行。笔者建议，除了国有自然资源出资人职能由新近成立的自然资源部履行外，其他所有国有企业的企业国有资本出资人职能统一由财政部门履行，国资委不再履行出资人职能，而仅履行纯粹的国有资本监管职能。[1]

虽然股东有权考核监督企业及其由股东推荐的高管，但并不能完全涵盖所有企业及其高管，而且国有企业公权力性质决定了由国家授权履行国有资本出资人职能的机构进行考核监督并不是最佳方案。在我国现阶段，在由国家授权履行国有资本监管职能的机构存在的情形下，宜由专司国有资本监管职能的机构负责国有企业及其高管经营业绩考核。这既不违背国有企业性质基于国家授权的本质特性，也符合国有股东的本质特性。因此，笔者建议，由改革后的专司国有资本监管机构的国资委统一负责国有企业及其高管经营业绩考核，从而构建统一的国有企业考核体系。这也符合国资委的专司国有资本监管职能的特点。为此，《企业国有资产法》《中央企业负责人经营业绩考核办法》等相关立法需要做出相应的修订。当然，这要取决于我国企业国有资本出资人及其监管职能等领域的国有企业改革程度。

---

〔1〕 参见李昌庚：“企业国有资本出资人：国际经验与中国选择”，载《法学论坛》2014 年第 2 期；李昌庚：《国有财产法基本制度研究——“国有资源法”正本清源之二》，法律出版社 2015 年版，第 78~83 页。

（二）避免立法冲突，明确考核对象

毫无疑问，考核对象是国有企业高管。但在我国经济体制改革及其国有企业改革变迁的不同历史发展阶段，国有企业高管的内涵和外延也发生了不同的变化。在市场经济社会，基于国有企业性质及其考核要求，应当从广义上理解国有企业高管，主要包括董事长、副董事长、董事（不含外部董事和职工董事）、总经理（总裁）、副总经理（副总裁）、监事会主席（监事长）以及企业总会计师、总工程师、总经济师、总法律顾问（企业"四总"）、董事会秘书，及企业党委书记、党委副书记等。

在市场经济社会，上述国有企业不再以简单的传统"任命"方式选定高管，而是基于不同国有企业类型设置不同的产生程序，国有企业性质决定了国有企业高管均存在国有股东及其政府管理的现象。但是，一旦国有企业改革到位，确定由财政部门统一履行企业国有资本出资人职能，由国资委统一履行纯粹的国有资本监管职能，国有企业高管产生主体及其程序也会发生变化。

因此，应当对相关立法进行修订，避免立法冲突，协调相关立法关系，明确考核对象。具体而言，从当下来看，主要包括如下两点：一是修订《中央企业负责人经营业绩考核办法》第2条；二是修订《企业国有资产法》第27条和《关于完善中央企业功能分类考核的实施方案》第四部分内容。从长远来看，该问题还有待于未来国有企业基本法、单行法和特别法等加以明确规定。

（三）建立健全分类考核制度

在市场经济社会，基于国有企业功能定位不同，以及国有企业高管身份性质存在差异性等因素，对国有企业及其高管经营业绩进行分类考核是相当有必要的。具体而言，国有企业高管分类考核制度主要包括两个层次：

1. 国有企业高管从国有企业功能分类视角的分类考核

根据《中央企业负责人经营业绩考核办法》《关于完善中央企业功能分类考核的实施方案》等规定，针对国有资本的战略定位和发展目标，结合企业实际，对不同功能和类别的企业，突出不同考核重点，合理设置经营业绩考核指标及权重，确定差异化考核标准，实施分类考核。这种分类考核主要包括如下几个方面：

（1）对主业处于充分竞争行业和领域的商业一类（一般竞争类）国有企业，以增强国有经济活力、放大国有资本功能、实现国有资本保值增值为导向，重点考核企业经济效益、资本回报水平和市场竞争能力，引导企业提高资本运营效率，提升价值创造力。鼓励企业积极承担社会责任。

（2）对主业处于关系国家安全、国民经济命脉的重要行业和关键领域、主要承担重大专项任务的商业二类（特定功能类）国有企业，以支持企业可持续发展和服务国家战略为导向，在保证合理回报和国有资本保值增值的基础上加强对服务国家战略、保障国家安全和国民经济运行、发展前瞻性战略性产业以及完成重大专项任务情况的考核。适度调整经济效益指标和国有资本保值增值率指标考核权重，合理确定经济增加值指标的资本成本率。承担国家安全、行业共性技术或国家重大专项任务完成情况较差的企业，无特殊客观原因的，在业绩考核中予以扣分或降级处理。

（3）对公益类企业，以支持企业更好地保障民生、服务社会、提供公共产品和服务为导向，坚持经济效益和社会效益相结合，把社会效益放在首位，重点考核产品服务质量、成本控制、营运效率和保障能力。根据不同企业特点，有区别地将经济增加值和国有资本保值增值率指标纳入年度和任期考核，适当降低考核权重和回报要求。对社会效益指标引入第三方评价，评价结果较差的企业，根据具体情况，在业绩考核中予以扣分或降级处理。

除此以外，对于国有资本运营公司、科技进步要求高的企业、结构调整的企业、节能环保的企业、国际化经营的企业等各种特殊要求的国有企业，对其高管业绩考核都要有特别要求。[1]

当然，这种分类考核还要取决于国有企业的合理市场定位、企业国有资本出资人职能和监管职能转型，以及相应的国资委和财政部门的职能转型等领域的改革程度。

2. 国企高管从其身份性质视角的分类考核

国有企业的公权力属性决定了国企高管普遍受到政府影响，尤其是公益类或特定功能类国有企业，主要通过组织任命或提名推荐等方式产生，并纳入组织管理体制内。这也符合股东的性质及其权利要求。这也是国际通例。

---

[1] 以上内容参见《中央企业负责人经营业绩考核办法》第11~21条、《关于完善中央企业功能分类考核的实施方案》等。

对此，有学者认为，应让国企高管成为纯粹的经理人，改变由政府任命制，由市场选拔，这是国企高管考核的根本所在。[1]很显然，这种说法既没有考虑到国有企业性质的特殊性及其不同功能类型，也没有考虑到股东性质及其权利要求，同时也没有考虑到我国社会转型期背景下的特殊需要。

当然，在市场经济社会，根据国有企业的不同功能分类，国企高管也存在市场化选聘等方式，主要存在于商业类国有企业，尤其是其中处于充分竞争领域的商业一类（一般竞争类）国有企业。但这类国有企业在市场经济社会并不占据主导，并随着市场经济发展和国有企业改革深化，这类国有企业原则上要逐步退出一般市场竞争领域。

组织任命或提名推荐的国企高管与市场选聘的国企高管在身份性质上存在差异。前者一般具有公务员或准公务员身份性质；后者则具有职业经理人身份性质。因此，要对组织任命或提名推荐的国企高管和市场选聘的国企高管进行分类考核评价。前者应当参照国家公务员考核评价体系进行考核；后者则应当按照市场化职业经理人考核评价体系进行考核。

国企高管第二层次分类考核应当建立在第一层次分类考核的基础上，是第一层次分类考核的进一步延伸。

从现有的立法和政策文件来看，《中央企业负责人经营业绩考核办法》和《关于完善中央企业功能分类考核的实施方案》等相关立法和规范性文件目前主要从国有企业功能分类角度对国有企业分类考核加以规定，还没有明晰从国企高管身份性质角度进一步作出分类考核规定。对此，一方面，当前需要修订《中央企业负责人经营业绩考核办法》和《关于完善中央企业功能分类考核的实施方案》等相关立法和规范性文件；另一方面，还有待于未来的国有企业基本法、单行法等加以明确规定。

（四）建立特殊事项管理清单制度

根据《中央企业负责人经营业绩考核办法》第22条（原第16条）以及《关于完善中央企业功能分类考核的实施方案》第三部分的规定，为了进一步完善分类考核体系，有必要建立特殊事项管理清单制度，将企业承担的对经营业绩有重大影响的特殊事项列入管理清单，作为考核指标确定和结果核定

---

[1]　俞鸿琳、张书宇："高管晋升激励、考核机制与国有企业研发投入"，载《经济科学》2016年第5期。

的重要参考依据。

纳入清单的特殊事项主要包括：

（1）保障国家安全。具体包括：①国防安全。在推进军民融合深度发展、完善武器装备科研生产体系、国防动员体系、交通战备及国家安全建设等方面承担的任务。②能源资源安全。在重要能源资源勘查、开发、运输、建设、储备等方面承担的任务。③粮食安全。在落实国家宏观调控任务，稳定市场供应等特殊时期承担的任务。④网络与信息安全。在网络与信息安全等方面承担的任务等。

（2）提供公共服务。承担政府赋予的部分公共服务职能。主要包括电网领域的农村电网改造、电网建设与相关技术研发、生产调度和安全质量、普遍服务等；电信领域的村村通工程、互联互通和普遍服务等；铁路、邮政领域的普遍服务等。

（3）发展重要前瞻性战略性产业。根据国家产业发展的需要，培育和发展新一代信息技术、节能环保技术、生物技术、高端装备制造、新能源、新材料、新能源汽车等战略性新兴产业。

（4）实施"走出去"重大战略项目。主要包括推进周边地区基础设施互联互通，控制境外重要能源资源，获取境外关键技术，带动我国装备、技术、标准出口等。

当然，随着市场经济的深化、社会经济的发展，以及国家战略需求变化等，纳入清单的特殊事项也会有所变化，从而使国有企业高管经营业绩考核更能适应社会发展需要和更加科学合理。但作为市场经济社会定位需要的国有企业，其高管业绩考核所建立的特殊事项管理清单制度的基本要素及其内容是大体相同的。

（五）完善指标体系，提高考核实施效果

国有企业高管经营业绩考核实行年度考核与任期考核相结合、结果考核与过程评价相统一、考核结果与奖惩相挂钩的考核制度。

年度经营业绩考核指标包括基本指标和分类指标。①基本指标。基本指标包括年度利润总额和经济增加值。利润总额是指经核定的企业合并报表利润总额，利润总额计算可以加上经核准的当期企业消化以前年度潜亏并扣除通过变卖企业主业优质资产等取得的非经常性收益。经济增加值是指经核定的企业税后净营业利润减去资本成本后的余额。②分类指标。分类指标根据企业所处行业特点，综合考虑反映企业经营管理水平、技术创新投入及风险控制能力等因素确定。

任期经营业绩考核指标也包括基本指标和分类指标。①基本指标。基本指标包括国有资本保值增值率和总资产周转率。国有资本保值增值率是指企业考核期末扣除客观因素后的国有资本及权益同考核期初国有资本及权益的比率。总资产周转率是指企业一定时期的销售收入净额与平均资产总额的比率。它是衡量资产投资规模与销售水平之间配比情况的指标。②分类指标根据企业所处行业特点、发展阶段、管理短板和产业功能等，综合考虑反映企业技术创新能力、资源节约和环境保护水平、可持续发展能力和核心竞争力等因素确定。[1]

财务指标过分依赖会计数据，容易引起国企高管短期行为和经营业绩不实，也容易忽视利益相关者利益。通过非财务指标可以适当加以修正和补充。因此，基于市场经济社会的国有企业定位，无论是年度经营业绩考核还是任期经营业绩考核，都要纠正偏重财务指标、忽视非财务指标的不良倾向，结合国有企业的不同功能类别，进一步完善基本指标和分类指标。

鉴于此，应将目前薪酬管理中对国企高管的考核重点从生产经营业绩调整为对履职情况进行全面综合考核评价。一方面，改进生产经营业绩考核，对不同功能性质的企业突出不同考核重点。比如，公益类国企把社会效益放在首位，重点考核产品服务质量、成本控制、营运效率和保障能力。商业一类（一般竞争类）国有企业重点考核企业经济效益、资本回报水平和市场竞争能力，引导企业提高资本运营效率，提升价值创造力。商业二类（特定功能类）国有企业在保证合理回报和国有资本保值增值的基础上，加强对服务国家战略、保障国家安全和国民经济运行、发展前瞻性战略性产业以及完成重大专项任务情况的考核等。另一方面，加强履行政治责任、社会责任等反映综合素质和能力情况的考核评价。对此，还需要从深化国有企业改革、国有企业分类考核以及公权力制约等方面提供相应的体制机制环境。

---

[1]　参见汪立鑫编著：《国有资产管理：理论、体制与实务》，上海人民出版社、格致出版社2011年版，第139~140页。

（六）提高考核评价与激励机制相关度

根据《中央企业负责人经营业绩考核办法》的规定，国企高管年度经营业绩考核和任期经营业绩考核等级分为 A、B、C、D 四个级别，改变了以前五个级别的做法，适当提高 A 级考核等级的国企高管绩效年薪挂钩系数。考核单位依据年度和任期经营业绩考核结果对企业负责人实施奖惩。经营业绩考核结果是企业负责人薪酬分配的主要依据和职务任免的重要依据。对此，《企业国有资产法》也作了类似原则性规定。

对于国企高管而言，激励方式包括物质激励和精神激励，其中主要包括职务晋升激励和薪酬激励。基于国有企业性质以及我国特殊的体制机制环境等因素，许多国企高管往往更看重职务晋升激励，容易导致短期行为。虽然我国从理论及其立法实践上明确了考核结果与奖惩挂钩，但实施效果并不理想。

如何确保考核结果与奖惩挂钩，提高考核评价与激励机制相关度，还需要从深层次的体制机制领域进行改革。一是进一步深化国有企业改革，合理界定国有企业市场定位，国有资本原则上逐步退出一般市场竞争领域；二是根据国有企业的不同功能分类，全面推行国有企业分类考核制度，从而针对不同类型的国有企业及其不同身份性质的国企高管采取有差别的考核机制和激励方式；三是基于分类考核制度，改善国企高管激励方式，从过分注重职务晋升向多元化激励方式转变；四是基于中国国情，循序渐进地构建有效的公权力制约机制，从而把国企高管有效纳入公权力制约体系内。唯有如此才能从根本上解决国企高管考核评价与激励机制相关度不足问题，提升两者的相关度水平；理性对待国企高管职务晋升激励方式及其短期行为，克服不应有的短期行为。

余　论

我们在寻求国企高管业绩考核问题的对策与答案时，经常发现问题的症结与答案时而跳出法律规制的范畴，由此也进一步验证了包括国企高管业绩考核在内的国有企业立法具有相对性特点。

对于国企高管业绩考核而言，除了法律规制外，国有企业在市场经济社会中的合理定位非常重要。如前所述，国有企业产权性质容易带来"内部人控制"问题，不能充分发挥产权"定分止争"的功能。如同亚里士多德所言：
"当每一个人有其明确的利益时，人们才不会彼此抱怨，而且他们将更进步，
因为所有人都会照顾其自己的事！"[1]由此决定了国有企业产权改革的必要
性，以此寻求国有企业在市场经济社会中的合理定位。

　　然而，有学者认为，在法治化水平不高的情况下，产权改革是极其困难
的。[2]固然，此话在不同语境下值得商榷，但可说明国有企业产权改革需要
相应的体制机制环境支撑。因为国企高管业绩考核问题在市场自身力量及其
私法规范等法律规制难以有效解决的情况下需要足够有效的监管。监管的一
个重要原因在于市场失灵，主要表现在修正外部性（externalities）和交易成本
的需要、集体行动问题、弥补信息不对称的需要、控制垄断权力的需要等。[3]
国企高管业绩考核监管尤其需要相应的公权力规制，无论是人大监督还是司
法审查等。司法审查能够规范地限制那些正式行政行为。[4]正如邓小平同志
所强调的，"我们所有的改革最终能不能成功，还是取决于政治体制改革"。[5]
这需要立足于中国的特殊国情，遵循历史惯性，以史为鉴，方能走得更稳、
更远！无论是国有企业产权改革还是社会主义政治体制改革均要基于中国国
情的理性路径选择，从而以较小的成本与代价实现国家治理现代化。我国国
有企业改革的路径选择即是例证。[6]诸如此类的话题均在此理。

第二节　国有企业高管薪酬激励

一、国企高管薪酬制度现状及其不足

　　改革开放以来，我国国有企业高管薪酬制度经历了承包责任制、租赁制

---

〔1〕　*Aristotle*，*Politics*，*The Basic Works of Aristotle*，trans. By Benjamin Jowett. ed. and introd，Richard
McKeon，Random House，1941，1263，at 25~29.

〔2〕　参见徐友渔："进入21世纪的自由主义和新左派"，载马立诚：《当代中国八种社会思潮》，
社会科学文献出版社2012年版，第340页。

〔3〕　See Stephen G. Breyer et al.，*Administrative Law and Regulatory Policy Problems*，*Text*，*and Cases*，
Wolters Kluwer Law & Business，2011，pp. 5~7.

〔4〕　See Kenneth F. Warren，*Administrative Law in the Political System*，Fourth Edition，Westview Press，
2004，p. 443.

〔5〕　《邓小平文选》（第3卷），人民出版社1994年版，第164页。

〔6〕　参见李昌庚："论中国国企改革路径依赖"，载《团结》2017年第3期。

和年薪制等一系列改革实践。其中，影响较大的是 1994 年从上海开始试点的年薪制。年薪制主要分为基本收入和风险收入两部分。其中，基本收入为本地区职工平均工资与本企业职工平均工资的平均数再乘以实现税利及资产规模调整系数；风险收入由企业资产经营目标及经济效益指标完成情况确定。[1]年薪制是我国国企高管薪酬制度的重大改革创新，但也存在诸多不足。比如，薪酬分配主要依靠行政手段，市场性较弱；业绩考核指标体系不完善，年薪制难以有效实施；固定部分比例高，而变动收入少，不利于创新和承担风险，激励性不足等。[2]随后，我国也开始在部分国有控股企业中借鉴源于市场经济发达国家的经理股票期权等薪酬激励制度。2004 年颁布的《中央企业负责人薪酬管理暂行办法》第 5 条规定，企业负责人薪酬由基薪、绩效薪金和中长期激励单元三部分构成。2009 年颁布的《关于进一步规范中央企业负责人薪酬管理的指导意见》对此也作了原则性规定。2018 年颁布了《中央企业工资总额管理办法》和《国务院关于改革国有企业工资决定机制的意见》，以及相应的地方立法规定，如《江苏省人民政府关于改革国有企业工资决定机制的实施意见》等，明确提出了进一步深化薪酬机制的市场化改革方向，进一步把内部分配权交给企业，分类实行差异化的工资总额管理方式和决定机制。

尽管我国国有企业高管薪酬制度及其立法做了许多改革探索，但仍存在诸多缺陷与不足。主要包括如下几个方面：

（1）国企高管身份模糊。在社会转型期，一方面国企高管该进行市场化选择的没有完全到位，另一方面国企高管不该进行市场化选择而应由政府主管部门任免的却又摇摆不定。由此导致国企高管身份模糊，具有市场化与行政化双重特征，进而致使国企高管薪酬制度设计的"主体资格确认问题"难以得到有效解决，其保留收入存在诸多不确定性，薪酬标准不合理，并进一步影响到国企高管薪酬激励的正当性与有效性。

（2）薪酬治理机制不完善。如同本书第六章所述，在社会转型期，我国国有企业改革及其外部治理环境尚未完全到位，从而导致国有企业内外部治

---

[1] 侯清麟：《国有企业经营者最优报酬激励机制研究》，湖南人民出版社 2007 年版，第 41 页。

[2] 李炳林、朱小会："国有企业经营者年薪制问题及对策"，载《产业与经济论坛》2007 年第 1 期。

理机制还不完善。一方面，某些国有企业的市场化公司治理存在行政干预下的"内部人控制"，公司治理结构弱化甚或虚化；另一方面，某些国有企业的行政治理存在摇摆不定的情形。因而，一方面，国有企业治理结构对其高管薪酬决定、约束和监管机制失灵，国资委、财政部门、董事会在国企高管薪酬决定机制方面容易流于形式。另一方面，政府主管部门基于维稳和传统道德舆论等压力下的公平偏好型国企高管薪酬规制成为主要选项，从而导致薪酬激励的效率与公平之间的张力更为明显。

此外，薪酬信息披露制度不健全。目前，针对国有控股公司高管薪酬信息披露的法律规定主要是《公司法》《证券法》中的相关规定，如《上市公司治理准则》《上市公司信息披露管理办法》等。但缺乏非上市的国有企业高管薪酬信息披露制度。即便是现有的《中央企业负责人薪酬管理暂行办法》等，对此也仅作了原则性规定，并无针对国有企业高管薪酬信息披露的详细规定。这是其一。其二，上述规定主要针对普通商事企业，而缺乏针对国有控股公司的区别性规制或特殊性规定，如国企高管职务消费、公务用车等非货币性收入等方面信息披露的规定。

（3）薪酬支付形式单一。虽然国企高管存在年薪制、股票期权制等诸多改革探索，但绝大多数国企高管薪酬长期以来仍是工资加奖金的方式，即主要由基本年薪和绩效年薪组成。股权激励等中长期激励方式在我国还不成熟。

（4）薪酬支付水平存在两极差异性。一方面，许多国企高管薪酬与职工平均工资差距很大，远远高于国家公务员和企业员工平均工资水平。另一方面，基于国家限薪、市场环境等因素，部分国企高管薪酬与其经营规模、国内同类私有企业以及国际同类企业相比显得明显偏低，年薪制水平总体较低，甚至不如下属，出现薪酬倒挂现象。中国国企高管薪酬总体上处于发展中国家水平，远不及发达国家同类企业高管薪酬。在此背景环境下，国企高管又普遍存在着过度在职消费问题。

（5）薪酬与企业绩效之间的正相关关系不显著。许多国有企业高管薪酬增幅超过企业经营业绩增幅，两者之间相关度不够。主要原因在于：一是我国国有企业普遍存在行政性竞争优势和垄断利润现象，难以完全客观衡量高管绩效；二是国企高管经营业绩评价考核体系不完善，尚未完全按照不同类别国有企业进行分类考核；三是国企高管与其出资人机构或主管部门之间多是任命管理关系，国企高管薪酬制度设计在国有企业尚未完全分类改革及其分类考核的情况下，行政性影响较大势必存在合理性质疑等。

（6）薪酬激励不足和激励不当的现象比较严重。主要包括如下：一是相当一部分国企高管薪酬设计缺乏中长期激励方式。比如，许多国有控股公司部分高管基本上不持股，即使有少数高管持股，但人均持股比例很小，因而高管薪酬设计难以发挥激励作用，中长期激励效果不明显，而且还容易导致企业高管的短期行为。二是国企高管普遍存在非正常激励机制的过度在职消费问题。三是对于国有企业高管而言，晋升仍然是最有效的激励方式。许多国有企业高管往往把国有企业当作跳板，力争在任期内取得一些短期业绩，然后另谋高就，真正长期在国有企业工作的高管不多。根据有关数据统计，国企高管实际平均任期仅为 3.73 年；对于获得晋升的国企高管任期则更短，平均为 3.03 年。[1]相比较而言，有关资料显示：许多发达国家大公司的高管年薪中大约有 43% 来自于长期报酬，并且，随着企业经营者职位的升迁，其长期报酬激励也将相应递增。[2]

（7）薪酬矫正机制不健全。一是欠缺国企高管薪酬合理性问题的司法审查机制。我国《公司法》第 22 条第 1 款和第 2 款规定："公司股东会或者股东大会、董事会的决议内容违反法律、行政法规的无效。股东会或者股东大会、董事会的会议召集程序、表决方式违反法律、行政法规或者公司章程，或者决议内容违反公司章程的，股东可以自决议作出之日起六十日内，请求人民法院撤销。"从理论上来看，国有控股公司股东大会或董事会决议涉及高管薪酬违反规定的，也可以通过司法介入程序撤销相关决议，但在实践中很少有此案例。况且，这只是针对一般意义上的公司规制，尚无针对国有企业高管薪酬司法介入的专门规定。二是国企高管薪酬追回机制不健全。虽然我国于 2013 年颁布的《关于深化收入分配制度改革的若干意见》和《中央企业负责人经营业绩考核办法》等对此有相应规定，但过于笼统，规定不统一、不明确，效力层级太低，缺乏可操作性和强制力，因而在实践中也鲜有相关案例发生。

（8）薪酬管理立法不统一。目前，针对国有企业立法多是行政规章，而

---

［1］ 俞鸿琳、张书宇："高管晋升激励、考核机制与国有企业研发投入"，载《经济科学》2016年第 5 期。

［2］ 张曾芳、张明之：《21 世纪初国有企业的制度创新》，南京师范大学出版社 2002 年版，第381 页。

较少有法律规范。国企高管薪酬管理立法也不例外。目前颁布的与此相关的诸多政策法规均是针对国资委管辖的国有企业，如《中央企业负责人薪酬管理暂行办法》《关于进一步规范中央企业负责人薪酬管理的指导意见》《中央企业负责人经营业绩考核办法》和《中央企业工资总额管理办法》等，但并不涉及财政部门等管辖的若干国有企业。我国这种以法律规范为辅，以行政规章为主的国有企业立法模式容易导致政出多门、立法冲突、衔接不畅、体系化欠缺等弊端，〔1〕从而不利于整体国企高管薪酬制度改革顶层设计与规制。

之所以如此，主要原因在于：一是我国市场经济及其法治环境还不成熟，从而对国有企业市场定位还不是很明晰；二是国有企业改革还没有完全按照公益类与商业类以及商业一类（一般竞争类）与商业二类（特定功能类）进行分类改革、分类监管；三是国企高管身份定位模糊，到底是企业家还是政府官员并没有完全明确和区别设计，从而导致国企高管薪酬在市场化与行政化之间存在模糊与交叉；四是国有企业出资人职能和监管职能等管理体制有待于进一步理顺；五是国有企业立法定位尚未完全明晰，还在纠缠于公司法。

二、国有企业高管薪酬法律制度建构〔2〕

国有企业高管薪酬制度建构需要具备如下几个前提：一是国有企业要按照市场经济要求改革到位，国有企业市场定位明晰；二是国有企业要按照公益类与商业类进行分类改革、分类监管；三是国有企业高管身份要明晰；四是进一步改革和理顺国有企业出资人职能和监管职能等管理体制，以便于国有企业统一立法规范等。

在此基础上，国有企业高管薪酬法律制度建构遵循"分类改革设计"和"差异化薪酬制度"的改革思路。根据 2015 年实施的《中央管理企业负责人薪酬制度改革方案》、2016 年颁布的《中央企业负责人经营业绩考核办法》、2018 年颁布的《中央企业工资总额管理办法》和《国务院关于改革国有企业工资决定机制的意见》等规定，国企高管薪酬法律制度建构主要包括如下几个方面：

---

〔1〕　参见蒋大兴："超越国企改革的观念谬误"，载《中国法律评论》2016 年第 2 期。
〔2〕　本部分内容参考了《中央管理企业负责人薪酬制度改革方案》。

（一）适用对象

根据《中央管理企业负责人薪酬制度改革方案》的规定，确定为中央企业中由中央管理的负责人，包括国务院代表国家履行出资人职责的国有独资或国有控股企业中由中央管理的企业董事长、党委书记（党组书记）、总经理（总裁、行长等）、监事长（监事会主席）以及其他副职负责人。

同时，按照国有企业负责人薪酬制度改革的系统性要求，其他中央企业负责人、中央各部门所属企业和地方所属国有企业负责人薪酬制度改革，也要参照《中央管理企业负责人薪酬制度改革方案》精神积极、稳妥地推进。

（二）实行"分类改革设计"和"差异化薪酬制度"

（1）根据国有企业在市场经济社会的不同功能定位进行分类改革设计。按照公益类和商业类国有企业，以及商业一类（一般竞争类）国有企业和商业二类（特定功能类）国有企业，进行分类改革及其区别设计规制。这种分类必然涉及国企经营领域是垄断地位还是非垄断地位，是国有全资还是国有控股，是国有绝对控股还是相对控股，从而有利于科学设计不同类型国有企业工资决定机制和高管薪酬制度。

对于处于有关国家安全、公共产品、自然垄断等领域的国有企业，国家在赋予其行政垄断权力的同时，也要通过制度设计严格监管这些企业的收入和成本，这些企业的经营者薪酬制度也不应该按照市场化水平和结构要求来设计，而一般竞争领域的国有企业更多地采用市场化的薪酬制度设计。[1]

根据 2018 年颁发的《中央企业工资总额管理办法》和《国务院关于改革国有企业工资决定机制的意见》等规定，对于处于充分竞争领域的商业一类（一般竞争类）国有企业，工资总额完全实行备案制，由企业股东（大）会或董事会自主决定；对于商业二类（特定功能类）国有企业或公益类国有企业，工资总额实行核准制。

（2）明晰国有企业高管身份定位，区别设计薪酬制度。在上述国有企业分类改革的基础上，国企高管的职业身份及其产生程序也就出现了差异化。对于具有垄断性质的公益类和商业二类（特定功能类）国有企业高管，主要采取组织任命或提名推荐的方式，但不排除具体经营层高管可以采取通过董

---

[1] 参见陈佳贵主编：《中国企业改革发展三十年》，中国财政经济出版社 2008 年版，第 113 页。

事会市场选聘的方式。对于商业一类（一般竞争类）国有企业高管，主要采取市场选聘方式，但不排除关键岗位通过政府组织任命或提名推荐的方式。对此，需要明晰国有企业高管身份定位，不能"亦官亦商""官商不清"。组织任命的国企高管具有准行政官员身份，市场选聘的国企高管具有职业经理人身份。因此，国有企业高管及其薪酬制度设计要坚持分类分级管理制度，建立与国企高管选任方式相匹配、与企业功能性质相适应的差异化薪酬分配办法。

具体而言，主要分为两类：

（1）组织任命或提名推荐的国企高管，主要采取"公务员制度"或"准公务员制度"模式。即以公务员薪酬制度为基本样本和参照系，确定国企高管薪酬决定程序和标准，并根据企业情况适当增加激励性机制的一种制度设计。其典型薪酬结构是"准公务员型"，即基本薪水+绩效年薪+福利性待遇。其薪酬水平要参考同时期公务员工资水平和职工平均水平。[1]这类高管具有官员和准官员身份，政治上职务晋升及其政治待遇等是其重要激励方式，因而不能按照市场价位设计薪酬制度，更不能采取股权激励机制，实行严格薪酬限制和上限调控。

（2）市场选聘的国企高管，主要采取"市场化"或"准市场化"模式。"市场化"模式是典型的现代公司制度下企业股东为了激励和约束经营者而设计的一种薪酬激励制度，以市场化薪酬分配机制为基础，强化企业董事会的薪酬决策权，建立与企业经营业绩相挂钩的市场化激励机制。其典型薪酬结构是"持股多元化型"，即基本薪水+绩效年薪+中长期激励+福利性待遇，换言之，即是基本薪水+津贴+含股权、股票期权等形式的风险收入+养老金计划。其中，基本薪水水平取决于企业规模、企业文化、职位评估、经营难度和责任；含股权、股票期权等形式的风险收入水平取决于其经营业绩、企业市场价值等。[2]对此，我国于2016年颁布的《国有科技型企业股权和分红激励暂行办法》也对股权激励等作了相应规定。

我国许多地方也出台了相应政策文件。比如《中共江苏省委江苏省人民政府关于全面深化国有企业和国有资产管理体制改革的意见》强调，在股份制企业逐步推行职业经理人制度，经营层成员逐步由董事会选聘；建立差异

---

〔1〕　参见陈佳贵主编：《中国企业改革发展三十年》，中国财政经济出版社2008年版，第113页。

〔2〕　赵玉阁："国企经营者薪酬激励机制的反思与重构"，载《理论与现代化》2010年第5期。

化薪酬分配制度，竞争类企业可以采取股权和现金、当期和任期相结合的分配形式，实施科技成果入股、专利奖励等激励方式。

（三）完善薪酬确定机制

主要包括如下几个方面：

（1）分类设定薪酬确定机关及其程序。对于公益类和商业二类（特定功能类）国有企业而言，国企高管薪酬主要由企业国有资本出资人机构按照企业股权结构情况履行内部程序后报请政府核准，然后再报请同级人大审议批准。对于商业一类（一般竞争类）国有企业而言，根据国企高管类别，如董事、监事和经理等，国企高管薪酬按照公司治理结构主要由股东（大）会或董事会决定，然后报请政府备案即可。同时，建议国有企业普遍设立相对独立的薪酬委员会，由股东提名组成人员，由全部独立董事组成，作为股东或董事会薪酬决策的咨询参谋机构。

（2）科学设计薪酬结构。将目前国企高管的薪酬普遍由基本年薪和绩效年薪两部分构成，调整为主要由基本年薪、绩效年薪、任期激励收入三部分构成，强化中长期激励措施，扩大市场选聘国企高管的股权激励覆盖面。增加任期激励收入的目的是引导企业负责人更加重视企业长远发展，防止经营管理中的短期行为。

（3）完善薪酬确定办法。基本年薪是根据上年度同层级国有企业在岗职工年平均工资的一定倍数确定，一般为在岗职工平均工资的2倍。同层级不同企业任职的国企高管原则上确定相同的基本年薪。绩效年薪根据年度考核评价结果的不同等次，结合绩效年薪调节系数确定，一般不超过基本年薪的2倍。设置绩效年薪调节系数，目的是体现这些企业的经营难度及其负责人承担的经营责任、经营风险等方面的差异。任期激励收入根据任期考核评价结果的不同等次确定，一般不超过年薪总额的30%。年度或任期考核评价不合格的，不得领取绩效年薪和任期激励收入。

（四）统筹兼顾，合理确定薪酬水平

确定国企高管的薪酬水平，要统筹兼顾，既要考虑他们在企业改革发展中的重要作用，又要考虑他们所承担的政治责任、社会责任和企业责任以及相应的风险，也要考虑其他社会群体的工资水平，做到薪酬水平同责任、风险和贡献相适应。在综合考虑企业职工、国家公务人员、事业单位工作人员等工资水平及其工资改革发展趋势的基础上，适当参考其他国家国有企业高管薪酬相对水平，从而形成国企高管与企业职工以及其他行业之间的合理工资收入分配关系，合理调节不同行业企业负责人之间的薪酬差距。

（五）规范福利性待遇

国有企业高管应当按照国家有关规定参加基本养老保险和基本医疗保险，并建立企业补充养老保险（年金）、补充医疗保险和缴存住房公积金等。同时，规定国有企业高管不得在企业领取国家规定之外的任何其他福利性货币收入，要从严控制职务消费，企业要按有关规定建立健全职务消费管理制度，避免隐性工资福利问题。从而将国企高管福利性待遇纳入统一薪酬体系统筹管理，予以统一化、规范化、透明化、制度化和法制化。

（六）完善薪酬治理机制

如同本书第六章所述，针对国有企业特点，建立健全国有企业治理结构及其治理机制，从而完善国企高管薪酬治理机制。

（1）从内部治理来看，发挥股东（会）、董事会、监事会等在国企高管薪酬治理机制中的积极作用。一是根据不同类型国有企业需要，调整和改善国企股权结构，引进和培育机构投资者，健全股权制衡机制，尤其是发挥企业国有资本出资人机构和非国有股东的话语权，从而在国企高管薪酬治理中发挥股东能动主义作用。二是扩展董事会的风险管理职能。在国企高管薪酬治理中，董事会应该定期审查、评估和监督高管薪酬制度、政策和实践，以确保高管薪酬激励与企业风险管理要求相一致。[1]三是发挥监事会在国企高管薪酬治理中的监督作用，比如隐性职务消费、限薪要求等。

（2）从外部治理来看，发挥公权力监管、外部法治环境等在国企高管薪酬治理机制中的积极作用。对于国有企业而言，从某种意义上说，外部治理显得更为重要。这在市场经济发达国家也不例外。美国国有企业董事会成员薪酬由国会或同级议会通过的国有企业专项法案规定；法国审计法院组织国有资产审计人员对国企高管薪酬制度进行审查和指导；芬兰通过政府内阁经

---

〔1〕　黄再胜：《政府规制视角下国企高管薪酬管理制度改革研究》，格致出版社、上海人民出版社 2016 年版，第 244 页。

济政策委员会出台相关指导原则对国企高管薪酬进行规范和监管等。[1]对于我国而言，主要发挥人大、政府和司法机关等对国企高管薪酬的监管和规制作用，其中尤其要处理好公权力规制中的公平与效率关系问题，而这主要取决于国有企业改革程度，以及相应的政治、法治、市场等多重因素的影响。此外，一旦国资委改革到位为纯粹的国资监管机构，应当强化国资委对国企高管薪酬的监管职能。

（七）建立健全信息披露制度

发达国家国有企业高管薪酬信息披露的立法规制和政府监管非常严格，往往要求通过企业年报、公司网站等方式定期向社会公告国企高管薪酬。在美国，国有企业高管除了要遵守《政府企业控制法案》《信息自由法案》《高管薪酬披露规则》等外，还要遵守每个国企专门法案如《田纳西河流域管理局法案》等。在瑞典，国有企业高管薪酬需要按照上市公司的规则进行披露，涉及固定工资、福利和遣散费等。《OECD国有企业治理指引》也有规定，要求国有企业按照《OECD国有企业治理指引》中要求的所有事务披露重要信息，包括高管薪酬等。[2]因此，我国应当学习借鉴发达国家做法，建立健全国企高管薪酬信息披露制度。一方面，修订完善《公司法》《证券法》《上市公司信息披露管理办法》《公开发行证券的公司信息披露内容与格式准则》等关于公司及其上市公司高管薪酬信息披露的一般性规定。另一方面，制定或修改完善有关国有企业高管薪酬信息披露的专门性或单行立法，信息披露覆盖到所有国有企业，披露内容拓展到货币性收入和非货币性收入，进一步细化披露要求，从而予以统一的明确立法规制。同时，国企高管薪酬信息还要通过企业网站、企业年报等方式定期披露，并在不违反国家机密和企业商业秘密的前提下供有关部门及社会公众查阅和质询等。

（八）建立健全薪酬矫正机制

一旦国企高管薪酬发放合理性无论实体还是程序存在瑕疵甚或违法问题，均应有相应的事后矫正机制。对此，虽然发达国家国有企业比例相对较小，

---

〔1〕 参见黄再胜：《政府规制视角下国企高管薪酬管理制度改革研究》，格致出版社、上海人民出版社2016年版，第50~51页。

〔2〕 参见肖婷婷：《国外国有企业高管薪酬》，社会科学文献出版社2015年版，第28~29页。

但一般都有相应的薪酬矫正机制，通过司法程序介入国企高管薪酬合理性审查，建立相应的薪酬追回制度。薪酬追回制度的实质就是对错误支付的薪酬进行追回，并起到激励高管避免短期行为的作用。[1] 比如美国构建以浪费公司财产为标准的包括国企在内的公司高管薪酬合理性司法审查机制，2002 年颁布的《2002 年公众公司会计改革和投资者保护法案》和 2010 年颁布的《华尔街改革和消费者保护法案》等建立了包括国企在内的公司高管薪酬追回制度。又如英国等国通过司法判例加强包括国企在内的公司高管薪酬合理性司法审查机制等。

对此，我国应当将公司高管薪酬合理性条款纳入一般意义上的《公司法》以及专门针对国有企业的《企业国有资产法》等相关立法中，建立相应的国企高管薪酬司法审查制度和薪酬追回制度。

---

〔1〕　蒋建湘："国企高管薪酬法律规制研究"，载《中国法学》2012 年第 1 期。

第八章 企业国有产权交易 *

Chapter 8

第一节　企业国有产权交易概述

一、企业国有产权交易含义辨析

（一）企业国有产权含义

《企业国有产权转让管理暂行办法》（已失效）第 2 条第 3 款规定："本办法所称企业国有产权，是指国家对企业以各种形式投入形成的权益、国有及国有控股企业各种投资所形成的应享有的权益，以及依法认定为国家所有的其他权益。"

《企业国有资产监督管理暂行条例》第 3 条规定："本条例所称企业国有资产，是指国家对企业各种形式的投资和投资所形成的权益，以及依法认定为国家所有的其他权益。"

《企业国有资产法》第 2 条规定："本法所称企业国有资产（以下称国有资产），是指国家对企业各种形式的出资所形成的权益。"

《物权法》第 55 条规定："国家出资的企业，由国务院、地方人民政府依照法律、行政法规规定分别代表国家履行出资人职责，享有出资人权益。"

由此不难看出，这里所说的"企业国有资产"与"企业国有产权"尽管表述略有差异，但实质内涵是一样的，均强调了出资人权益。即国有资本出资人对国家出资企业投资所形成的权益；至于企业自身的资产则属于企业法人，是一种企业法人所有权。

到底采取"企业国有产权"还是"企业国有资产"，主要取决于不同立

---

　　* 本章节部分内容参见李昌庚：《国有财产法基本制度研究——"国有资产法"正本清源之二》，法律出版社 2015 年版，第 205~230 页。但本章节对原内容做了大量修改和补充。

法语境及其习惯用语。

（二）企业国有产权交易含义

无论是国有企业重组、国有企业并购，还是国有企业改制等，均有可能发生企业国有产权交易。企业国有产权交易不同于一般意义上的商品交易，并非是买卖法、合同法等民商事法律法规所能完全涵盖的，还有其特殊性问题需要研究。这也正是国有企业法应有的研究内容，也是国有企业法的内容体系之一。

关于企业国有产权交易的含义，学界的表述大同小异。比如，有学者认为，企业国有产权交易是以企业并购、企业出售、经营管理权变更为主要交易模式，使企业以一种实物商品的身份进入市场，按价值规律和竞争机制进行自由交换、买卖的活动。[1]有学者认为，企业国有产权交易应被界定为，企业国有产权主体通过有形的产权市场（机构、中心）将其合法拥有的可转让交易的国有产权依法进行的有偿转移的法律行为。[2]也有学者认为，企业国有产权交易是指代表政府履行出资人职责的机构或其他国有性质的主体，以其对企业出资形成的权益的全部或部分为标的的交易行为。[3]

《企业国有资产法》第 51 条规定："本法所称国有资产转让，是指依法将国家对企业的出资所形成的权益转移给其他单位或者个人的行为；按照国家规定无偿划转国有资产的除外。"

《企业国有产权交易操作规则》第 3 条规定："本规则所称企业国有产权交易，是指企业国有产权转让主体（以下统称转让方）在履行相关决策和批准程序后，通过产权交易机构发布产权转让信息，公开挂牌竞价转让企业国有产权的活动。"

从我国相关立法来看，笔者认为，所谓企业国有产权交易，简而言之，是指国家出资企业的国有资本出资人经许可依法将企业国有产权有偿转让给他人的行为。

转让是法律上的处分行为的最主要方式。由于国家公产原则上不可自由处分，故转让主要是国家私产尤其是国家出资企业的处分行为，同时也是国

---

[1] 张宏涛："企业国有产权交易的特点"，载《产权导刊》2004 年第 6 期。
[2] 参见晋入勤："企业国有产权交易法律制度创新论"，华东政法大学 2010 年博士学位论文。
[3] 王新红等：《国有企业法律制度研究》，中央编译出版社 2015 年版，第 291 页。

家私产乃至整个国有财产处分制度中的最主要内容。

转让分为有偿转让和无偿转让，有偿转让即买卖或产权交易，无偿转让即过去常说的无偿划转或无偿划拨。无偿划转主要是计划经济体制下的产物，也是过去国有产权转移经常使用的做法。这与当时国有企业等单位缺乏法人所有权及其经营自主权等因素有关。但随着市场经济体制的建立健全，在确立了企业法人所有权及其经营自主权后，国有产权交易就不能简单地采取行政划转的做法。即便是在市场经济环境下，国有产权的无偿转让也被赋予了新的内涵和要求。因此，企业国有产权交易在一般情况下针对的是产权有偿转让或买卖行为。

二、企业国有产权交易特征

（1）产权交易主体的特定性。产权交易主体包括转让方（出让方）和受让方。从转让方来看，如果把国家所有权主体界定为抽象意义上的国家，则转让主体均为层层授权委托的代理关系；如果把国家所有权主体界定为政府等公法人，则转让主体就相对明确为国有资本出资人。对此，《企业国有资产法》第53条规定，国有资产转让由履行出资人职责的机构决定。从受让方来看，一般而言，境内外具有民事权利能力和民事行为能力的法人、自然人和其他组织都可以成为产权交易的受让方，但均有相应的法律限制，尤其是针对外国投资者和企业管理层收购。此外，当产权交易涉及特殊行业特许经营时，受让方还要具备相应的特许经营资格，如烟草专卖、证券买卖资格等。

（2）产权交易客体的特殊性。产权交易客体是指产权交易所指向的对象，即出资人权益，而不是指国家出资企业的具体财产。产权交易不是一般意义上的有形或无形资产的简单交易，而是该资产作为一种生产要素所包含的综合的财产关系的交易，是多种财产或权利的综合。[1]

（3）产权交易的有偿性。产权转让包括有偿转让和无偿转让。从我国相关立法来看，企业国有产权交易排除了无偿转让，是一种自愿、等价基础上的具有营利性的有偿转让行为。对此，我国《企业国有资产法》《企业国有产权交易操作规则》等均作了明确规定。

（4）产权交易方式的多样性。从我国相关立法及其产权交易实践来看，

---

[1] 参见郑曙光：《产权交易法》，中国检察出版社2005年版，第23～24页。

产权交易方式主要包括协议转让、竞价拍卖、招投标等，以及法律法规规定的其他方式，如招募方式等。

（5）产权交易的市场性。企业国有产权交易必须通过市场来进行，主要通过产权交易所进场交易，以发挥产权交易价格的市场发现机制。因为，市场是产权交易价格的决定性因素，也是减少或避免企业国有产权交易过程中可能出现的国资流失的重要基础。

三、企业国有产权交易基本原则

根据《企业国有资产法》《企业国有产权交易操作规则》等相关立法规定，企业国有产权交易主要包括等价有偿、公开、公平、公正、竞争等基本原则。

（1）等价有偿原则。在市场经济社会，企业国有产权交易在市场竞争中按照价值规律实现平等互利、等价交换，即一方取得另一方的企业国有产权时需要支付相应的对价。这是民事主体交易活动所应遵循的基本原则。

（2）公开、公平、公正原则。公开原则要求企业国有产权交易在依法设立的产权交易场所公开进行，转让采用公开竞价的方式，国家规定可以直接协议转让的除外。转让上市交易的国有股份依照《证券法》规定公开进行。同时，产权交易严格执行信息披露制度。公平原则强调交易双方在平等、自愿、诚实信用的基础上达成能够平衡各方利益的交易行为。公正原则体现了一种价值理念，通过公开、规范的市场实现公平交易，平等对待交易各方，兼顾效率与安全就能够体现企业国有产权交易的公正性。

（3）竞争原则。企业国有产权交易应当在依法设立的产权交易场所公开征集受让方。当产生两个及两个以上符合条件的意向受让方时，由产权交易机构按照公告的竞价方式组织实施公开竞价。公开竞价方式包括拍卖、招投标、网络竞价以及其他竞价方式。以上均体现了企业国有产权交易的市场竞争原则，从而确保了国有资本收益。

第二节　企业国有产权交易主体

一、转让方

相对于私有财产而言，国有产权转让主体要复杂得多。因为国家所有权主体相对比较复杂，尤其是在我国国有财产市场转型改革尚未到位的情况下。如果把国家所有权主体理解为抽象意义上的国家，则转让主体均为层层授权委托的代理关系。但如果把国家所有权主体界定为具体的政府等公法人，则转让主体就相对明确、具体了。

为此，笔者主张将国家所有权主体界定为具体的政府等公法人，以便回应现实需要，也是适应国际发展趋势。[1]笔者将基于此种观点讨论企业国有产权转让主体问题。

我国现有国有企业立法也体现了上述观点，均明确了具体国有资本出资人。比如，《企业国有资产法》第53条规定："国有资产转让由履行出资人职责的机构决定。"《金融企业国有资产转让管理办法》第3条规定："县级以上人民政府财政部门（以下简称财政部门）和县级以上人民政府或者财政部门授权投资主体转让所持金融企业国有资产，国有及国有控股金融企业（以下统称转让方）转让所持国有资产给境内外法人、自然人或者其他组织（以下统称受让方），适用本办法。"

根据我国现有立法的规定，国家出资企业的国有资本出资人目前主要有两家：一是财政部门，涉及金融企业、中央文化企业、事业单位所办企业等；二是国资委，即除财政部门所属国家出资企业以外的其他国家出资企业。

因此，我国企业国有产权交易的转让方目前主要包括两个方面：一是国资委或财政部门；二是持有国有资本的企业。这就意味着国家出资企业的子企业的国有产权转让由持有国有资本的企业决定，而非是有学者所理解的均由国有资产监督管理机构决定。[2]

但如同本书第五章所述，企业国有资本出资人职能不宜分别由国资委和财政部门履行，这不仅容易造成两者划分不易及政出多门，而且更为重要的是，国资委具有出资人职能和国资监管职能双重角色，角色定位错位、职能冲突。这在企业国有产权交易中也不例外。国资委既是国有产权交易规则的制定者，也是规则的参与者。

为此，如同本书第五章所述，笔者建议，企业国有资本出资人职能应统

---

〔1〕 参见李昌庚："国家所有权理论拷辨"，载 http://www.calaw.cn/article/default.asp？id = 8501，2013 年 9 月 10 日最后访问。该文初稿发表于《政治与法律》2011 年第 12 期，网站发表时对该文进行了修改和补充。

〔2〕 参见顾功耘等：《国有资产法论》，北京大学出版社 2010 年版，第 203～204 页。

一由财政部门担当，国资委则应成为纯粹的国有财产监管机构。[1]一旦这一问题得到解决，企业国有产权交易的转让方将来应当包括两个方面：一是财政部门；二是持有国有资本的企业。

但国有股权交易尤其要受到国有资本出资人的股东权利制约，直至最终涉及政府。这也是国有产权交易与私有产权交易的重要区别。比如，《企业国有资产法》第53条规定："履行出资人职责的机构决定转让全部国有资产的，或者转让部分国有资产致使国家对该企业不再具有控股地位的，应当报请本级人民政府批准。"同样，《国有股东转让所持上市公司股份管理暂行办法》对国有股权转让须经出资人乃至政府审批也作了详细规定。

二、受让方

《企业国有产权转让管理暂行办法》（已失效）第2条第1款规定："国有资产监督管理机构、持有国有资本的企业（以下统称转让方）将所持有的企业国有产权有偿转让给境内外法人、自然人或者其他组织（以下统称受让方）的活动适用本办法。"

《金融企业国有资产转让管理办法》第3条规定："县级以上人民政府财政部门（以下简称财政部门）和县级以上人民政府或者财政部门授权投资主体转让所持金融企业国有资产，国有及国有控股金融企业（以下统称转让方）转让所持国有资产给境内外法人、自然人或者其他组织（以下统称受让方），适用本办法。"

从我国立法来看，企业国有产权交易受让方并无多大争议，主要包括境内外法人、自然人或其他组织。企业国有产权交易受让方既有可能是公民个人，也有可能是法人或其他组织；既有可能是私人主体，也有可能是公法人主体；既有可能是境内受让方，也有可能是境外受让方。

（一）受让方资格认定

国有财产交易不同于私有财产，为了尽可能减少或避免资产流失，一般情况下，企业国有产权交易转让方会委托产权交易机构进行公告广泛征集，

---

[1]　具体论证参见李昌庚："企业国有资本出资人：国际经验与中国选择"，载《法学论坛》2014年第2期。

从而产生受让方。

《企业国有产权转让管理暂行办法》（已失效）第 15 条规定："在征集受让方时，转让方可以对受让方的资质、商业信誉、经营情况、财务状况、管理能力、资产规模等提出必要的受让条件。受让方一般应当具备下列条件：（一）具有良好的财务状况和支付能力；（二）具有良好的商业信用；（三）受让方为自然人的，应当具有完全民事行为能力；（四）国家法律行政法规规定的其他条件。"

但在实践中，征集产权交易受让方选择过程中容易产生诸多问题。正因为如此，在《企业国有产权转让管理暂行办法》（已失效）基础上，我国又出台了两个通知，分别是《关于企业国有产权转让有关问题的通知》和《关于企业国有产权转让有关事项的通知》（上述两个文件均于 2017 年废止），对受让方资格审查和选择等作了较为详细的规定。

《关于企业国有产权转让有关事项的通知》（已失效）规定："产权交易机构按照公布的受让条件提出对受让方资格的审核意见，并在征求转让方意见后，最终确认意向受让人资格……（二）产权交易机构和转让方对意向受让人是否符合公告条件产生分歧时，产权交易机构可就有关分歧事项书面征求政府有关职能部门（机构）意见，也可通过产权交易争端协调机制，对分歧事项进行协调……"

这两种解决方式本身并没有问题，但由于"政府有关职能部门"可能涉及国资委，鉴于其与转让方的关系，处理意见值得商榷，甚至可能架空产权交易机构的最终决定权。[1]因此，解决问题的关键是实现企业国有资本的出资人职能、监管职能以及其他社会公共管理职能的分离，国资委不能既履行出资人职能，又履行监管职能。

随着《企业国有产权转让管理暂行办法》《关于企业国有产权转让有关问题的通知》和《关于企业国有产权转让有关事项的通知》于 2017 年被废止，最新修订的相关立法对国有产权交易的受让方资格认定有了新的规定，主要交由转让方决定。

《企业国有产权交易操作规则》第 12 条规定："转让方可以根据标的企业实际情况，合理设置受让方资格条件。受让方资格条件可以包括主体资格、管

---

[1] 顾功耘等：《国有资产法论》，北京大学出版社 2010 年版，第 210 页。

理能力、资产规模等，但不得出现具有明确指向性或者违反公平竞争的内容。产权交易机构认为必要时，可以要求转让方对受让方资格条件的判断标准提供书面解释或者具体说明，并在产权转让公告中一同公布。"

根据《金融企业国有资产转让管理办法》第18条、第19条的规定，金融企业国有产权交易由转让方设置受让方基本条件。"意向受让方一般应当具备下列条件：（一）具有良好的财务状况和支付能力；（二）具有良好的商业信用；（三）受让方为自然人的，应当具有完全民事行为能力；（四）国家规定的其他条件。在不违反相关监督管理要求和公平竞争原则下，转让方可以对意向受让方的资质、商业信誉、行业准入、资产规模、经营情况、财务状况、管理能力等提出具体要求。"对此，《金融企业非上市国有产权交易规则》也作了类似规定。

同时，《国有股东转让所持上市公司股份管理暂行办法》也规定由转让方设置受让方基本条件，但受让方基本条件不完全同于非上市公司的股权转让，有其特殊规定。该法第21条规定："受让国有股东所持上市公司股份后拥有上市公司实际控制权的，受让方应为法人，且应当具备以下条件：（一）受让方或其实际控制人设立三年以上，最近两年连续盈利且无重大违法违规行为；（二）具有明晰的经营发展战略；（三）具有促进上市公司持续发展和改善上市公司法人治理结构的能力。"

如果受让方是关联方（尤其是管理层以及境外投资者），其条件限制还有其特殊规定。

（二）关联方收购

关于国有产权交易受让方，我国早先对管理层（Management Buy-Outs，MBO）收购给予了更多的关注和限制，后又扩展为对关联方收购的限制，从而使其外延更为广泛，以便更好地监管国有产权交易。《企业国有资产法》第43条第2款规定："本法所称关联方，是指本企业的董事、监事、高级管理人员及其近亲属，以及这些人员所有或者实际控制的企业。"

从原有相关立法和政策文件来看，比如《国务院国有资产监督管理委员会关于规范国有企业改制工作的意见》《国务院办公厅转发国资委关于进一步规范国有企业改制工作实施意见的通知》，对禁止转让情形和可以向管理层转让情形均作了特别要求和规定。首先，从转让方规定来看，"大型国有及国有控股企业及所属从事该大型企业主营业务的重要全资或控股企业的国有产权和上市公司的国有股权不向管理层转让"。除此以外的国家出资企业的国有产权可以向管理层转让。其次，从受让方规定来看，存在下列情况之一的管理层成员，不得通过增资扩股持有改制企业的股权：①经审计认定对改制企业经营业绩下降负有直接责任的；②故意转移、隐匿资产，或者在改制过程中通过关联交易影响企业净资产的；③向中介机构提供虚假资料，导致审计、评估结果失真，或者与有关方面串通，压低资产评估值以及国有产权折股价的；④违反有关规定，参与制订改制方案、确定国有产权折股价、选择中介机构，以及清产核资、财务审计、离任审计、资产评估中重大事项的；⑤无法提供持股资金来源合法相关证明的。

应当说，在国有企业改革的一定阶段，考虑到社会公众基于历史惯性的认识水平、心理承受能力，以及民主法治环境等因素，为了减少或避免国资流失以及社会转型期的稳定预期，我国对管理层收购曾经做出上述尝试、叫停、诸多限制及引导规范等多种发展阶段既是正常的，也是必要的。但随着市场经济和民主法治环境的进一步完善，国有企业改革进一步深化，有些规定已经不合时宜。这也正是上述某些规定被废止的重要原因。

在市场经济社会，管理层收购本身并没有问题，这不单是一种市场行为，更是一种国企混合所有制改革乃至产权多元化的重要方式，是国有资本战略重组的重要手段之一。但由于我国国企改革及其法治化的制度性障碍尚未被完全突破，国有资本出资人缺位及角色错位等问题尚未得到根本解决，导致管理层收购容易异化并不易被人理解和接受。故通过深化国企改革、完善法治环境，改革和规范管理层收购显得相当必要。对此，我国《企业国有资产法》和《上市公司收购管理办法》等相关立法已经做出了一些尝试和探索。

从《企业国有资产法》等相关立法来看，我国对此主要做了如下规定：

首先，从"管理层收购"扩展为"关联方收购"的规范与限制，不仅包括管理层，还包括其近亲属，以及这些人员所有或者实际控制的企业。

其次，取消了"大型国有及国有控股企业及所属从事该大型企业主营业务的重要全资或控股企业的国有产权和上市公司的国有股权不向管理层转让"的有关规定。可以推论，在非涉及国家安全等特殊国有企业的情形下，关联方收购在原则上包括所有国有企业。但须通过相应立法跟进加以规范。

最后，根据《企业国有资产法》第 43 条、第 44 条、第 45 条、第 46 条的规定，关联方收购主要受到以下限制：其一，国家出资企业的关联方不得利用与国家出资企业之间的交易，谋取不当利益，损害国家出资企业利益。其二，国有独资企业、国有独资公司、国有资本控股公司不得无偿向关联方提供资金、商品、服务或者其他资产，不得以不公平的价格与关联方进行交易。其三，未经履行出资人职责的机构同意，国有独资企业、国有独资公司不得有下列行为：①与关联方订立财产转让、借款的协议；②为关联方提供担保；③与关联方共同出资设立企业，或者向董事、监事、高级管理人员或者其近亲属所有或者实际控制的企业投资。其四，国有资本控股公司、国有资本参股公司与关联方的交易，依照《公司法》和有关行政法规以及公司章程的规定，由公司股东会、股东大会或者董事会决定。由公司股东会、股东大会决定的，履行出资人职责的机构委派的股东代表，应当依照本法第 13 条的规定行使权利。公司董事会对公司与关联方的交易作出决议时，该交易涉及的董事不得行使表决权，也不得代理其他董事行使表决权。

随着《企业国有产权向管理层转让暂行规定》等相关立法和政策文件的废止，我国除了须进一步完善《企业国有资产法》和《上市公司收购管理办法》外，还需要进一步修订完善《公司法》《证券法》等基础性立法，以便扫清关联方收购的法律障碍。条件成熟时，还可以考虑关于关联方收购（尤其是其中管理层收购）的单行立法。限于本书的宗旨，笔者在此不再详叙。

（三）外国投资者并购

企业国有产权交易受让方还有一个重要的特殊主体就是外国投资者。《商务部关于外国投资者并购境内企业的规定》第 2 条规定："本规定所称外国投资者并购境内企业，系指外国投资者购买境内非外商投资企业（以下称'境内公司'）股东的股权或认购境内公司增资，使该境内公司变更设立为外商投资企业（以下称'股权并购'）；或者，外国投资者设立外商投资企业，并通过该企业协议购买境内企业资产且运营该资产，或，外国投资者协议购买境内企业资产，并以该资产投资设立外商投资企业运营该资产（以下简称'资产并购'）。"如果外国投资者并购境内国有企业，则涉及企业国有产权交易，其交易受让方涉及外国投资者。

外资并购国有企业是我国国有企业改革的一种手段，也是市场化和国际化的一种选择与需求。外资并购国有企业主要有两种方式：一是以外国投资者身份直接收购境内国有企业股权，被称为直接并购；二是外国投资者在中国境内设立外商投资企业，以外商投资企业的中国法人企业身份并购境内国有企业，被称为间接并购。

外资并购境内国有企业，主要涉及如下几个重要问题：

1. 市场准入制度

根据《商务部关于外国投资者并购境内企业的规定》第 4 条的规定，外资并购包括国有企业在内的境内企业在市场准入制度方面主要有如下规定：一是应当符合中国法律、行政法规和规章对投资者资格的要求及产业、土地、环保等政策；二是要符合《指导外商投资方向规定》和《外商投资产业指导目录》等相关规定；三是被并购境内企业原有所投资企业的经营范围应符合有关外商投资产业政策的要求等。

对此，值得关注的是，这是否符合 WTO 规则的国民待遇原则？我国作为发展中国家，除了享受 WTO 规则的一般性例外规定外，还享受发展中国家的特殊优惠待遇。因此，我国要充分研析并利用好 WTO 规则的一般性例外规定及对发展中国家的优惠政策，并进一步修订完善《指导外商投资方向规定》和《外商投资产业指导目录》等相关规定。[1]

2. 国家安全审查制度

在涉外投资并购中，国家安全审查制度最早出现在 20 世纪 70 年代初，加拿大、美国、澳大利亚等国率先建立了国家安全审查制度。加拿大成立了外国投资审查局，起草了《外国投资审查法案》。美国在福特总统时期设立了外国投资委员会（Committee on Foreign Investment in The United States，CFIUS），《埃克森-佛罗里奥修正案》和《拜德修正案》确立了强制调查制度。德国修订的《对外贸易与支付法》规定，如外资收购德国军工企业的表决权达 25%以上，需向联邦政府申报并取得批准。俄罗斯于 2008 年通过了《俄罗斯联邦有关外资进入对保障俄罗斯国防和国家安全具有战略意义的商业组织的程序法》，正式确立了国家安全审查制度。

从我国相关立法来看，《企业国有资产法》第 57 条对此作了笼统规定："国有资产向境外投资者转让的，应当遵守国家有关规定，不得危害国家安全

---

[1] 参见顾功耘等：《国有资产法论》，北京大学出版社 2010 年版，第 267 页。

和社会公共利益。"《商务部关于外国投资者并购境内企业的规定》第 12 条第 1 款规定："外国投资者并购境内企业并取得实际控制权，涉及重点行业、存在影响或可能影响国家经济安全因素或者导致拥有驰名商标或中华老字号的境内企业实际控制权转移的，当事人应就此向商务部进行申报。"《反垄断法》第 31 条规定："对外资并购境内企业或者以其他方式参与经营者集中，涉及国家安全的，除依照本法规定进行经营者集中审查外，还应当按照国家有关规定进行国家安全审查。"

国外相关国家立法对国家安全审查的内涵、标准、方式等普遍没有严格界定和详细规定，从而为外资并购的国家安全审查预留了自由裁量权。我国也不例外，对此规定得较为原则，甚至与反垄断审查等经济安全因素交织在一起。这对于目前正处于发展阶段的中国显得尤为重要。

此外，有些国家往往有专门的针对外资并购的国家安全审查机构，如加拿大的外国投资审查局、美国的外国投资委员会等。但对于我国而言，如同立法一样，由于原则性规定国家安全审查等因素，其审查职责往往由反垄断审查主体商务部负责。这在一定阶段是必要的。但从长远来看，随着市场经济体制的建立健全，国有企业改革逐渐到位，法治环境逐渐完善，外资并购的国家安全审查与反垄断审查机构应当分开，宜由专门的机构负责。同样，外资并购的国家安全审查程序也需要相应的补充完善，如当事人自愿申报程序、依职权主动调查程序等。

3. 反垄断审查制度

企业并购往往涉及经营者集中的反垄断审查，外资并购境内国有企业更不例外。外资并购境内企业的反垄断审查主体主要是商务部和原国家工商行政管理总局（现为国家市场监督管理总局）。我国《反垄断法》《商务部关于外国投资者并购境内企业的规定》等均作了相应规定。

根据《商务部关于外国投资者并购境内企业的规定》第 51 条、第 52 条、第 53 条、第 54 条等规定，对于外资并购（包括国有企业在内的境内企业的反垄断审查）主要包括如下几个方面：

（1）报告。如有下列情形之一的，外国投资者应向商务部和原国家工商行政管理总局（现为国家市场监督管理总局）报告：①并购一方当事人当年在中国市场营业额超过 15 亿元人民币；②1 年内并购国内关联行业的企业累计超过 10 个；③并购一方当事人在中国的市场占有率已经达到 20%；④并购导致并购一方当事人在中国的市场占有率达到 25%。虽未达到上述条件，但在某些特殊情况下，也可以要求外国投资者进行报告。

（2）听证。商务部和原国家工商行政管理总局（现为国家市场监督管理总局）认为外国投资者并购境内企业涉及上述情形之一可能造成过度集中，妨害正当竞争、损害消费者利益的，应自收到规定报送的全部文件之日起 90日内，共同或经协商单独召集有关部门、机构、企业以及其他利害关系方举行听证会，并依法决定批准或不批准。

（3）报送并购方案。境外并购有下列情形之一的，并购方应在对外公布并购方案之前或者报所在国主管机构的同时，向商务部和原国家工商行政管理总局（现为国家市场监督管理总局）报送并购方案。商务部和国家工商行政管理总局（现为国家市场监督管理总局）应审查是否存在造成境内市场过度集中，妨害境内正当竞争、损害境内消费者利益的情形，并做出是否同意的决定：①境外并购一方当事人在我国境内拥有资产 30 亿元人民币以上；②境外并购一方当事人当年在中国市场上的营业额 15 亿元人民币以上；③境外并购一方当事人及与其有关联关系的企业在中国市场占有率已经达到 20%；④由于境外并购，境外并购一方当事人及与其有关联关系的企业在中国的市场占有率达到 25%；⑤由于境外并购，境外并购一方当事人直接或间接参股境内相关行业的外商投资企业将超过 15 家。

（4）申请豁免。有下列情况之一的并购，并购一方当事人可以向商务部和国家工商行政管理总局（现为国家市场监督管理总局）申请审查豁免：①可以改善市场公平竞争条件的；②重组亏损企业并保障就业的；③引进先进技术和管理人才并能提高企业国际竞争力的；④可以改善环境的。

第三节　企业国有产权交易组织机构

企业国有产权交易组织机构主要包括产权交易机构（场所）、产权交易中介服务机构以及产权交易监管机构等。这是企业国有产权交易活动顺利开展的重要组织保障。

从我国目前来看，产权交易监管机构主要是国资委、财政部门。但在目前的情况下，国资委、财政部门既履行国有资本出资人职能，又履行国资监管职能，显然是不妥的，存在角色定位及职能冲突问题。笔者建议，由财政部门履行国有资本出资人职能，国资委则仅作为纯粹的国资监管机构。在此情况下，国资委理所当然可以作为产权交易监管机构。对此，本书第五章节已经作出了阐述。

鉴于此，本章节主要讨论产权交易机构和产权交易中介服务机构，尤其是国有企业法所主要关注的产权交易机构。

一、产权交易机构

20世纪80年代中后期，随着经济体制改革以及国有企业改革的不断推进，我国出现了产权交易市场，纷纷成立了产权交易机构，如产权交易所、产权交易中心或产权交易市场等，其中最常见的称呼是产权交易所。

企业国有产权交易机构从最广义上说不仅包括证券交易所、产权交易所，还包括分散的场外交易的协议转让方式所形成的无形市场。从广义上说，产权交易机构包括证券交易所和产权交易所。从狭义上说，产权交易机构仅仅指产权交易所。这要取决于产权交易机构在不同领域语境下的使用。就本书而言，笔者持广义说，即产权交易机构包括证券交易所和产权交易所。

（一）证券交易所

根据《证券法》第96条的规定，证券交易所是为证券集中交易提供场所和设施，组织和监督证券交易，实行自律管理的法人。证券交易所作为提供证券交易场所的一种服务机构，它本身并不参与证券交易，只是为证券交易双方提供必要的场所与设施及交易规则，保证证券交易过程的顺利进行。证券交易所分为会员制和公司制两种组织模式。实行会员制的证券交易所，其性质为事业法人。实行公司制的证券交易所，其性质为企业法人。

对于上市公司的国有股权转让而言，如果进场交易，只能通过证券交易所转让。如前所述，通过证券交易所转让应当成为上市公司国有股权转让的主要方式。鉴于证券交易所在公司法、证券法等相关部门法及其立法中有详细规定，故在此不再详叙。

（二）产权交易所

对于非上市的国有产权转让而言，原则上进场交易，其进场交易场所即是产权交易所。所谓产权交易所，是指依法设立的能够固定地、有组织地提供产权转让场所及其服务的法人组织。如同证券交易所一样，产权交易所作为产权交易的服务机构，它本身并不参与产权交易，只是为产权交易双方提供必要的场所与设施及交易规则，保证产权交易过程的顺利进行。

我国产权交易市场产生的主要原因在于在由计划经济向市场经济转型过程中，随着经济体制改革和国有企业改革深化，国有企业逐渐退出一般竞争性领域，从而刺激了产权交易的市场需求，因而产权交易的主要对象是国有产权和集体产权，尤其是国有产权。但随着产权证券化，我国逐渐取消"不得拆细、不得标准化和不得连续交易"的"三不"规则限制，包括国有产权在内的企业产权交易将大都通过无形的证券市场来运作，作为有形市场的产权交易所将逐渐消失。

自 1988 年武汉市成立首家企业产权交易所以来，我国的产权交易所及其交易市场伴随着国企改革得以发展。尤其是《企业国有产权转让管理暂行办法》（已失效）颁布以来，我国产权交易所及其交易市场得到迅速发展，并不断被加以规范化。截至目前，我国产权交易所已经发展到 200 多家。目前，区域性共同市场共有 5 家：一是由上海联合产权交易所等 13 个省、直辖市的 42 家产权交易机构形成的长江流域产权交易共同市场；二是由天津产权交易中心等 19 个省、自治区和直辖市的 53 家成员组成、代表 128 家产权交易机构形成的北方产权交易共同市场；三是由青岛交易中心等 8 个省、自治区的 11 家产权交易机构形成的黄河流域产权交易共同市场；四是由贵阳和陕西西部产权交易所等 7 家产权交易机构形成的西部产权交易共同市场；五是泛珠江三角洲产权交易共同市场。[1]对此，我国还需要根据国企改革及产权交易的市场变化，适时调整并重组产权交易所，逐渐统一产权市场。

除了一般意义上的产权交易所外，我国在上海和深圳还设立了两个专门的文化产权交易所。根据《财政部关于加强中央文化企业国有产权转让管理的通知》的规定，中央文化企业国有产权交易应当到上海或深圳这两家专门的文化产权交易所进行。

基于产权交易所的性质，产权交易所也被分为会员制和公司制两种组织模式。实行会员制的产权交易所，其性质为事业法人。以上海联合产权交易所为代表。实行公司制的产权交易所，其性质为企业法人。以北京产权交易

---

[1] 参见徐洪才：《中国产权交易市场研究》，中国金融出版社 2006 年版，第 2 页。

所为代表。重庆联合交易所的性质比较特殊，兼具两者。根据《中国产权市场年鉴2007》所做的统计：我国事业单位法人性质的产权市场占54%，公司制性质的产权市场占39%，其他占7%。如果从我国现有发展阶段的产权交易所服务功能来看，如同证券交易所一样，笔者倾向于产权交易所为会员制的非营利性质的事业法人。这也是我国产权交易所及其产权交易市场的发展趋势。

产权交易所的设立条件一般包括如下几点：①有与其经营范围相适应的财产或经费；②有与其产权交易相适应的经营场所；③有相应的经营管理人员和技术人员；④有完善的管理规章制度等。产权交易所业务范围一般涉及产权交易，收集、发布产权交易信息，为产权交易提供咨询、评估、拍卖、过户等服务。产权交易所具有交易、服务和监督功能。

二、产权交易中介服务机构

产权交易中介服务机构是指为产权交易对象提供各种中介服务和出具法律效力文件并具有从业资格的专门机构。比如，产权交易经纪机构、资产评估事务所、律师事务所、会计师事务所、审计师事务所、公证机构等。

如同产权交易所设立一样，产权交易中介服务机构设立在一般情况下也包括如下几点：①有与其经营范围相适应的财产或经费；②有与其业务范围相适应的经营场所；③有相应的经营管理人员和技术人员；④有完善的管理规章制度等。除此以外，每个产权交易中介服务机构（如律师事务所、资产评估事务所等）还有其特定条件和规定。

产权交易中介服务机构的业务范围主要包括：①产权交易经纪业务；②产权界定业务；③产权评估、审计业务；④产权交易法律事务；⑤产权纠纷法律事务；⑥产权登记业务；⑦产权鉴证业务。

鉴于资产评估事务所、律师事务所、会计师事务所、审计师事务所、公证机构等产权交易中介服务机构在相关学科中均有介绍，在此笔者重点介绍一下产权交易经纪机构。

所谓产权交易经纪机构，是指产权交易经纪人提供产权交易代理、居间等服务，促成产权交易，从中收取佣金或报酬的一种经营服务活动。产权交易经纪机构从企业组织形式来看一般为有限责任公司，如北京市中海源产权交易经纪有限责任公司等。

根据《公司法》以及上海市的有关规定，产权交易经纪机构除了符合上述一般条件外，还具有如下条件要求：①有自己的名称和固定的经营场所；②有规范的章程和组织机构；③注册资金 100 万元以上；④有 5 名以上取得产权《经纪人资格证书》的从业人员，有专（兼）职资产评估师、财务会计人员、工程技术专业人员和专（兼）职律师各 1 名；⑤兼营产权自营买卖业务的，其注册资金应在 500 万元以上；⑥符合《公司法》及有关法律法规的规定。其中，执业经纪人是产权交易经纪机构的重要人员构成。对此，我国《经纪人管理办法》（已失效）等相关立法对产权交易经纪人活动有详细规定。

产权交易经纪机构从事产权经纪活动主要包括如下三个方面：①交易代理，即经纪机构接受产权交易一方当事人的委托，以委托人的名义代理产权交易事务，从中收取报酬的活动。②交易居间，即经纪机构向产权交易当事人提供交易机会或提供订立交易合同的媒介服务，从中收取报酬的活动。③交易行纪，即经纪机构接受产权交易当事人委托，以自己的名义从事产权交易，但产权交易的法律后果由委托人承担，从中收取报酬的活动。[1]

第四节　企业国有产权交易方式

根据我国《企业国有资产法》《企业国有产权交易操作规则》《国有股东转让所持上市公司股份管理暂行办法》和《金融企业国有资产转让管理办法》等相关法律法规的规定，企业国有产权交易以进场交易为原则，场外交易为例外。

一、进场交易

所谓进场交易，是指国有产权应当在依法设立的产权交易机构按照法定程序公开进行转让。国有产权原则上以强制进场交易为主。之所以如此，是因为进场交易制度有利于克服国有产权固有的缺陷，即国有产权缺乏"经济人"的利益驱动。通过市场公开竞价交易，变"净资产定价法"为"市场定价法"，相对实现国有产权交易的市场价值。而且，市场公开竞价交易有利于克服"暗箱操作"及其腐败行为，可以在一定程度上发挥国有财产监管作用。

---

〔1〕　参见郑曙光：《产权交易法》，中国检察出版社 2005 年版，第 364 页。

对于非上市的企业国有产权而言，进场交易的方式主要包括拍卖、招投标和协议转让等。对于上市公司的国有股权而言，进场交易的方式主要为证券交易系统转让。具体而言，主要包括如下几点：

（1）拍卖。根据《拍卖法》的规定，所谓拍卖，是指以公开竞价的形式将特定物品或者财产权利转让给最高应价者的买卖方式。拍卖方式最大的优点在于：有利于转让标的价格最大化，最大限度地体现其价值；程序公开透明，成交周期较短等。

（2）招投标。根据《招标投标法》等相关法律法规的规定，所谓招投标，是指在货物、工程和服务的采购行为中，招标人通过事先公布的采购和要求，吸引众多的投标人按照同等条件进行平等竞争，按照规定程序并组织技术、经济和法律等方面专家对众多的投标人进行综合评审，从中择优选定项目的中标人的行为过程。其实质是以较低的价格获得最优的货物、工程和服务。[1] 招投标方式最大的优点在于：如果说拍卖以价格最大化为衡量因素，那么招投标则是以综合素质为衡量因素，同时也能做到程序公开透明和交易灵活等。

（3）协议转让。所谓协议转让，是指国有产权的转让方与受让方直接进行充分协商，签订产权转让合同，实现产权转让的行为。

有人存有误区，认为协议转让只是场外交易的方式。其实，无论是进场交易还是场外交易均存在协议转让方式。对于进场交易而言，经公开征集只产生一个受让方或者按照有关规定经企业国有资本出资人机构批准的，可以采取协议转让方式，但转让价格不得低于挂牌价格或不得低于经核准或者备案的资产评估结果。我们把进场交易的协议转让又称为场内协议转让。

经公开征集产生两个或以上受让方时，原则上不能采取协议转让方式，应当采取公开竞价交易方式确定受让方，比如拍卖或招投标方式。至于是采取拍卖方式还是招投标方式，则取决于企业国有资本转让主体及其转让标的等多种目标因素的综合考量。

协议转让方式相对于拍卖和招投标方式而言，存在市场竞争不足和缺乏透明度等缺陷，原则上在难以采取拍卖和招投标方式的情形下方可采取。

在我国大多数产权交易机构进场交易的国有产权转让项目中，协议转让

---

〔1〕　参见 http：//baike.baidu.com/view/296317.html，2013 年 9 月 15 日最后访问。

方式占了大多数。[1]这说明我国国家公私产尚未得到合理定位，导致国有财产市场化与非市场化边界不清，进而导致国有产权交易市场发育不成熟。

（4）证券交易系统转让。所谓证券交易系统转让，是指国有股东通过证券交易系统转让上市公司股份的行为。国有股东采取大宗交易方式转让上市公司股份的，转让价格不得低于该上市公司股票当天交易的加权平均价格。证券交易系统转让方式只限于上市公司的国有股权转让，并且应当成为上市公司国有股权转让的主要方式。

二、场外交易

所谓场外交易，是指企业国有产权在产权交易机构以外依法与一个或多个受让意向人直接通过谈判协商的方式达成协议的转让形式。国有产权转让以进场交易为原则，以场外交易为例外。之所以如此，原因在于场外交易缺乏进场交易的上述制度价值，如市场公开竞争不足、缺乏透明度等。但之所以允许其例外存在，主要是考虑到国有产权转让及其国有财产目标的复杂性。

（一）非上市企业的国有产权交易

对于非上市企业的国有产权转让而言，场外交易基本上采取协议转让方式，相对于前述的场内协议转让而言，又被称为场外协议转让。对场外交易及其协议转让方式的适用范围应当加以严格限制。根据《金融企业国有资产转让管理办法》等有关规定，主要包括如下两个方面：①对于国民经济关键行业、领域中的对受让方有特殊要求的情形；②企业实施资产重组中将企业国有产权转让给所属控股企业的国有产权转让。在所出资企业内部的资产重组中，转让方和受让方应为所出资企业或其全资、绝对控股企业。

（二）上市公司国有股权交易

对于上市公司国有股权转让而言，根据《国有股东转让所持上市公司股份管理暂行办法》的规定，场外交易方式主要有协议转让、无偿划转和间接转让。具体包括如下：

（1）对于协议转让方式来说，其适用范围限制相比较非上市企业的国有

---

〔1〕　参见任胜利：“国有产权转让为何多以协议转让成交？”，载《产权导刊》2005年第12期。

产权转让而言有所区别。根据《国有股东转让所持上市公司股份管理暂行办法》第 19 条的规定，其主要包括如下几个方面：①上市公司连续 2 年亏损并存在退市风险或严重财务危机，受让方提出重大资产重组计划及具体时间表的；②国民经济关键行业、领域中对受让方有特殊要求的；③国有及国有控股企业为实施国有资源整合或资产重组，在其内部进行协议转让的；④上市公司回购股份涉及国有股东所持股份的；⑤国有股东因接受要约收购方式转让其所持上市公司股份的；⑥国有股东因解散、破产、被依法责令关闭等原因转让其所持上市公司股份的。

（2）对于无偿划转方式来说，其实质上为无偿调拨行为，是一种带有计划经济色彩的行政命令手段。国家私产之间原则上不可以采取无偿调拨方式，尤其是在上市公司国有股权之间应当加以严格限制。

（3）对于间接转让方式来说，其是指国有股东因产权转让或增资扩股等原因导致其经济性质或实际控制人发生变化的行为。比如，A 公司持有 B 公司 30%的国有股份，但 A 公司被 C 公司兼并，导致由 C 公司持有 B 公司 30%的股份。如果 C 公司仍是国有股东，则该 30%股份仍为国有股份；如果 C 公司不是国有股东，则该 30%股份性质变为私有股份。又如 A 公司持有 B 公司 30%的国有股份，但 B 公司增资扩股，导致 A 公司持有 B 公司的股份比例发生了变化。但以上间接转让情形并非是实质意义上的国有股权转让，只是其中列举的 A 公司被 C 公司兼并才涉及直接转让问题。故间接转让方式也无多少讨论必要。

从我国的实践来看，上市公司国有股权转让过去长期以来以协议转让和无偿划转为主要方式。这反映了我国当时国企改革及其股权分置改革、证券市场发展等制度性障碍尚未被完全突破。随着市场经济的进一步深化，证券交易系统转让应当成为上市公司国有股权转让的主要方式。

第五节 企业国有产权交易程序

企业国有产权交易程序视是进场交易还是场外交易而存有差异。鉴于进场交易是原则、场外交易是例外，在此主要讨论进场交易程序。企业国有产权进场交易程序基于非金融类企业国有产权、金融类企业国有产权和上市公司的国有股权等不同转让类型而略有差异，但总体而言具有大体相似性。根据《企业国有产权交易操作规则》《金融企业非上市国有产权交易规则》等有关规定，企业国有产权交易在履行单位内部转让决策及审批或备案后，在产权交易机构要经历受理转让申请、发布转让信息、登记受让意向、组织交易签约、结算交易资金、出具交易凭证、办理产权登记等程序。

一、交易前的决策和审批

（1）履行单位内部转让决策程序。包括国有股权转让在内的企业国有产权交易都需要履行单位内部转让决策程序。国有独资企业的产权转让应当由总经理办公会议审议。国有独资公司的产权转让应当由董事会审议；没有设立董事会的应由总经理办公会议审议。涉及职工合法权益的应当听取转让标的企业职工代表大会的意见，职工安置等事项应当经职工代表大会讨论通过。国有控股公司和国有参股公司根据公司章程履行股东大会决议等内部决策程序。

（2）审批或备案。从我国现有立法来看，《企业国有资产法》第53条规定："国有资产转让由履行出资人职责的机构决定。履行出资人职责的机构决定转让全部国有资产的，或者转让部分国有资产致使国家对该企业不再具有控股地位的，应当报请本级人民政府批准。"

根据我国现有立法的规定，非金融类国家出资企业，国资委是国有产权主要出资人；金融类国家出资企业，财政部门是国有产权出资人。因而，其审批决定机构也有差异。如同本书第五章所述，根据国有财产的中央与地方分别所有原则，建议由各级政府财政部门统一履行所属企业国有资本出资人职能，国资委仅仅履行国有财产监管职能。一旦改革到位，企业国有产权交易根据分别所有原则，依据不同转让情形，将由履行国有资本出资人职责的财政部门最终审批决定，必要时报经本级政府审批或备案，国资委将纯粹履行监管职责。

其中，我国对于上市公司国有股权通过证券交易系统转让有些特殊规定。主要包括如下：

（1）国有控股股东通过证券交易系统转让上市公司股份同时符合以下两个条件的，由国有控股股东按照内部决策程序决定，并在股份转让完成后7个工作日内报省级或省级以上企业国有资本出资人机构备案：一是总股本不超过10亿股的上市公司，国有控股股东在连续3个会计年度内累计净转让股份的比例未达到上市公司总股本的 5%；总股本超过 10 亿股的上市公司，国有控股股东在连续 3 个会计年度内累计净转让股份的数量未达到 5000 万股或累计净转让股份的比例未达到上市公司总股本的 3%。二是国有控股股东转让股份不涉及上市公司控制权的转移。如果国有控股股东转让股份不符合前条规定的两个条件之一，应将转让方案逐级报国务院国有资本出资人机构审核批准后实施。

（2）国有参股股东通过证券交易系统在一个完整会计年度内累计净转让股份比例未达到上市公司总股本 5%的，由国有参股股东按照内部决策程序决定，并在每年 1 月 31 日前将其上年度转让上市公司股份的情况报省级或省级以上企业国有资本出资人机构备案；达到或超过上市公司总股本 5%的，应将转让方案逐级报国务院企业国有资本出资人机构审核批准后实施。

企业国有产权交易须经政府有关部门审批或备案也是国际惯例。比如，《韩国国有财产法》第 39 条、第 40 条规定，有些杂项财产出售或转让需要经过国务会议审议并获得总统认可。[1]

二、进场交易程序

（一）受理转让申请

一是转让方在完成交易前的决策和审批程序后，需向产权交易机构提交企业国有产权转让申请，提交产权转让公告所需相关材料，并对其真实性、完整性和有效性负责。二是产权交易机构对于符合要求的转让方申请提交的材料予以受理登记。三是产权交易机构对企业国有产权转让信息公告进行审核。企业国有产权转让信息公告一般包括转让方和转让标的企业基本情况、交易条件、受让方资格条件、对产权交易有重大影响的相关信息、竞价方式的选择、交易保证金的设置等内容。

（二）发布转让信息

①公告。经产权交易机构审核通过后的企业国有产权转让信息应当在产权交易机构网站和省级以上公开发行的经济或金融类报刊上发布公告，征集受让方。首次公告期限应当不少于 20 个工作日。公告期间不得擅自变更信息

---

〔1〕　参见《韩国国有财产法》（2001 年修订）第 39~40 条规定。

公告内容，如因特殊原因确需变更信息公告内容，经批准由产权交易机构在原信息发布渠道进行公告，并重新计算公告期。②延长信息公告期限。公告期限内未征集到符合条件的意向受让方，且不变更信息公告内容的，转让方可以按照产权转让公告的约定延长信息公告期限，每次延长期限应当不少于5个工作日。未予明确延长信息公告期限的，信息公告到期自行终结。③首次信息公告时的产权转让挂牌价不得低于经备案或者核准的转让标的资产评估结果。如在公告期限内未征集到意向受让方，转让方可以在不低于评估结果90%的范围内设定新的挂牌价再次进行公告。否则，转让方需要在重新获得审批后再发布公告。④中止信息公告。公告期间出现影响交易活动正常进行的情形，或由有关当事人申请，产权交易机构可以作出中止信息公告的决定。中止期限一般不超过1个月，具体由产权交易机构根据实际情况决定。⑤终止信息公告。如果在公告期间出现致使交易活动无法正常进行的情形，产权交易机构可以作出终结信息公告的决定。

(三) 登记受让意向

①在公告期限内，意向受让方可以向产权交易机构提出产权受让申请，并提交相关材料。产权交易机构应当对意向受让方逐一进行登记。②产权交易机构应当对意向受让方提交的申请进行审核，并在公告期满后5个工作日内将意向受让方的登记情况及其资格确认意见书面告知转让方。③转让方在收到产权交易机构的资格确认意见后，应当在5个工作日内予以书面回复。转让方逾期未予回复的，视为同意产权交易机构作出的资格确认意见。④产权交易机构应当以书面形式将资格确认结果告知意向受让方，并抄送转让方。⑤转让方如对产权交易机构确认的意向受让方资格存有异议，应当与产权交易机构进行协商，在必要时征询国有资本出资人机构等相关单位意见。⑥通过资格确认的意向受让方在事先确定的时限内向产权交易机构交纳交易保证金后获得参与竞价交易的资格。逾期未交纳保证金的，视为放弃受让意向。

(四) 组织交易签约

①公告期满后，产生两个及以上符合条件的意向受让方的，由产权交易机构按照公告的竞价方式组织实施公开竞价。公开竞价方式包括拍卖、招投标、网络竞价以及其他竞价方式。②公告期满后，只产生一个符合条件的意向受让方的，可以采取协议转让方式，由产权交易机构组织交易双方按挂牌

价与买方报价孰高原则直接签约。涉及转让标的企业其他股东依法在同等条件下享有优先购买权的情形，按照有关法律规定执行。③产权交易机构应当在确定受让方后的次日起 3 个工作日内，组织交易双方签订产权交易合同。④产权交易机构应当对产权交易合同进行审核，包括主体资格审查、反垄断审查等。在必要时，产权交易合同须报经政府相关部门审批。

（五）结算交易资金

产权交易资金包括交易保证金和产权交易价款。产权交易机构实行交易资金统一进场结算制度，开设独立的结算账户，组织收付产权交易资金。受让方应当在合同约定的期限内将产权交易价款支付到产权交易机构的结算账户。受让方交纳的交易保证金按照相关约定转为产权交易价款。采取分期付款的，首付交易价款数额不低于成交金额的 30%。对符合产权交易价款划出条件的，产权交易机构应当及时向转让方划出交易价款。交易双方为同一实际控制人的，经产权交易机构核实后，交易资金可以场外结算。

（六）出具交易凭证

产权交易双方结算交易资金以及支付交易服务费后，产权交易机构应当在 3 个工作日内出具产权交易凭证。如果产权交易涉及主体资格审查、反垄断审查等情形，产权交易机构应当在交易行为获得政府相关部门批准后出具产权交易凭证。

（七）办理产权登记

对于非上市的国有产权转让，转让成交后，转让方和受让方应当凭产权交易机构出具的产权交易凭证，按照国家有关规定办理相关产权登记手续。上市公司国有股权转让则需办理股份过户手续，并按照国家有关规定办理相关的产权登记手续。从我国目前来看，国有产权登记机构及其立法并不统一。笔者建议，应当统一国有产权登记机构及其立法，并与未来的《不动产登记条例》相协调。[1]

对于金融企业非上市国有产权交易，如有特殊规定的，从其规定，比如《金融企业非上市国有产权交易规则》等。对于上市公司的国有股权转让，一

---

[1] 参见李昌庚："国有产权登记机构的法律思考"，载《产权导刊》2013 年第 7 期。

般通过证券交易系统进行交易，遵循证券交易规则，比如《公司法》《证券法》等。如有特殊规定，从其规定，比如《国有股东转让所持上市公司股份管理暂行办法》等。

第六节 企业国有产权交易立法反思与建议

一、立法反思

随着改革开放的进一步深化，国有企业立法看似颇为迫切，但实质上却是因为国有企业市场转型改革尚未完全到位，导致国家公私产界限及其市场定位不清晰，进而导致国有企业在经济改革中被大量商业化，但又未能完全做到该民营化的均民营化，进而又挤压了国有企业中涉及国家公产的社会公益功能及其市场定位。因而，国有企业滋生了诸多问题，看似迫切需要立法规制。而这些应急性、临时性立法又凸显了立法漏洞与功能冲突等诸多缺陷。这是我国改革开放以来国有企业相关立法所表现出来的症状。企业国有产权交易立法便是典型例证。

从我国现有立法来看，企业国有产权转让立法主要存在如下不足：

（1）立法定位不明晰。由于国有企业市场转型尚未完全到位，导致国家公私产或类似划分及其功能定位不清晰，进而影响到了企业国有产权转让立法定位，以及公权力对其转让限制的偏差。

（2）立法不统一和立法冲突。基于前述原因，加之企业国有资本出资人不统一及其部门利益分割，导致企业国有产权转让立法不统一，比较紊乱，应急性、临时性立法特点明显，彼此间的协调性不够。比如，非上市的非金融企业国有产权转让适用国资委颁布的《企业国有产权交易操作规则》等；非上市的金融企业国有产权转让适用财政部颁布的《金融企业非上市国有产权交易规则》等；无论是上市还是非上市的金融企业国有产权转让均适用财政部颁布的《金融企业国有资产转让管理办法》等；上市公司的国有产权转让适用国资委颁布的《国有股东转让所持上市公司股份管理暂行办法》等，而其中的中央文化企业适用财政部颁布的《关于加强中央文化企业国有产权转让管理的通知》等；中央企业境外国有产权转让适用国资委颁布的《中央企业境外国有产权管理暂行办法》等。其中，必然存在着诸多立法交叉、重叠和冲突等问题。

（3）立法内容存在不足。立法定位不明晰、立法不统一和立法冲突等导致产权转让相关立法存在交叉滞后性。比如，受让方资格和受让条件的规定、产权转让信息披露不足、产权交易监管机制有待完善等。

二、立法建议

如何完善企业国有产权转让立法？笔者认为，首先要解决国有企业市场转型及其国家公私产合理市场定位问题。在此基础上，笔者的建议如下：

（1）从近期目标来看，统一企业国有产权转让立法。如同本书第五章所述，统一企业国有资本出资人机构，按照中央与地方分别所有原则，由各级政府财政部门履行企业国有资本出资人职能，由国资委专职履行国有财产监管职能。在此基础上，统一企业国有产权转让立法。即将《企业国有产权转让管理暂行办法》（2017 年废止）、《企业国有产权交易操作规则》《国有股东转让所持上市公司股份管理暂行办法》《金融企业国有资产转让管理办法》《金融企业非上市国有产权交易规则》《关于加强中央文化企业国有产权转让管理的通知》和《中央企业境外国有产权管理暂行办法》等相关立法统一合并立法，如《企业国有产权交易法》或《企业国有产权转让法》或《企业国有产权转让条例》等类似立法规定。其中，涉及上市国有股权或金融企业等国有产权转让的特殊规定，可以在上述统一立法中予以专门规定。

合并统一企业国有产权转让立法不仅能解决企业国有产权转让立法冲突、紊乱和滞后等问题，而且还能修正企业国有产权转让立法内容中的不足，比如完善受让方资格审核和受让条件、提高产权交易信息披露的透明度、完善产权交易程序和产权交易监管机制等。

企业国有产权转让立法与《公司法》《证券法》《合同法》等相关私法规范是特别法与一般法的关系。企业国有产权转让优先适用企业国有产权转让统一立法规定，未予规定部分适用《公司法》《证券法》和《合同法》等私法规范。

（2）从长远目标来看，随着国有企业市场转型改革的逐步到位，国有企业按照特殊企业和普通商事企业进行区别立法规制。其中，涉及国家公产性质的国有企业比照特殊企业单独立法，奉行"一特一法"或"一类一法"的立法模式。在上述立法中，根据特殊企业要求，对这类企业的国有产权转让进一步加以规定，未予规定部分适用前已述及的企业国有产权转让统一立法规定。涉及国家私产性质的国有企业按照普通商事企业适用《公司法》《证券法》和《合同法》等私法规范，其中企业国有产权转让优先适用企业国有产权转让统一立法规定，未予规定部分适用《公司法》《证券法》和《合同法》等私法规范。

当然，无论是特殊企业性质的国有企业还是普通商事企业性质的国有企业，其中涉及企业国有产权的公权规制都应当在笔者建议的未来制定的《国有财产法》中加以原则规定，[1]包括其中的国有产权转让制度等。

---

〔1〕 参见李昌庚：《国有财产法原理研究——迈向法治的公共财产》，中国社会科学出版社 2011年版，第 235~239 页。

第九章 企业国有资本收益*

第一节　企业国有资本收益现状

一、企业国有资本收益历史沿革

从历史来看，我国国有企业经历了"统收统支""利润留成""利改税""利税分流"以及中央企业红利上交等制度演变。我国国企改革推行"利改税"之后，早先计划经济时期的国有企业利润全部上缴，而企业投资和固定资产更新改造等支出都由政府拨款的"统收统支"式的"收支两条线"管理和国库集中支出的管理体制得以逐渐改变，从而经历了"利税分流"的国企税后利润全部留归企业到国企开始上缴税后利润的缓慢转型。

1994 年，国家暂停国有企业上缴利润，以利于国有企业的"脱困改革"、股份制改革等。尽管我国于 1994 年颁布了《国有资产收益收缴管理办法》（已失效），但由于当时条件不成熟，导致该办法并没有得到有效实施。

直至 2007 年，我国颁布了《国务院关于试行国有资本经营预算的意见》和《中央企业国有资本收益收取管理办法》等规定。自此，我国开始从 2008 年在新的市场经济高度恢复国有企业上缴国有资本收益的做法，从而与国际惯例接轨。2008 年，我国又颁布了《企业国有资产法》，进一步提高了国有资本收益的立法位阶。

2010 年，财政部颁布了《关于完善中央国有资本经营预算有关事项的通知》，扩大了国有资本经营预算实施范围，提高了中央企业国有资本收益比例，并将税后利润的收取比例分为四种类型。分别是：第一类，企业税后利

---

* 本章节部分内容参见李昌庚：《国有财产法基本制度研究——"国有资产法"正本清源之二》，法律出版社 2015 年版，第 261~274 页；李昌庚："论企业国有资本收益"，载《国有资产管理》2014年第 3 期。但本章节对原内容做了修改和补充。

润的 15%；第二类，企业税后利润的 10%；第三类，企业税后利润的 5%；第四类，免交国有资本收益。其中，第四类企业如中国储备粮管理总公司、中国储备棉管理总公司等。2012 年，被纳入中央国有资本经营预算实施范围的中央企业共计有 963 家。

党的十八届三中全会对企业国有资本收益提出了更加明确的具体要求，提出要进一步提高企业国有资本收益上缴比例，预计在 2020 年提高到 30%，更多地用于社会保障和改善民生。此外，金融领域中国有企业利润上缴也要被提上议事日程；重新审视并取消国有企业上缴利润的返还制度等。

二、企业国有资本收益存在的缺陷与不足

虽说我国国企改革经历了三十多年，但迄今为止，国有企业仍尚未彻底完成市场转型改革。主要包括如下几个方面：①政府仍过多地进入一般市场竞争领域，政府职能不清以及国有垄断现象依然存在。[1]②虽说政府在特定时期基于扶持弱势地区或弱势产业、技术创新或产业结构调整等考虑，可以适当进入市场竞争领域，但这与政府应当退出的一般市场竞争领域之间存在界限模糊和漏洞问题。③国有企业尚未完全比照非市场竞争或特定市场领域的特殊企业和市场竞争领域的普通商事企业进行国家公私产或类似划分的区别法律规制等。

鉴于此，我国国有企业在国有资本使用、处分及其收益等方面存在诸多不足。从企业国有资本收益征管及其分配使用来看，主要存在如下问题：

（一）企业国有资本存在不合理垄断利润及其立法冲突

由于我国尚未彻底完成国有企业市场转型改革，以及国有企业尚未完全比照特殊企业和普通商事企业进行国家公私产或类似划分的区别法律规制，同时又要考虑到国企历史欠账、改革成本和社会稳定等因素，导致企业国有资本存在不合理的垄断利润及其立法冲突。一方面，政府过多地进入市场竞争领域，形成非自然垄断的高额垄断利润。比如，截至 2012 年，中央国有资本经营预算收入总额达到 1001.90 亿元，其中主要集中在石油石化、烟草和电

---

〔1〕 市场竞争领域的国有垄断及其垄断利润现象原则上是禁止的，但对于非市场竞争领域的国有自然垄断现象则有其存在的合理性。

信等行业，这说明国有垄断利润仍是预算收入的主要来源。[1]另一方面，在国有资本收益等统一立法中又存在彼此难以协调之处和一些不得不为之的规定。比如，《中央企业国有资本收益收取管理办法》《关于完善中央国有资本经营预算有关事项的通知》以及地方性立法《广东省省属国有资产收益收缴管理暂行规定》等相关立法关于企业国有资本收益上缴比例的有关规定等。

（二）　企业国有资本收益征管体制不畅

企业国有资本出资人机构不统一，导致收益征管体制不畅。我国企业国有资本出资人机构目前主要有国资委、财政部等，导致立法紊乱，国有企业在产权界定、登记、使用、处分、收益、监管等方面均存在诸多冲突和不协调之处，从而给企业国有资本收益征管及其分配使用留下了诸多漏洞。比如，企业国有资本收益征管机构是国资委还是财政部，或是两家机构？又是由谁负责催缴？由此可能造成两家机构相互推诿的现象。

（三）　企业国有资本收益上缴范围和比例偏低

企业国有资本收益上缴范围过窄，上缴比例偏低，不确定因素较大。一方面，虽然《中央企业国有资本收益收取管理办法》《关于完善中央国有资本经营预算有关事项的通知》等有关规定正在不断扩大企业国有资本收益上缴范围，但是仍有许多国有企业尚未被纳入国有资本经营预算实施范围。截至2011年底，仍有4100多户中央部门所属企业尚未被纳入国有资本经营预算，尤其是42户中央金融类企业虽然开始上缴利润，但仍未被纳入国有资本经营预算范围。[2]

另一方面，企业国有资本收益上缴标准较为模糊，上缴比例偏低，不确定因素较大。从国际经验来看，虽然不同国家国有企业分红比例的差别很大，但总体而言，分红比例都较高。根据世界银行对16个经济发达体中49家有分红数据的国企进行统计，每家国企自2000年到2008年的平均分红率为33%，大部分国企的平均分红率均在20%至50%之间。[3]从我国来看，《关于

---

〔1〕 李燕、唐卓："国有企业利润分配与完善国有资本经营预算——基于公共资源收益全民共享的分析"，载《中央财经大学学报》2013年第6期。

〔2〕 李燕、唐卓："国有企业利润分配与完善国有资本经营预算——基于公共资源收益全民共享的分析"，载《中央财经大学学报》2013年第6期。

〔3〕 刘纪鹏：《凤凰涅槃：刘纪鹏论国资改革》，东方出版社2016年版，第255页。

完善中央国有资本经营预算有关事项的通知》在《中央企业国有资本收益收取管理暂行办法》（已失效）关于企业国有资本收益上缴比例分别为 10%、5% 和免交等三类的基础上，提高了中央企业国有资本收益比例，并将税后利润的收取比例分为四种类型：第一类为 15%；第二类为 10%；第三类为 5%；第四类为免交国有资本收益。虽然企业国有资本收益上缴比例不断提高，但相比于国际经验及我国国有企业近年来利润增长以及上市公司近年来现金分配额占净利润的比例而言，企业国有资本收益上缴比例仍显偏低。尽管这较为符合国有企业目前的发展现状，但却难以适应市场经济发展和国有企业改革的长远需求。而且，这种分类规定的科学性有待进一步商榷，从而会影响利润分配负担公平性问题。[1]

此外，企业国有资本收益的上缴标准在中央与地方立法中也存有差异性与模糊性规定。比如，《江苏省省级国有资本经营预算管理办法》第 11 条规定，省属国有企业及国有独资公司，以母公司合并财务报表中归属于母公司所有者净利润扣除法定公积（按 10% 提取）为基数，2015 年按 20% 比例征收，并逐步提高，2018 年提高到 25%，2020 年提高到 30%。《广东省省属国有资产收益收缴管理暂行规定》（已失效）第 4 条规定，母公司国有产（股）权转让净收入，按 100% 上缴；所持有的上市股份公司国有股权转让净收入，按 100% 上缴；所持有的非上市股份公司和有限责任公司国有产（股）权转让净收入，按 30% 上缴。所持有的有限责任公司、非上市股份公司国有产（股）权的应得股利（红利），按 20% 上缴；所持有的上市股份公司国有股权应得股利（红利），实行分类上缴，其中所持有的境内上市股份公司国有股权应得股利（红利）按 50% 上缴，我省持有的中国电信境外上市股份国有股权应得股利（红利）按 100% 上缴。母公司国有资产经营利润按 20% 上缴。[2] 之所以作出如此规定，主要原因在于并未对国有企业比照特殊企业与普通商事企业加以区别法律规制，又要考虑到国企历史欠账、改革成本和社会稳定等因素，从而在统一立法中又发现彼此存在难以协调之处和一些不得不为之的规定。

（四）企业国有资本收益分配及其使用不尽合理

国有财产中央与地方分别所有原则尚未确立，加之历史原因和自然条件

---

〔1〕 参见李曙光等:《国有资产法律保护机制研究》，经济科学出版社 2015 年版，第 289~293 页。
〔2〕 参见《广东省省属国有资产收益收缴管理暂行规定》第 4 条规定等。

等因素，导致企业国有资本收益分配及其使用不尽合理。主要表现如下：

（1）企业国有资本收益分配权过多地集中在中央。根据财政部的数据统计，中央国有企业和地方国有企业收入，2007 年分别为 11 521.87 亿元、4310.11 亿元；2008 年分别为 8261.8 亿元、3581.7 亿元；2009 年分别为9445.4 亿元、3946.8 亿元等。

（2）企业国有资本地区分布不均，导致企业国有资本收益分配地区差距存在不合理现象，影响地区公平。比如，从 2007 年国有资产总量的经济带对比来看，东部沿海地区的国有资产总量为 94 712.6 亿元；中部内陆地区的国有资产总量为 10 133.3 亿元；西部边远地区的国有资产总量为 10 760.5 亿元等。[1]

（3）存在不合理的国有垄断利润和行业差距。国有企业尚未完全比照特殊企业和普通商事企业加以国家公私产或类似划分的区别法律规制，以及公权力制约不足等因素导致我国目前存在不合理的国有垄断利润，以及不合理的行业和单位之间的待遇差距，如金融、石油石化、电力、电信、航空运输等许多国有垄断行业工资较高，国企薪酬福利水平过高，职务消费失控，加剧收入差距和社会分配不公等问题。

（4）企业国有资本收益支出过多回流到国企本身。根据财政部的统计，从 2007 年到 2009 年，国有企业收益共计 1572.2 亿元。[2]但有将近 90%的国企利润被留在了国企。从央企上缴红利支出来看，其主要被用于五个方面：支持央企重组支出比例为 54%，支持央企自主创新与培育发展新兴产业支出占比 13%，支持央企灾后重建、应对金融危机以及解决历史遗留问题分别占比 18%、14.9%和 0.1%。这意味着过去几年央企上缴的国有资本收益基本全部返还，用于央企自身。[3]数据显示：从 2010 年到 2012 年，中央国有资本经营预算中经济类的支出比例仍然比较大，教育、文化体育与传媒、农林水利、交通运输等公共性支出三年平均占支出总额的比例仅为 14.33%。很显然，国有资本经营预算收入中的大部分资金又回流到了国有企业内部。[4]如

---

〔1〕　参见张德霖主编：《2008 中国国有资产监督管理年鉴》，中国经济出版社 2008 年版。

〔2〕　根据国资委统计，2006 年到 2009 年，国有资本收益共 1686 亿元。

〔3〕　李晓光："国有资产收益分配改革的宪法学思考"，载《西部法学评论》2012 年第 5 期。

〔4〕　李燕、唐卓："国有企业利润分配与完善国有资本经营预算——基于公共资源收益全民共享的分析"，载《中央财经大学学报》2013 年第 6 期。

果企业国有资本收益回流国企是为了国企市场转型改革，弥补改革成本，那么其是必要的。但除此以外，如果企业国有资本收益回流国企是为了进一步加大一般市场竞争领域的投资经营性支出，导致权力寻租和地区、行业、企业间收入差距进一步拉大，那便只能加剧国有企业恶性循环和社会分配不公。

第二节　企业国有资本收益制度构建

一、完善企业国有资本收益的制度前提

单纯通过财政部门、国资委以及政府其他职能部门的常规手段已经难以解决上述问题。对此，我国有必要借鉴国外经验，设立临时性综合改革协调机构，[1]如新近设立的"全面深化改革领导小组"，考虑在其下再设类似国有企业改革的职能部门，专门负责国企改革。[2]因为我国目前收入分配不公的很大一个原因就在于国有财产参与市场的收益没有被全体公民公平分享，这也是导致社会矛盾加剧并影响改革进程的重要因素。同时，这也是我国必需吸取苏联及东欧国家教训并引起重视的问题。

在此基础上，我国应当通过国有企业市场转型改革主管机构会同财政部门等相关职能部门及其相应改革立法作出如下制度安排：

（1）进一步深化国有企业市场转型改革。主要包括如下几个方面：一是企业国有资本原则上逐渐退出一般市场竞争领域，降低国家私产性质的国有企业比重。二是对国有企业进行国家公私产或类似划分。一般而言，非市场竞争或特定市场领域的国有企业主要以特殊企业形态比照国家公产处理，一般市场竞争领域的国有企业主要以普通商事企业形态比照国家私产处理，并按照特殊企业和普通商事企业进行区别法律规制。这是解决企业国有资本收益问题的关键。这一问题一旦得到解决，所有国有企业均应当被纳入国有资本经营预算范围内，并按照特殊企业和普通商事企业实行不同的预算管理。对于具有特殊企业性质的国有企业，原则上应实行类似于"统收统支"式的

---

〔1〕　参见李昌庚：《国有财产法原理研究——迈向法治的公共财产》，中国社会科学出版社2011年版，第190~192页。

〔2〕　如果设立这类机构，应当妥善处理和协调好这类机构与国家发展和改革委员会等政府部门的关系。

"收支两条线"管理和国库集中支付。对于具有普通商事企业性质的国有企业，原则上应如同私有企业一样，向市场看齐，以创造公平竞争的市场环境。所谓的国有资本经营预算范围扩大、国有资本收益上缴标准及其比例等问题也将迎刃而解。

（2）合理划分企业国有资本收益的中央与地方权限。企业国有资本收益分配权在中央与地方之间的划分是否合理关键取决于国有企业在中央与地方之间的划分是否合理。笔者建议，包括国有企业在内的所有国有财产在中央和地方之间均应实行三级所有的分别所有原则，[1]从而达到财权与事权相一致要求，理顺中央与地方分权关系。本着这一原则，企业国有资本实行中央与地方分别预算原则，实现所有权与预算权相一致、所有权与收益权相一致。但考虑到地区企业国有资本布局不平衡等历史原因和自然因素，此项改革也要兼顾地区利益平衡，在一定时期内对企业国有资本收益分配权需要进行调控和财政转移支付。

（3）统一企业国有资本出资人机构。笔者建议，企业国有资本出资人职能按照中央和地方分别所有原则统一由相应的政府财政部门负责；国资委充当专门的国有财产监管机构。[2]新近设立的"全面深化改革领导小组"的其中一个职能就是负责国企改革。从而理顺了企业国有资本出资人职能、社会公共管理职能和监管职能之间的关系。这是解决企业国有资本收益征管及其分配使用的重要基础。

二、特殊企业的企业国有资本收益制度构建

特殊企业是一类存在于非市场竞争或特定市场领域，不以营利为目的或主要目的，主要为社会提供公共产品和公共服务的企业。这类企业一般由政府投资经营。比如，中国储备粮管理总公司、中国储备棉管理总公司、中国投资有限责任公司、中国邮政集团有限公司等。特殊企业不同于普通商事企业，应当被纳入国家公产范畴，属于国家公产中的企业用财产类型。虽然在我国实践中有这类特殊企业存在，但在立法上并未对此加以充分且明确的区

---

〔1〕　参见李昌庚："国有财产的中央与地方关系法治考量"，载《上海财经大学学报（哲学社会科学版）》2011年第4期。

〔2〕　具体论证参见李昌庚："企业国有资本出资人：国际经验与中国选择"，载《法学论坛》2014年第2期。

别法律规制。比如,《企业国有资产法》和《中央企业国有资本收益收取管理办法》等均如此。这应是今后国企立法需要引起重视的问题。

(一) 企业国有资本收益征管

一般而言,特殊企业组织形式原则上为国有独资企业或国有独资公司。特殊企业国有资本收益主要包括国有独资企业(或公司)的应交利润、国有产权转让收入、企业清算应属国有股东收入以及其他国有资本收益。当然,特殊企业作为国家公产应当严格限制营利性目标。即便是营利性收入,一般也并非市场性收益,而是政府性收益,即国有企业利用来自于政府的特许经营权、信息和资源等所获得的收益,主要是企业垄断利润。[1] 至于现实中存在大量国有独资企业(或公司)追逐利润目标的现象,那是国有企业市场转型不到位的结果。

从企业国有资本收益主体来看,主要包括缴纳主体和征管主体。从缴纳主体来看,应为特殊企业本身。但如果特殊企业是不具有法人资格的国有独资企业,则缴纳主体应为该企业的国有资本出资人机构。从征管主体来看,应为特殊企业的国有资本出资人。但从我国现有立法来看,虽然特殊企业的国有资本出资人主要包括国资委和财政部门,但立法却规定由财政部门作为征管主体,从而导致出资人职能与社会公共管理职能出现混淆等问题。比如,《中央企业国有资本收益收取管理办法》所调整的中央企业主要是国资委所属企业和中国烟草总公司。但其第5条却规定,中央企业国有资本收益由财政部负责收取,国资委负责组织所监管企业上交国有资本收益。又如《广东省省属国有资产收益收缴管理暂行规定》第6条规定,省属国有资产收益除省国资委监管企业国有产(股)权转让收益缴入省国资委专户外,其他企业国有产(股)权转让收益、省属企业国有资产经营利润等收益缴入省财政专户。因此,笔者建议,企业国有资本出资人职能应统一由财政部门履行,国资委专门履行国有财产监管职能。因而,包括特殊企业在内的企业国有资本收益征管主体统一由财政部门负责,从而使收益权能被名正言顺地归为出资人职能,实现收益权与所有权、预算权与所有权的统一。

关于特殊企业的收益征管,笔者建议,应当将其与市场竞争领域的普通

---

[1] 关于政府性收益和市场性收益的表述,借用了有些学者的观点。参见张馨:"论第三财政",载《财政研究》2012年第8期。

商事企业性质的国有企业加以区别法律规制。特殊企业收益征管及其分配如同行政事业单位的国家公产性质一样，按照国有财产中央和地方分别所有原则，所有收益除了按规定缴纳税收外均要按照政府非税收入的管理规定，通过非税收入收缴系统，将其收益全部纳入财政专户，并按照利润收入、国有产（股）权转让收入等不同收入种类建立国有资本收益专户，实行"收支两条线"管理和国库集中支付，以便于监管。因而，特殊企业不应当存在收益上缴比例问题。这种收益征管方法类似于我国国有企业早期实行的"统收统支"收益分配制度。实际上，《中央企业国有资本收益收取管理办法》第9条关于第三类军工等企业采取暂缓3年上交或免交的规定，以及《关于完善中央国有资本经营预算有关事项的通知》提到的第四类中国储备粮管理总公司、中国储备棉管理总公司等免交国有资本收益等，就是考虑到这类特殊企业的临时性规定。

特殊企业应当将其收益和支出统一纳入国有资本经营预算，统一核算、统一管理。对于国有独资企业或国有独资公司来说，拥有全资或者控股子公司（或子企业）的，应当由集团公司（或总公司）以年度合并财务报表反映的归属于母公司所有者的净利润为基础申报缴纳。对于国有独资企业或国有独资公司旗下的国有控股公司应付国有资本出资人的股息、红利，应当按照普通商事企业的股东（大）会决议通过的利润分配方案执行。特殊企业应将国有资本收益缴纳申报报送财政部门审核，并由财政部门负责征管。

（二）企业国有资本收益分配及其使用

作为特殊企业形态的国有企业具有国家公产性质，其预算管理如同行政事业单位，特殊企业国有资本收益分配及其使用原则上实行"统收统支"，由国库集中支付，优先用于缴纳单位，主要用于特殊企业固定资产和技术更新改造以及其他企业发展需要，以弥补财政支出。因为特殊企业并不以营利为目的或主要目的，主要为社会提供公共产品和公共服务，其存在本身就是惠及国家、社会及其全体公民，是一种变相的国有资本收益分配及其使用形式。而且，特殊企业国有资本收益优先用于缴纳单位，可以进一步降低特殊企业所提供的公共产品和公共服务收费价格，甚至而免费提供公共产品和公共服务，这实际上是变相地使国有资本收益惠及全民。

特殊企业国有资本收益使用一般由缴纳单位根据国有资本经营预算安排

的支出项目，提出使用计划，报请财政部门及有关部门审批许可，然后再由国库集中支付。特殊企业应当按照规定用途使用、管理预算资金，并依法接受监督。

三、普通商事企业的企业国有资本收益制度构建

一般而言，市场竞争领域的国家出资企业如同私有企业一样，要求平等参与市场竞争，遵守市场规则。这类企业一般由政府参股或控股投资，并加以严格限制。这类企业属于普通商事企业形态，比照国家私产处理。

（一）企业国有资本收益征管

一般而言，普通商事企业性质的国家出资企业组织形式原则上为国有控股或参股公司。国家私产性质的企业国有资本收益主要包括国有控股或参股公司国有股息、红利、国有产权转让收入、企业清算应属国有股东收入以及其他国有资本收益，主要属于市场性收益。但在我国当下的国企改革实践中，仍有部分普通商事企业性质的国家出资企业为国有独资企业（或公司），或者仍有部分国有独资企业（或公司）混合经营市场竞争领域和非市场竞争领域业务，对于特殊企业与普通商事领域的国有企业尚未完全实施区别法律规制。这有待于国有企业的进一步深化改革。

对于国家私产性质的国家出资企业而言，企业国有资本收益的缴纳主体应为企业本身，国有独资、控股或参股公司不存在问题。但如果是非法人资格的国有独资企业，其缴纳主体则为国有独资企业的出资人。企业国有资本收益的征管主体应为企业国有资本出资人，即笔者建议的统一为各级政府财政部门。

国家私产性质的企业国有资本收益征管不同于特殊企业所实行的类似于"统收统支"式的"收支两条线"管理和国库集中支付。从理论上讲，国家私产性质的国家出资企业从企业组织形式上看主要是国有控股或参股公司。国有控股或参股公司应付国有资本出资人股息、红利的，应当按照股东（大）会决议通过的利润分配方案执行，按国有股权比例应分得的股息、红利全额征收。其股息、红利的核定和派发等适用《公司法》《证券法》等私法规范。如果是国家私产性质的国有独资企业（或公司），其利润原则上要求在扣除所得税等各种税收、各种成本费用支出以及企业留存收益等之后按照一定比例

缴纳。

因此，对于国有控股或参股公司的国有股息、红利等，遵循私法规范，不存在上缴比例问题。但对于国家私产性质的国有独资企业（或公司），则存在利润上缴比例问题。如前所述，从我国现有立法及其政策文件来看，《中央企业国有资本收益收取管理办法》第 9 条关于利润上缴比例分三类的规定，《关于完善中央国有资本经营预算有关事项的通知》关于利润上缴比例分四类的规定，以及地方性立法如《江苏省省级国有资本经营预算管理办法》第 11 条和《广东省省属国有资产收益收缴管理暂行规定》第 4 条等关于国有资本收益收缴比例的规定，乃至党的十八届三中全会提出要进一步提高企业国有资本收益上缴比例，预计于 2020 年提高到 30% 等，均没有对特殊企业和国家私产性质的国家出资企业进行区别法律规制。因而，姑且不论上述规定还具有探索性、临时性等特点，即便上述规定适用于国家私产性质的国有独资企业（或公司）的利润上缴比例，其科学性与合理性如何也还有待于进一步商榷。

从理论上看，作为普通商事企业的国有独资企业（或公司）利润征缴比例应向我国上市公司分红率看齐，向社会资本一般回报率看齐，从而拉平国有企业和非国有企业在权益融资成本上的差距，维护公平竞争的市场秩序。[1] 就此而言，这类国有企业国有资本收益上缴比例还需要不断提高，这也是党的十八届三中全会提出"进一步提高企业国有资本收益上缴比例至 30%"这一问题的缘由所在。如果这类国有企业无法或难以做到的话，按照市场经济要求，则应当面临市场化及其产权多元化的问题。

因此，为了从根本上解决上述问题，我国需要进一步深化国有企业改革，政府原则上逐渐退出一般市场竞争领域，普通商事企业的国有独资企业（或公司）则需要进一步市场化及其产权多元化的公司股份制改革，并按照国家公私产进行区别法律规制。这是解决企业国有资本收益问题的关键。一旦这一问题得以解决，所有国有企业便都应当被纳入国有资本经营预算范围内，并按照特殊企业和普通商事企业实行不同的预算管理，且由于特殊企业、国有控股或参股公司不存在利润上缴比例问题，因而，所谓的国有资本经营预算范围扩大、国有资本收益上缴标准及其比例等问题也将迎刃而解。但在我国的国有企业改革实践中，受制于现实国情及其国企改革路径选择等多种因

---

〔1〕　张舒："我国国有企业收益分配情况研究"，载《山西财经大学学报》2013 年第 S2 期。

素，上述问题仍有一个解决的渐进过程。

国家出资企业应将国有资本收益缴纳申报报送财政部门审核，并由财政部门负责征管，按照股息、红利收入、利润收入、国有产（股）权转让收入等不同收入种类建立国有资本收益专户。除了国有股息、红利的核定与派发等适用私法规范外，以上其他内容均需要国有财产立法等公法规范调整。

（二）企业国有资本收益分配及其使用

作为普通商事企业形态的国有企业具有国家私产性质，在市场经济社会中并不具有主导地位，这类企业国有资本收益分配及其使用不同于特殊企业优先用于缴纳单位并由国库集中支付。因为特殊企业并不以营利为目的或主要目的，主要是为社会提供公共产品和公共服务，其存在本身就是惠及国家、社会及其全体公民，是一种变相的国有资本收益分配及其使用形式。

如果这类企业国有资本收益被优先用于缴纳单位，即国有企业自身，这在某种意义上说对市场竞争中的民营企业等其他企业是不公平的，有违市场公平竞争原则。而且，投资市场竞争领域的国有企业还存在国有垄断和低效等问题。在实践中，这类国家出资企业很容易与其国有资本出资人通谋，从而将其收益优先用于企业本身，或存在其他行政垄断可能。这不仅有违市场公平竞争，而且也会使国有资本收益无法惠及全民。这也正是国有资本原则上应当退出一般市场竞争领域的一个重要理由。

普通商事企业的国有资本收益分配及其使用应当更多地惠及全民。这是财政立宪主义原则的重要体现。具体来说，这类企业的国有资本收益支出主要包括如下：

（1）优先用于公共福利性支出。加大公共产品的投入力度，尤其是向教育、医疗、社会保障、公共基础设施等民生领域倾斜，逐步实现公共服务均等化，从而使国有资本收益尽可能地惠及全民。对我国而言，这既是企业国有资本收益的本质要求，也是对历史欠账的弥补，同时也是国际惯例。比如，美国新泽西州等许多州政府所有土地使用收益的绝大多数均被用于州和县政府及其中小学教育。而且，许多州政府所有土地使用至少在某种程度上满足目前及预期将来地方需要的所在区域市民的公平分享机会。[1]美国阿拉斯加

---

〔1〕 See Paul Goldstein, Barton H. Thompson, Jr., *Property Law: Ownership, Use, and Conservation*, Foundation Press, 2006, pp. 1059~1061.

州通过成立永久基金会（APFC），将石油资源收入惠及当地公民。又如英国为每个新生儿童办理教育账户等。以上做法基于国情虽不能完全照搬，但其价值理念值得借鉴。

（2）在满足公共福利性支出的基础上，适当考虑资本性支出。立足于弥补市场失灵，主要用于国有经济结构调整、前瞻性战略性产业发展、生态环境保护、科技进步与技术先导产业扶持、保障国家经济安全、对外经济合作交流等，但应当尽可能避免或减少市场竞争性领域投资。

（3）其他可能性支出。具体支出范围依据国家宏观经济政策以及不同时期国有企业改革和发展的任务，统筹安排确定。这在不同时期有不同的要求。比如，国有企业政策补贴、应对自然灾害、突发事件等方面的支出。

有学者将国有资本收益支出分为投资经营性支出和公共福利性支出，如果从全民福利最大化原则出发，国有资本收益结构取决于这两类支出对全民福利的"边际贡献"比较。[1]笔者认为，从理论上分析这应该没有问题，但在实践中，国有资本收益用于投资经营性支出容易导致国有垄断利润、与民争利，也容易导致低效率、亏损、浪费，从而在原则上不符合国有资本投资方向。国有资本收益再投资原则上主要用于弥补市场失灵，以补充市场机制之不足。因此，上述学者观点只能作为某一国有企业在一定时期内的个案分析，而不足以被普遍适用于所有国有企业。

结　语

随着社会主义市场经济体制改革的进一步深化，政府原则上应当退出一般市场竞争领域，并对其投资加以严格限制。企业国有资本收益按照特殊企业和普通商事企业进行区别法律规制及其制度构建应当是我国国有企业的发展趋势。因而，从长远趋势来看，企业国有资本收益在未来更多地是以特殊企业形态制度构建，而相对较少进行普通商事企业形态制度构建。不仅企业国有资本收益如此，国有企业的其他情形也是如此。

但对于我国正处于市场转型中的国有企业而言，企业国有资本收益还不完全等同于一般意义上的企业国有资本收益。因而，一方面，还存在并继续

---

〔1〕　参见汪立鑫、付青山："转型期国有资本收益的公共福利性支出"，载《财经科学》2009年第1期。

推出企业国有资本收益上缴比例的临时性规定是必要的。另一方面，考虑到我国现实国情下国有企业的历史包袱、国有企业改革的成本与代价等多重因素，企业国有资本收益还需要被用于解决国有企业历史遗留问题及改革成本支出，以及必要的资本性支出，但应当逐渐减少资本性支出，尤其是减少甚至避免市场竞争领域的资本性支出。我国现有相关立法、政策文件及其实践也体现了这一点。此外，国有企业转型改革收益应当被纳入财政专户，通过相关主管机构会同财政部门协调解决收益征管及其分配使用，并须经人大审批，以确保改革成果公平分享。我国目前推行的国有股减持补充社保基金即是典型例证。

第十章 国有资本经营预算

第一节　国有资本经营预算概述

一、国有资本经营预算制度形成的历史背景

国家预算，简而言之，是指经法定程序审批的政府财政收支计划。从预算层级来看，国家预算分为中央政府预算和地方政府预算，其中涉及中央与地方的分权关系。从预算编制形式来看，国家预算分为单式预算和复式预算。所谓单式预算，是指将国家财政收支汇编在统一的一张预算表格内。所谓复式预算，是指国家财政收支按其性质分别通过两个或两个以上的表格来反映的预算制度。[1]国家预算是政府宏观调控社会经济事务的重要手段之一，是国家财政体系的核心所在。相应的，预算法在宏观调控法律制度中具有重要地位。

在计划经济体制下，国有企业的生产、分配等收支活动全部都由政府负责计划安排，国家预算是一种单式预算，涉及国有企业的经营预算并不是独立的预算单位。

改革开放以来，随着计划经济向市场经济转型，国有企业改革不断深化，政府收支规模越来越大，政府的单式预算越来越难以适应市场经济及其政府收支预算的要求，越来越需要政府的复式预算来替代。

1991年，国务院颁布《国家预算管理条例》（已失效），提出了"复式预算"，即将国家预算按照复式预算编制，分为经常性预算和建设性预算两部分。1992年，我国开始在中央和部分省区试行复式预算。

1993年，随着分税制改革和国有企业改革的深化，党的十四届三中全会

通过的《中共中央关于建立社会主义市场经济体制若干问题的决定》明确提出，"改进和规范复式预算制度，建设政府公共预算和国有资产预算，并根据需要建立社会保障预算和其他预算"。1994 年全国人大通过的《预算法》确立了复式预算制度。1995 年国务院颁布的《预算法实施条例》明确规定了包括国有资产经营预算在内的复式预算编制。

1998 年，上海市率先开始试点国有资本经营预算。2003 年，国家成立国资委，国有资本经营预算试点范围在地方的实践操作进一步铺开。2003 年，党的十六届三中全会通过的《中共中央关于完善社会主义市场经济体制若干问题的决定》进一步提出了"建立国有资本经营预算制度和企业经营业绩考核体系"。2006 年，财政部提出了试行国有资本经营预算的具体意见。2007 年，国务院发布了《国务院关于试行国有资本经营预算的意见》，对国有资本经营预算制度作了较为全面、系统的规定，开始在中央企业层级试行国有资本经营预算制度。2007 年 12 月，财政部和国资委联合发布《中央企业国有资本收益收取管理暂行办法》，中央国有企业开始试点国有资本收益上缴，同步配套国有资本经营预算制度。2010 年，财政部颁布《关于完善中央国有资本经营预算有关事项的通知》（已失效），扩大了国有资本经营预算实施范围，提高了中央企业国有资本收益比例。2012 年，财政部颁布《关于扩大中央国有资本经营预算实施范围有关事项的通知》，扩大了国有资本经营预算实施范围，将许多部委、局所属企业和中央文化企业纳入了中央国有资本经营预算实施范围。尽管不断扩大国有资本经营预算范围，但金融类国有企业等部分国有企业仍未被纳入国有资本经营预算范围，这也是今后的改革方向。

2008 年，全国人大通过的《企业国有资产法》设置专门章节对国有资本经营预算作了规定。2014 年修订的《预算法》明确规定了包括国有资本经营预算在内的复式预算制度。全国各地也颁布了相应的规定，如《江苏省省级国有资本经营预算管理办法》等，从而在国家和地方法律层面上确立了国有资本经营预算制度。

二、国有资本经营预算的含义

从国有资本经营预算制度的历史发展背景来看，无论是 1993 年的《中共中央关于建立社会主义市场经济体制若干问题的决定》还是 1995 年的《预算法实施条例》，最先提出的均是"国有资产经营预算"，直至 2003 年《中共中央关于完善社会主义市场经济体制若干问题的决定》明确提出了"国有资本经营预算",其后的相关立法和政策文件均称为"国有资本经营预算"。

虽然两者之间仅有一字之差,但却体现了国有企业改革的深化以及对市场经济社会国有企业理念认识的转变。在市场经济社会,经营性国有资产(即企业国有资产)一般以国有资本的形式存在。《企业国有资产法》第 2 条规定:"本法所称企业国有资产(以下称国有资产),是指国家对企业各种形式的出资所形成的权益。"因此,"经营性国有资产"往往被称为"国有资本",经营性国有资产的预算也被称为"国有资本经营预算"。[1]

关于国有资本经营预算的定义,法学界和经济学界等均有论述。有学者认为,国有资本经营预算是国家以所有者身份将其拥有或支配的货币资金用于资本性投入的收支计划,是政府复式预算的重要组成部分。[2]也有学者认为,国有资本经营预算是指国家法定部门以国有资产出资人身份,依法取得国有资本经营收入、安排国有资本经营支出的专门预算制度。[3]也有学者认为,国有资本经营预算是指政府作为资产的所有人,授权国有资产监督管理机构,以国有资产所有者身份要求国有企业缴纳经营收入,并对资本经营的各项支出安排进行预算。[4]

应该说,上述学者关于国有资本经营预算的定义大同小异。2007 年发布的《国务院关于试行国有资本经营预算的意见》对国有资本经营预算的定义较为简洁明了。根据其规定,国有资本经营预算是指国家以所有者身份依法取得国有资本收益,并对所得收益进行分配而发生的各项收支预算,是政府预算的重要组成部分。根据《预算法》第 10 条的规定,国有资本经营预算是对国有资本收益作出支出安排的收支预算。

因此,国有资本经营预算的起点是国有资本收益,其核心是国有资本收益的再分配。[5]国有资本经营预算作为政府复式预算的重要组成部分,与政府一般公共预算、政府性基金预算、社会保险基金预算等一并构成政府预算

〔1〕 汪立鑫编著:《国有资产管理:理论、体制与实务》,上海人民出版社、格致出版社 2011 年版,第 147 页。

〔2〕 顾功耘等:《国有资产法论》,北京大学出版社 2010 年版,第 75 页。

〔3〕 欧阳淞:"国有资本经营预算制度的几个基本问题",载《法学家》2007 年第 4 期。

〔4〕 邓子基:"略论国有资本经营预算",载《地方财政研究》2006 年第 1 期。

〔5〕 参见史际春等:《企业国有资产法理解与适用》,中国法制出版社 2009 年版,第 238~239 页。

体系。根据《预算法》等相关立法规定，国有资本经营预算在保持自身完整与相对独立的同时，又保持与政府一般公共预算的相互衔接。这充分反映了国有资本经营预算与政府一般公共预算分别体现了政府作为国有资本出资人与社会公共管理者的不同角色所进行的不同活动。

三、国有资本经营预算的必要性及其意义

在我国市场经济发展的一定阶段，在我国国有企业改革及其社会转型发展的特定阶段，建立健全国有资本经营预算制度有其必要性和重要意义。具体来说，主要包括如下几个方面：

（一）建立健全企业国有资本出资人制度的需要

长期以来，尤其是在计划经济时期，国有企业与政府往往难以区分，国有企业往往是政府的附属物，也就无从谈起国有资本具体出资人问题，但这难以适应市场经济的需求。在市场经济社会，随着国有企业股份制改革的深化，企业产权多元化及市场竞争规则等多重因素需要明晰国有产权主体。当下，我国企业国有资本总出资人分别是国资委和财政部，如同本书第五章所述，笔者建议由财政部统一履行企业国有资本总出资人职能。

建立健全国有资本经营预算制度，实现国有企业上缴国有资本收益，有利于国有资本保值增值，是企业国有资本出资人对国家出资企业履行出资人职能的应有内容之一，是充分发挥出资人职能作用的重要体现，是约束控制、考核评价企业内部国有资本经营者的重要手段。因此，国有资本经营预算制度既有利于国有股东权利的行使，也有利于约束和控制股东，从而完善企业内部治理。

（二）区分政府的所有者职能与社会公共管理职能的需要

在市场经济社会，对于国有企业而言，政府一方面要履行出资人职能，另一方面又要履行社会公共管理职能。这两者不可混淆，否则便有违市场公平竞争规则，也不利于国有企业的健康发展。如同本书第五章所述，国资委既履行国有资本出资人职能，又履行国资监管的社会公共管理职能，很显然是不科学的。由此可见，政府的单式预算已经无法适应市场经济的要求。

通过构建国有资本经营预算的政府复式预算，使国有资本经营预算相对独立于政府一般公共预算，从而有利于区分政府的国有资本所有者职能与社

会公共管理者职能，充分反映了政府作为国有资本出资人与社会公共管理者的不同角色所进行的不同活动。

（三）政府宏观调控市场经济的需要

预算是政府宏观调控社会经济事务的重要手段，通过预算的分配、调节、监督等职能，国家能够有效地调控市场经济。国有资本经营预算也不例外。在我国，国有企业及其国有经济的比重仍然相对较高，因而对市场经济以及国家宏观经济发展走势具有重要影响。由于政府是企业国有资本的出资人，政府可以通过国有资本经营预算推动国有企业重组和国有经济布局调整，实现国有资本的优化配置和资源整合，提高资源配置效率，促进国有企业及其国有经济的战略性调整，进而宏观调节整个国民经济。尤其是在市场经济的周期性波动中，如经济萧条或经济过热时，政府可以通过国有资本经营预算进行反周期的国有资本经营运作，从而一定程度地发挥宏观调控市场经济的作用。

（四）深化国有企业改革和完善市场经济体制的需要

在我国当下，国有企业及其国有经济的比重仍然相对较高，从而影响到了市场经济体制的完善。这也是我国当下需要继续深化国有企业改革的原因所在。建立健全国有资本经营预算制度，实现国有企业上缴国有资本收益，有利于国有资本保值增值，可以充分发挥企业国有资本出资人职能，进一步明晰国有产权主体；可以有效地区分政府的国有资本出资人职能和社会公共管理职能；可以推动国有企业重组和国有经济战略性调整，进而一定程度地发挥宏观调控市场经济的作用；等等。因此，在我国国有企业改革的特定阶段，在我国国有企业及其国有经济比重仍然相对较高的情况下，通过国有资本经营预算制度实现政府对国有企业的预算约束由软变硬，减少国有企业与政府的依附关系，创造公平竞争的市场环境，有利于建立现代企业制度，有利于进一步深化国有企业改革，进而有利于进一步完善市场经济体制。

需要说明的是，随着我国国有企业改革的逐渐到位，以及市场经济体制的完善，尤其是国有企业将来以特殊企业形态占到一定比例，将来是否还有必要继续保留独立的国有资本经营预算制度还有待于商榷，这要视我国国有企业发展的实际情况而定。

第二节 国有资本经营预算收支

一、国有资本经营预算收入

关于国有资本经营预算收入，我国早先的相关立法对其仅作了笼统规定，即指国有资本收益。根据《预算法》第 10 条的规定，国有资本经营预算是对国有资本收益作出支出安排的收支预算。《预算法实施条例》则对 1994 年制定的《预算法》提到的"国有资产收益"（后来修订的《预算法》将"国有资产收益"改为"国有资本收益"）做了一定的解释。根据 1995 年《预算法实施条例》第 9 条的规定，依照规定应当上缴的国有资产收益，是指各部门和各单位占有、使用和依法处分境内外国有资产产生的收益，按照国家有关规定应当上缴预算的部分。

当初，这种笼统规定并没有受到多大影响。因为当时国有企业改革正处于攻坚克难阶段，国有企业效益也普遍低下，或正处于支付国企改革成本与代价中，因而国家实施暂停国企税后利润上缴的政策，国有资本经营预算制度也未得到有效实施。直至 2007 年，在中央国有企业试点国有资本收益上缴及实施国有资本经营预算制度时，相关立法及政策文件开始将"国有资本收益"予以细化和具体化。

根据 2007 年发布的《国务院关于试行国有资本经营预算的意见》的规定，国有资本经营预算的收入是指各级人民政府及其部门、机构履行出资人职责的企业上交的国有资本收益，主要包括：①国有独资企业按规定上交国家的利润。②国有控股、参股企业国有股权（股份）获得的股利、股息。③企业国有产权（含国有股份）转让收入。④国有独资企业清算收入（扣除清算费用），以及国有控股、参股企业国有股权（股份）分享的公司清算收入（扣除清算费用）。⑤其他收入。

根据 2008 年颁布的《企业国有资产法》第 59 条的规定，国家取得的下列国有资本收入，以及下列收入的支出，应当编制国有资本经营预算：①从国家出资企业分得的利润；②国有资产转让收入；③从国家出资企业取得的清算收入；④其他国有资本收入。

从某种意义上说，针对国有资本经营预算收入，《企业国有资产法》比

《国务院关于试行国有资本经营预算的意见》规定得更为简化、精炼。比如，《企业国有资产法》提及的"从国家出资企业分得的利润"实际上包括了国有独资企业（公司）按照规定上缴国家的利润，以及国有控股、参股企业国有股权（股份）获得的股利、股息等。因此，两者关于国有资本经营预算收入范围的规定并无冲突之处。

由此可见，国有资本经营预算收入范围主要包括如下：

（一）从国家出资企业分得的利润

根据国家出资企业的产权结构及组织形式的不同，从国家出资企业分得的利润可以分为两种：

（1）国有独资企业（公司）按照规定应当上缴国家的利润。这里的"利润"是指税后净利润，即扣除弥补以前年度亏损和提取法定公积金、公益金后可供出资人分配的利润。从我国现有的立法规定来看，国有独资企业的性质是全民所有制企业，依然适用《全民所有制工业企业法》。根据该法第6条规定，企业必须依法缴纳税金、费用、利润。国有独资公司适用《公司法》。根据该法第4条的规定："公司股东依法享有资产收益、参与重大决策和选择管理者等权利。"当然，这里有个利润上缴比例的问题。对此，本书第九章已经做了详细分析。

（2）国有控股、参股企业中国有股分得的股息、红利。随着我国市场经济体制改革的不断深化，股份制改革成了国有企业改革的重要手段，国有企业多被改制为国有控股或参股公司甚或民营化。根据《公司法》第4条的规定，国有股东对国有控股或参股公司依据国有股份所占比例享有收益权。因而，国有股东根据《公司法》和《证券法》等相关法律法规，依据股份有限公司股利分配方案或有限责任公司红利分配方案，根据其在国有控股公司或参股公司所占国有股份比例有权获得相应的股息或红利。

（二）企业国有产权转让收入

根据百度百科的定义，所谓企业国有产权，是指国家对企业以各种形式投入所形成的权益、国有及国有控股企业各种投资所形成的应享有的权益，以及依法认定为国家所有的其他权益。根据《中央企业国有资本收益收取管理暂行办法》（已失效）的规定，国有资产转让收入是指转让国有产权、股权（股份）获得的收入。这实际上就是指企业国有产权转让。事实上，对于国家出资企业而言，资产属于企业，国有股东转让的是一种权益，是一种国有产权，而不是国有资产。因此，《国务院关于试行国有资本经营预算的意见》针对国有资本收益使用"企业国有产权转让收入"更为科学合理，建议《企业国有资产法》将"国有资产转让收入"改为"企业国有产权转让收入"。

企业国有产权转让又被称为企业国有产权交易，一般要求在产权交易市场转让国有产权。其中，涉及上市公司的国有股权转让需要在证券市场交易。对此，本书第八章已经做了详细分析。

至于有学者认为企业国有产权转让收入并非国有资本收益，[1]笔者认为，这种质疑的理由是不成立的。理由在于：国家对国家出资企业投资所形成的企业国有产权就是一种国有资本，企业国有产权转让收入就是一种国有资本收益。而且，对于企业国有产权转让收入，以及其后讨论的从国家出资企业取得的清算收入等，更需要考虑的是是否应当被纳入国有资本经营预算收入范围，而无需较真是否是国有资本收益，这才是真问题。从实践来看，上述企业国有产权转让收入和清算收入等均应当被纳入国有资本经营预算收入范围。

（三）从国家出资企业取得的清算收入

从国家出资企业取得的清算收入包括国有独资企业清算收入（扣除清算费用），以及国有控股、参股企业国有股权（股份）分享的公司清算收入（扣除清算费用）。清算收入包括企业的解散清算收入和破产清算收入。

对于国有独资企业（或公司）而言，无论是解散清算收入还是破产清算收入，均归企业国有资本出资人，应当被纳入国有资本经营预算收入的范围内。

对于国有控股或参股公司而言：一是解散清算收入。根据《公司法》第180条至第186条的规定，当公司解散清算时，针对分别支付清算费用、职工的工资、社会保险费用和法定补偿金，缴纳所欠税款，清偿公司债务后的剩余财产，有限责任公司按照股东的出资比例分配，股份有限公司按照股东持有的股份比例分配。国有股东有权从企业清算中获得国有股份的清算收入。

---

〔1〕 参见王新红等：《国有企业法律制度研究》，中央编译出版社 2015 年版，第 463 页。

二是破产清算收入。根据《企业破产法》的相关规定，尽管破产清算一般不会产生剩余资产，但在实践中也存在破产清算后剩余资产的可能或出资人获得破产清算收入的可能。在此情况下，国有股东按照股权比例获得相应的清算收入。

（四）其他国有资本收入

这是一个兜底性条款，即考虑到根据法律法规规定可能出现的国有资本出资人享有或获得的其他收入。对此，我国地方立法中也普遍规定了这一兜底性条款。这也是立法通例。

在此，根据国家和地方相关立法及政策文件的规定，"其他国有资本收入"可能涉及公共财政预算转入的收入、融资性收入、国有资本的其他投资收益（包括股票、债券投资收益、借款利息收入）等。[1]

二、国有资本经营预算支出*

（一）我国现有国有资本经营预算支出范围

根据2007年发布的《国务院关于试行国有资本经营预算的意见》的规定，国有资本经营预算的支出主要包括：①资本性支出。根据产业发展规划、国有经济布局和结构调整、国有企业发展要求，以及国家战略、安全等需要安排的资本性支出。②费用性支出。用于弥补国有企业改革成本的费用性支出。③其他支出。具体支出范围依据国家宏观经济政策以及不同时期国有企业改革和发展的任务，统筹安排确定。必要时，可部分用于社会保障等项支出。

对此，2007年财政部发布的《中央国有资本经营预算编报试行办法》（已失效）以及2008年国资委发布的《中央企业国有资本经营预算建议草案编报办法（试行）》等也作了相同或类似的规定。此外，尽管我国各地方立法的规定不尽相同，这也在因地制宜的情理之中，但总体上却是相似的。

综合《国务院关于试行国有资本经营预算的意见》以及全国各地立法及

---

〔1〕 参见李曙光等：《国有资产法律保护机制研究》，经济科学出版社2015年版，第327页。

* 本章节内容以"我国国有资本经营预算支出的理性思考"为题发表于《产权导刊》2020年第1期。

政策文件规定（如《江苏省省级国有资本经营预算管理办法》等），我国现有国有资本经营预算支出范围主要包括：

（1）资本性支出。根据产业发展规划、国有经济布局和结构调整、国有企业发展要求以及国家战略安全等需要安排的资本性支出。主要包括向新设企业注入国有资本金，向现有企业增加资本性投入，向公司制企业认购股权、股份等方面的支出等。

（2）费用性支出。用于弥补国有企业改革成本的费用性支出。比如，用于职工安置、身份转换、政府担保性支出、其他政府决策因素导致的历史遗留问题的解决等。[1]

（3）其他支出。具体支出范围依据国家宏观经济政策以及不同时期国有企业改革和发展的任务，统筹安排确定。比如，国有企业结构调整和企业重组重大项目聘请中介机构的费用、国有企业外部董事费用以及用于预算支出项目的各项管理费用、国有资本监管及专项审计活动等费用支出。必要时，可部分用于社会保障等项支出。

（二）我国社会转型期国有资本经营预算支出的理性选择

从我国现有相关立法、政策文件的规定，以及国有资本经营预算制度的执行情况来看，我国现有国有资本经营预算支出主要被用于国有企业本身，即企业国有资本收益大多又回流到国有企业本身，主要包括解决国有企业历史遗留问题及改革成本支出、国有企业资本金注入、国有企业政策性补贴等，即资本性支出和费用性支出太多，而较少被用于社会保障等公共福利性支出。

对此，学术界有不同看法。有学者认为，鉴于国有企业效益不高，资本性支出不应被纳入国有资本经营预算支出，国有资本经营预算支出应当向社会保障方面倾斜。[2]也有学者认为，资本性支出完全可以被目前公共财政支出中的经济建设支出取代，而且将性质属于国家财政收入的国有资本收益主要用于国有企业是不合理的，也是不公平的。[3]

---

〔1〕 文宗瑜、刘微：《国有资本经营预算管理》，经济科学出版社 2007 年版，第 193 页。

〔2〕 思源："中国财政支出结构的过去现在与未来——建立民生财政的设想"，载《炎黄春秋》2008 年第 4 期。

〔3〕 观点源自：世界银行北京代表处高级企业重组专家张春霖在"国企利润、产权制度与公共利益高层论坛"上做的主题报告《国有企业分红的三个政策问题》（2008 年 2 月 24 日），转引自李曙光等：《国有资产法律保护机制研究》，经济科学出版社 2015 年版，第 300 页。

　　笔者认为，上述学者的观点有其合理的一面，在某些方面甚至直面问题的本质。因为作为国家财政收入的企业国有资本收益优先用于国有企业自身，从某种意义上说，这对于市场竞争中的民营企业等其他企业是不公平的，有违市场公平竞争原则。而且，投资市场竞争领域的国有企业还存在国有垄断和低效问题。在实践中，这类国家出资企业很容易与其国有资本出资人存在通谋可能性，从而将其收益优先用于企业本身，或存在其他行政垄断可能，不仅有违市场公平竞争，而且也使国有资本收益未能惠及全民。因此，在我国现有国有资本经营预算制度下，国有资本经营预算的资本性支出要有向社会保障或政府一般公共预算转移的制度设计，否则便会影响到资本性支出的合理性。

　　也有学者将国有资本收益支出分为投资经营性支出和公共福利性支出，如果从全民福利最大化原则出发，国有资本收益结构取决于这两类支出对全民福利的"边际贡献"比较。[1]笔者认为，这从理论上分析应该没有问题，但在实践中，国有资本收益用于投资经营性支出容易导致国有垄断利润、与民争利，也容易导致低效率、亏损、浪费，从而原则上不符合国有资本投资方向。国有资本收益再投资原则上主要被用于弥补市场失灵，以补充市场机制之不足。因此，上述学者的观点只能作为某一国有企业在一定时期内的个案分析，但不足以普遍适用于所有国有企业。

　　但我们需要理性地认识到理论与现实的距离，即决策者受制于现实环境的诸多制约，而不得不寻求较为稳妥甚至折中的改革策略。具体到国有资本经营预算支出来看，决策者不仅要考虑到我国现实国情下国有企业的历史包袱、国有企业改革的成本与代价，而且还要考虑到国有企业以外的事情，即社会转型期社会稳定及其风险系数等多重因素。

　　因此，对于我国正处于市场转型过程中的国有企业而言，企业国有资本收益还不完全等同于一般意义上的企业国有资本收益。国有资本经营预算支出也有其社会转型期的特殊性。比如，国有企业市场转型改革收益应当被纳入财政专户，以确保国有企业改革成果被公平分享。我国目前推行的国有股减持补充社保基金即是典型例证。

---

　　〔1〕　参见汪立鑫、付青山："转型期国有资本收益的公共福利性支出"，载《财经科学》2009年第1期。

有鉴于此，从我国社会转型期国有资本经营预算支出来看，主要包括如下几层含义：①解决国有企业历史遗留问题和改革成本支出以及必要的资本性支出是需要的，但应当逐渐减少资本性支出，尤其是减少甚至避免一般市场竞争领域的资本性支出；②即便是资本性支出，也应当主要被用于国有经济结构调整、前瞻性战略性产业发展、生态环境保护、科技进步与技术先导产业扶持、保障国家经济安全、对外经济合作交流等，同时做好资本性支出向社会保障预算或公共预算转移的制度设计；③在资本性支出预算编制中引入零基预算制度，[1] 以便更好地提高预算资金的使用效益，也能满足社会转型过程中的国企改革需要；④国有股减持收益主要被用于补充社会保障基金；⑤不断扩大教育、社会保障及其他民生等公共福利性支出。对此，我们从我国财政部近几年公布的中央国有资本经营预算支出表格及相关说明便可以看出端倪。

（三）我国国有资本经营预算支出的未来走势

在我国国有资本经营预算制度存在的前提下，如同本书第九章所述，我国国有资本经营预算支出将来要按照特殊企业和普通商事企业进行区别规制，实行不同的预算管理。具体而言，我国国有资本经营预算支出的未来走势主要包括如下：

1. 特殊企业

作为特殊企业形态的国有企业具有国家公产性质，其预算管理如同行政事业单位一般实行公共预算，特殊企业国有资本收益分配及其使用原则上实行"统收统支"，由国库集中支付，优先用于缴纳单位，主要用于特殊企业固定资产和技术更新改造以及其他企业发展需要，以弥补财政支出。因为特殊企业并不以营利为目的或主要目的，主要为社会提供公共产品和公共服务，其存在目的就是惠及国家、社会及其全体公民，是一种变相的国有资本收益分配及其使用形式。而且，特殊企业国有资本收益优先用于缴纳单位，可以进一步降低特殊企业所提供的公共产品和公共服务收费价格，甚至因此而免

---

[1] 零基预算制度最早源于20世纪初美国得克萨斯州仪器公司的公司预算管理改革。零基预算要求预算单位以成本效益分析为基础论证其预算申请，并按照各预算申请的效益进行排序，然后由预算主体按优先次序进行预算资源分配。参见李曙光等：《国有资产法律保护机制研究》，经济科学出版社2015年版，第307页。

费提供公共产品和公共服务，这实际上是变相地使国有资本收益惠及全民。

2. 普通商事企业

作为普通商事企业形态的国有企业具有国家私产性质，在未来的市场经济社会中并不具有主导地位，这类企业国有资本收益分配及其使用不同于特殊企业优先用于缴纳单位并由国库集中支付的做法。因为特殊企业并不以营利为目的或主要目的，其主要是为社会提供公共产品和公共服务，其存在意义是惠及国家、社会及其全体公民，是一种变相的国有资本收益分配及其使用形式。

最后，需要说明的是，国有资本经营预算支出关系到企业国有资本收益的分配及其使用，是国有资本经营预算制度的核心所在。随着社会主义市场经济发展到一定程度，国有企业改革到位，国有企业更多地以特殊企业形态出现，作为普通商事企业形态的国有企业不再具有主导地位，届时有无必要单独编制国有资本经营预算支出甚至有无必要存在独立的国有资本经营预算制度还有待商榷。这也是国际经验。比如，美国、日本等国家并没有独立的国有资本经营预算制度，而是直接将之纳入公共预算。但从目前来看，我国仍有必要构建相对独立的国有资本经营预算制度。

第三节　国有资本经营预算编制

一、编制主体

（一）现有立法和相关政策文件规定

《企业国有资产法》第61条规定："国务院和有关地方人民政府财政部门负责国有资本经营预算草案的编制工作，履行出资人职责的机构向财政部门提出由其履行出资人职责的国有资本经营预算建议草案。"

《国务院关于试行国有资本经营预算的意见》规定，各级财政部门为国有资本经营预算的主管部门。各级国有资产监管机构以及其他有国有企业监管职能的部门和单位，为国有资本经营预算单位。

《中央国有资本经营预算编报试行办法》（已失效）第16条规定，财政部于每年8月起，开始编制下一年度中央国有资本经营预算草案，同时向中央预算单位和中央企业下发编报年度中央国有资本经营预算建议草案和支出项目计划的通知。

《中央企业国有资本经营预算建议草案编报办法（试行）》（已失效）第5条规定，每年5月上旬，国资委根据中央企业财务预算，结合宏观经济形势和企业生产经营发展状况，测算中央企业本年度预计可实现的国有资本收益，作为编制下年度预算建议草案的预算收入。第9条规定："国资委对有关中央企业报送的预算支出计划，建立项目库，实行滚动管理。"第10条规定："国资委按照下年度预算收入，对项目库中的预算支出项目统筹安排、综合平衡，于10月底前编制完成预算建议草案，报财政部审核。"

综上分析，我国现有国有资本经营预算编制主体主要包括如下几个层级：一是各级财政部门是国有资本经营预算的主管部门；二是履行企业国有资本出资人职责的机构（主要包括国资委和财政部门）负责提出国有资本经营预算建议草案；三是国有企业具体负责预算申报。

（二）存在的问题与不足

1. 财政部门与国资委在国有资本经营预算方面的关系难以理顺

企业国有资本出资人制度设计的缺陷，导致国有资本经营预算的公共财政职能与企业国有资本出资人职能不相衔接。一方面，国有资本经营预算应当被纳入财政预算范围，这是财政部门的公共职能。另一方面，国有资本经营预算应当由企业国有资本出资人负责，这是出资人职能的应有要求。而在我国，有相当一部分国有企业的国有资本出资人是国资委，国资委作为企业国有资本出资人应当履行国有资本经营预算职能，否则便有违出资人角色。为此，有学者主张由国资委掌握国有资本经营预算。[1]因而，国有资本经营预算编制主体无论是从理论上来看还是从实践来看常纠结于财政部门还是国资委，进而影响到能否被有效纳入财政预算范围内。为此，我国现有立法和相关政策文件对此作了折中规定，即一方面，各级财政部门负责国有资本经营预算草案的编制工作；另一方面，履行出资人职责的机构向财政部门提出由其履行出资人职责的国有资本经营预算建议草案。但这种规定在无形中留下了隐患。因为负责国有资本经营预算编制的财政部门不熟悉国有企业，而熟悉国有企业的国资委又不完全是国有资本经营预算的负责部门，容易造成

---

〔1〕 参见刘纪鹏：《凤凰涅槃：刘纪鹏论国资改革》，东方出版社2016年版，第129页。

两者之间在国有资本经营预算编制方面的摩擦与矛盾。而且，这也容易导致国有资本经营预算与财政预算编制主体难以有效统一。

2. 国资委角色错位

如同本书第五章所述，在我国目前阶段，国资委既是企业国有资本出资人，又是国资监管机构，这势必会造成角色错位与矛盾。具体到国有资本经营预算而言，国资委既负责提出国有资本经营预算建议草案，又负责监督国有资本经营预算。很显然，这在逻辑上难以自洽，容易造成国资委职能错位，影响监督成效。2019 年颁布的《中央企业国有资本经营预算支出执行监督管理暂行办法》等规定就体现了这一问题。[1]

（三）对策与建议

如何解决上述存在的问题与不足？根本之策就在于统一企业国有资本出资人。如同本书第五章所述，笔者建议，所有国家出资企业的企业国有资本总出资人职能根据分级所有原则均由各级财政部门履行；财政部门下设国有财产管理局；在财政部门与国家出资企业之间设立若干国有资本投资运营公司，履行企业国有资本具体出资人职能；国资委作为纯粹的国资监管机构，不再履行企业国有资本出资人职能。

因此，国有资本经营预算编制主体将包括两个层级：一是各级财政部门负责国有资本经营预算编制；二是国家出资企业作为国有资本经营预算单位，具体负责预算申报。这不仅实现了企业国有资本出资人职能与公共财政职能的统一，还避免了财政部门与国资委之间的职能错位与冲突。国资委作为纯粹的监管机构，其中一项监管职能就是负责监管国家出资企业国有资本经营预算收支等事项。

二、编制原则

关于国有资本经营预算编制的原则，有学者提出了"市场效率原则"[2]或"效益原则"。[3]国资委发布的《国有资本经营预算编制管理工作规则

〔1〕但在国有企业及其国资委改革尚未完全到位时，我国现有的诸多政策及其规定有值得理解和合理之处。

〔2〕参见顾功耘等：《国有资产法论》，北京大学出版社 2010 年版，第 86 页。

〔3〕参见李曙光等：《国有资产法律保护机制研究》，经济科学出版社 2015 年版，第 332 页。

（试行）》也提出了类似的"注重效益原则"。笔者认为，这种原则在国有资本经营预算制度建立之初有其一定意义，但也有其局限性。因为，随着国有企业改革的不断深化，市场经济体制不断完善，国有资本主要不是参与一般市场竞争领域，更多的是进入非市场竞争或特定市场，以弥补市场机制之不足。因而，在市场经济社会，所谓的"市场效率""注重效益"并非是国有资本运营主要追求的目标。

此外，国资委发布的《国有资本经营预算编制管理工作规则（试行）》也提出了"资本性支出为主的原则"。如前所述，资本性支出可以被目前公共财政支出中的经济建设支出取代，而且资本性支出主要被用于国有企业自身既不合理也不公平。从我国社会转型期国有资本经营预算支出来看，解决国有企业历史遗留问题需要有一个渐进的过程，必要的资本性支出是需要的，但随着国有企业改革及其市场经济体制的不断深化和完善，应当逐渐减少资本性支出，尤其是减少甚至避免一般市场竞争领域的资本性支出，提高社会保障等公共福利性支出。

结合市场经济社会中国有资本运营存在的价值，根据《预算法》和《国务院关于试行国有资本经营预算的意见》等相关规定，我国国有资本经营预算编制原则概括起来主要有如下几点：

（1）统筹兼顾、适度集中原则。统筹兼顾企业自身积累、自身发展和国有经济结构调整及国民经济宏观调控的需要，适度集中国有资本收益，合理确定预算收支规模。尤其是要统筹考虑国有企业在我国市场经济发展的不同阶段所承担的任务、担当的角色及其市场定位，国有资本经营预算要分清主次和轻重缓急，突出重点，合理安排，兼顾局部利益与整体利益、当前利益与长远利益等。因而，国有资本经营预算也表现出了历史发展阶段性特点。

（2）相对独立、相互衔接原则。国有资本经营预算作为政府复式预算的重要组成部分，与政府一般公共预算、政府性基金预算、社会保险基金预算等一并构成政府预算体系。国有资本经营预算在保持自身完整与相对独立的同时，又保持与政府一般公共预算的相互衔接。这充分反映了国有资本经营预算与政府一般公共预算分别体现了政府作为国有资本出资人与社会公共管理者的不同角色所进行的不同活动。

（3）分级编制、逐步实施原则。国有资本经营预算实行分级管理、分级编制，根据条件逐步实施。根据国有资本中央与地方分别所有原则，国有资本经营预算采取中央与地方分级编制。而且，国有资本经营预算制度的建立健全也是一个从试点到推广、从地方到中央且再从中央到地方、从中央到不同类型国有企业等逐步实施的过程。

（4）以收定支、收支平衡原则。国有资本预算支出应根据国有资本预算收入规模确定，国有资本经营预算应当按照收支平衡的原则编制，不列赤字，并安排资金调入一般公共预算。在国有资本经营预算中，资金筹集重点是国有资本存量调整收入，它是决定国有资本经营预算能否真正实施的关键。因此，存量调整坚持收支平衡是编制国有资本经营预算的重要原则，也是保障国有资本保值、增值的关键措施。[1]

（5）规范管理、公开透明原则。完善相关立法和规范性文件，依法建立和完善规范、透明的国有资本经营预算管理制度，按照规定及时公开国有资本经营预算收支情况，并作出相应的情况说明。

三、编制程序

（一）编制程序的现有规定

从我国现有的立法规定来看，国有资本经营预算编制主体涉及国资委、财政部门等，编制程序较为繁琐。根据《企业国有资产法》《国务院关于试行国有资本经营预算的意见》等有关规定，国有资本经营预算编制程序主要分为三个阶段：一是国有企业申报预算；二是履行出资人职责的机构提出预算建议草案；三是财政部门编制预算草案。

其中，因履行出资人职能机构和国有企业类型不同，国有资本经营预算编制程序并不统一。比如，财政部针对所辖国有企业颁布了《中央国有资本经营预算编报试行办法》（已失效），国资委针对所辖国有企业颁布了《中央企业国有资本经营预算建议草案编报办法（试行）》（已失效）。两者均对《国务院关于试行国有资本经营预算的意见》和《企业国有资产法》作了细化规定。具体如下：

1. 财政部所辖国有企业

根据《中央国有资本经营预算编报试行办法》（已失效）的相关规定，财政部所辖国有企业的国有资本经营预算编制程序具体如下：

---

〔1〕　参见顾功耘等：《国有资产法论》，北京大学出版社 2010 年版，第86 页。

（1）财政部于每年 8 月起，开始编制下一年度中央国有资本经营预算草案，同时向中央预算单位和中央企业下发编报年度中央国有资本经营预算建议草案和支出项目计划的通知。[1]

（2）中央企业于每年 9 月底以前，将编报的国有资本经营预算支出项目计划报中央预算单位，并抄报财政部。

（3）中央预算单位于每年 10 月底以前，将所编制的国有资本经营预算建议草案报财政部。

（4）财政部于每年 12 月底以前，将中央国有资本经营预算草案报国务院。

（5）中央国有资本经营预算草案经国务院批准后，财政部于预算执行年度 3 月底以前，批复各中央预算单位；中央预算单位在财政部批复本单位预算之日起 15 个工作日内，批复所监管企业，同时抄报财政部备案。

2. 国资委所辖国有企业

根据《中央企业国有资本经营预算建议草案编报办法（试行）》（已失效）的相关规定，国资委所辖国有企业的国有资本经营预算编制程序具体如下：

（1）每年 5 月上旬，国资委根据中央企业财务预算，结合宏观经济形势和企业生产经营发展状况，测算中央企业本年度预计可实现的国有资本收益，作为编制下年度预算建议草案的预算收入。

（2）每年 5 月下旬，国资委根据下年度预算收入和预算支出范围、重点，向有关中央企业提出下年度预算支出计划编制要求。

（3）每年 7 月下旬，有关中央企业根据国资委下达的下年度预算支出计划编制要求，申报本企业下年度预算支出计划，并按照内部决策程序，形成书面申请报告报国资委。

（4）国资委对有关中央企业报送的预算支出计划，建立项目库，实行滚动管理。

（5）国资委按照下年度预算收入，对项目库中的预算支出项目进行统筹

---

[1] 中央预算单位主要指国有资本运营机构或国有资本投资运营公司，如中国投资有限责任公司、中央汇金投资有限责任公司、中国诚通控股集团有限公司和国家开发投资集团有限公司等，介于财政部和从事具体经营的国有企业之间。对此，本书第五章做了详细分析。

安排、综合平衡，于10月底前编制完成预算建议草案，报财政部审核。

（6）国资委在财政部批复中央企业国有资本经营预算之日起15个工作日内，批复有关中央企业。

（二）编制程序的建议与展望

如前所述，笔者建议，所有国家出资企业的企业国有资本出资人职能根据分级所有原则均由各级财政部门履行；国资委作为纯粹的国资监管机构，不再履行企业国有资本出资人职能。

一旦如此，国有资本经营预算编制程序将相对简化。各级财政部门负责国有资本经营预算编制；国有企业作为国有资本经营预算单位，具体负责预算申报。如同《中央国有资本经营预算编报试行办法》（已失效）规定，国有资本经营预算编制程序主要包括如下：

（1）国有企业预算申报。国有企业将编报的国有资本经营预算支出项目计划报预算单位，并抄报财政部门。预算单位主要指国有企业的母公司国有资本运营公司等。

（2）国有资本投资运营公司编制国有资本经营预算建议草案，并将所编制的国有资本经营预算建议草案报财政部门。

（3）财政部门根据上报的国有资本经营预算建议草案，编制国有资本经营预算草案，并将其上报政府审批。

（4）国有资本经营预算草案经同级政府批准后，上报同级人大审批。

（5）国有资本经营预算草案经人大审批后，将国有资本经营预算批复给各预算单位，再批转给从事具体经营的国有企业。

如果有些国有企业没有作为中间层的履行国有资本出资人职能的国有资本投资运营公司，而直接由财政部门履行出资人职能，则国有资本经营预算编制程序相对更为简化。但从国有企业改革发展趋势，以及企业国有资本出资人制度改革的推进来看，在一般情况下，在总出资人财政部门与从事具体经营的国有企业之间构建一层履行国有资本具体出资人职能的国有资本投资运营公司是必要的。

第十一章 国有企业变更

Chapter 11

　　国有企业变更主要包括国有企业合并与分立，以及国有企业组织形式的变更等。至于一般企业变更所涉及的纯粹注册登记事项、注册资本等变更，在此无需单独讨论。国有企业合并是通常所说的国有企业兼并或并购的重要内容；国有企业组织形式的变更就是通常所说的国有企业改制的重要内容。通常所说的国有企业重组主要涉及国有企业合并与分立，以及国有企业组织形式的变更等。

　　党的十八届三中全会提出了全面深化改革，成立了全面深化改革领导机构，国有企业在已有改革基础上也进入了全面深化改革阶段。国有企业进一步战略性重组成为必然。国有企业通过进一步的公司化改制，在电信、电力、石油、天然气、铁路、民航、军工、船舶、化工、装备制造、有色金属、钢铁等领域有序推进国有企业战略性重组、专业化整合及其混合所有制改革等。其中，国有企业合并与分立、组织形式变更等将成为重要内容。

　　无论是国有企业兼并或并购、国有企业改制还是国有企业重组，均是对我国不同历史阶段国有企业改革方式、手段或措施的一种表述，是不同历史阶段国有企业改革的重要组成部分。上述概念表述（尤其是国有企业改制和重组）主要是经济学和管理学的概念，并非是法学概念，对应法律层面上的企业合并与分立、企业组织形式变更等一般法律术语。

　　关于企业合并与分立、企业组织形式变更等，企业公司法均有详细规定。如同本书第二章所述，在市场经济社会，国有企业立法不同于私有企业，主要采取特殊企业立法；国有企业优先适用国有企业特别法、基本法和单行法，在上述立法无此规定的情况下方可适用一般意义上的企业公司法等私法规范。国有企业合并与分立、企业组织形式变更等应当遵循上述法律适用原则。尽管《全民所有制工业企业法》《企业国有资产法》《公司法》等相关法律法规均需要修订完善，但本书将立足于现有立法并着眼于修法愿景分析国有企业变更。

第一节　国有企业合并与分立

一、国有企业合并

(一) 国有企业合并含义

企业合并是指两个或两个以上的企业依照相关法律规定，订立合并协议，不经过清算程序，直接合并为一个企业的法律行为。如果其中至少有一个是国有企业参与的合并，即为本章节所讨论的国有企业合并。

国有企业合并是通常所说的国有企业兼并或并购的重要内容。根据《关于企业兼并的暂行办法》的规定，企业兼并是指一个企业购买其他企业的产权，并使其他企业失去法人资格或改变法人实体的一种行为，不通过购买方式实行的企业之间的合并，不属于本办法规范。由此可见，广义上的企业兼并主要包括资产收购、股权收购和企业合并等；狭义上的企业兼并就是企业合并。

企业并购是兼并与收购的统称，实际上等同于广义上的企业兼并，只是在不同语境下的习惯用语不同而已。所谓企业并购 (Merger & Acquisition)，是指一切涉及企业控制权转移与合并的行为，它包括资产收购、股权收购和企业合并等方式。[1]也有学者认为，企业并购是指企业或其他主体以现金、债券、股票或其他有价证券等形式，通过购买股份或资产，或通过其他投资关系、协议、安排的途径或综合运用上述方式，旨在获得其他企业控制权或使其他企业丧失法人资格的行为。[2]其实，两者关于企业并购的含义界定实质上大同小异，均包括了资产或股权收购以及企业合并等。由此可见，企业合并是企业并购的主要内容，但企业并购并不完全局限于企业合并，还涉及资产或股权收购等。

关于纯粹的资产或股权收购（尤其是管理层收购和境外投资者收购等行为）笔者已经在本书第八章"企业国有产权交易"中做过详细阐述，本章节主要讨论国有企业合并。当然，资产或股权的收购或转让也是包括国有企业

---

〔1〕　赵旭东主编：《公司法学》（第2版），高等教育出版社2006年版，第470页。

〔2〕　顾功耘等：《国有资产法论》，北京大学出版社2010年版，第252页。

在内的企业合并的重要手段。

国有企业合并除了具有一般企业合并所具有的意义，如扩张企业规模、减少竞争对手、降低交易成本、规避或减少市场风险等，更具有特殊意义。在市场经济社会，尤其是在当下的全面深化国有企业改革阶段，国有企业合并是国有企业战略性重组及国有企业改革的重要手段，有利于混合所有制的产权多元化改革，有利于降低国有企业（尤其是中央国有企业）的数量和比重，有利于在特定领域做强、做优、做大国有资本，提高特定领域国有资本的创新力和竞争力。

（二）国有企业合并类型

根据《公司法》第 172 条的规定，企业合并主要分为吸收合并和新设合并两种类型。

（1）吸收合并。吸收合并是最常见的一种合并类型，也是国有企业合并最主要的方式。所谓吸收合并，是指一个企业吸收其他企业，被吸收的企业予以解散。根据欧共体理事会关于股份有限公司合并的第 3 号公司法指令第 3 条的规定，吸收合并是指一家或一家以上的被合并公司未经清算而解散，并将其全部资产和负债转让给另一家存续公司的法律行为。〔1〕美国波音公司和麦道公司的合并就是典型的吸收合并。我国中粮集团收购中谷集团、中国联通并购中国网通、东方航空并购上海航空、宝钢集团有限公司并购武汉钢铁（集团）公司并更名为中国宝武钢铁集团有限公司、神华集团并购国电集团并更名为国家能源集团、中国机械工业集团有限公司并购中国第二重型机械集团公司等均是典型的国有企业吸收合并。

吸收合并主要通过以现金或股份购买资产或股份的方式实现资产或股权的转移，进而实现被吸收企业的消灭，即企业法人资格或公司人格的消灭，被吸收企业的债权债务均由吸收企业（存续企业）继承。

（2）新设合并。所谓新设合并，是指两个或两个以上的企业合并为一个新的企业，合并各方予以解散。根据欧共体理事会关于股份有限公司合并的第 3 号公司法指令第 4 条的规定，新设合并是指数家公司未经清算而解散，并将其全部资产和负债转让给一家新设公司的法律行为。〔2〕典型的国有企业

---

〔1〕 赵旭东主编：《公司法学》（第 2 版），高等教育出版社 2006 年版，第 470 页。
〔2〕 赵旭东主编：《公司法学》（第 2 版），高等教育出版社 2006 年版，第 470 页。

新设合并如中港集团和中国路桥集团合并为中国交通建设集团有限公司等。

在新设合并中，主要通过两家或两家以上的企业作为发起人设立一家新的企业，合并各方的所有资产均转移到新设立的企业，合并各方的债权债务均由新设立的企业继承，合并各方消灭，法人资格被取消，并办理注销登记手续。

（三）国有企业合并程序

根据《企业国有资产法》《公司法》等相关规定，国有企业合并程序不完全同于一般意义上的企业合并程序。主要包括如下：

（1）董事会或企业内部决策机构拟定合并事宜。国有独资企业（公司）设立董事会的，由董事会讨论拟定合并事宜；国有独资企业未设立董事会的，由企业负责人按照企业决策议事规则讨论拟定合并事宜。国有资本控股公司由董事会拟定合并事宜，并报请股东大会讨论决定。

（2）履行国有资本出资人职责的机构决定或股东大会决议。国有独资企业（公司）将拟合并的决议报请履行国有资本出资人职责的机构审批决定。国有资本控股公司将拟合并事宜报请股东大会决议，履行国有资本出资人职责的机构委派股东代表履行相应的股东权利。国有控股股东或其授权代表在出席股东大会前将公司股东大会拟合并事宜报请履行国有资本出资人职责的机构授权指示。根据股权比例，国有控股股东对公司合并事宜有较大话语权，一般多由国有控股股东发起企业合并动议。

对于国有控股公司而言，根据《公司法》的规定，公司合并的决议必须经2/3以上有表决权的股东通过。

《企业国有资产法》第34条规定，根据国务院规定所确定的重要的国有独资企业（公司）、国有资本控股公司的合并，履行国有资本出资人职责的机构在作出决定或者向其委派参加国有资本控股公司股东大会会议的股东代表作出指示前，应当报请本级人民政府批准。

（3）听取工会及其职工意见。《企业国有资产法》第37条规定："国家出资企业的合并、分立、改制、解散、申请破产等重大事项，应当听取企业工会的意见，并通过职工代表大会或者其他形式听取职工的意见和建议。"

（4）通知债权人和公告。《公司法》第173条规定："公司合并……应当自作出合并决议之日起十日内通知债权人，并于三十日天内在报纸上公告。

债权人自接到通知书之日起三十日内，未接到通知书的自公告之日起四十五日内，可以要求公司清偿债务或者提供相应的担保。"

但对于国有企业而言，由于企业合并除了企业内部决议外，还需要履行国有资本出资人职责的机构同意，必要时还需要得到同级政府的审批，因此，通知债权人和公告的时间应当自企业合并协议通过履行国有资本出资人职责的机构甚或同级政府审批后开始计算。

（5）资产评估。根据《企业国有资产法》第47条的规定，国有企业合并应当按照规定对有关资产进行评估。参与合并的国有企业应对其资产进行清查登记，核实债权债务，编制资产负债表、利润分配表和财产清单等。在此基础上进行估价和确定交易价格或条件。

《企业国有资产法》第48条规定："国有独资企业、国有独资公司和国有资本控股公司应当委托依法设立的符合条件的资产评估机构进行资产评估；涉及应当报经履行出资人职责的机构决定的事项的，应当将委托资产评估机构的情况向履行出资人职责的机构报告。"同时，还应报送国资监管机构审核。如同本书第五章所述，笔者建议企业国有资本出资人机构由财政部门担任，国资委不再履行出资人职责，仅作为纯粹的国资监管机构。

（6）订立合并协议。在资产评估的基础上，合并各方订立合并协议。合并协议一般包括合并各方企业基本信息、合并后企业基本信息、合并后企业的投资总额和注册资本、合并形式、合并协议各方债权债务的继承方案、职工安置方案、违约责任、解决争议的方式等。

（7）通过合并协议。签署合并协议后，需要经过职工代表大会审批，然后再报送企业最高权力机构审批决定。对于国有独资企业（公司）合并，合并协议报送履行国有资本出资人职责的机构审批。对于国有资本控股公司合并，合并协议报送公司股东大会审批，须经出席会议的股东所持表决权的2/3以上的特别决议通过，国有股东或其授权代表表决前需报请履行国有资本出资人职责的机构授权指示。

对于根据国务院规定所确定的重要的国有独资企业（公司）、国有资本控股公司的合并，合并协议还需要报请本级人民政府审核批准。

（8）反垄断审查。过度的企业合并与收购行为会导致经营者集中，有可能产生不合理的垄断，妨碍市场竞争秩序。因此，企业一旦确定合并对象，达到国务院规定的申报标准的，需要事先经过反垄断审查。尤其是具有公权力属性的国有企业更需注意这一问题。根据我国《反垄断法》第四章的规定，经营者集中包括企业合并；经营者集中达到国务院规定的申报标准的，经营者应当事先向国务院反垄断执法机构申报，未申报的不得实施集中。

对此，世界上的发达国家普遍通过反垄断立法限制过度企业合并行为。美国 1890 年的《谢尔曼法》（Sherman Act）和 1914 年的《克莱顿法》（Clayton Act）开始禁止并调整妨碍竞争的合并行为。这一立法先例后被市场经济国家所普遍采用。

但在我国，经营者集中的反垄断审查在国有企业并购中并不多见。这固然与反垄断执法机构对待公私企业及外资并购的执法态度存有差异有关，也与国企改革有关。对此，国有企业并购一方面要与其他企业一道公平适用反垄断审查制度；另一方面也要兼顾我国社会转型期国企改革的社会公共利益，合理利用《反垄断法》的豁免条款。

（9）实施合并协议。根据批准并通过反垄断审查的企业合并协议，调整企业业务、资产、负债及人员，以及合并后的公司法人治理结构。

（10）办理登记手续。企业合并涉及一方或双方法人资格的解散，也涉及一方登记事项发生变化或新设企业。因此，企业合并涉及登记事项发生变更的，应当依法办理变更登记手续；涉及设立新公司的，应当依法办理设立登记手续；涉及企业人格消灭的，应当依法办理注销登记手续。

二、国有企业分立

（一）国有企业分立含义

一般而言，在市场经济社会，企业需要规模化经营，从而有利于降低经营成本、提高市场竞争力；另一方面，企业规模过大也有可能增加经营成本、降低运营效率。因此，企业合并与分立都是市场经济社会的常态现象。

企业分立是指一个企业通过签订分立协议，不经过清算程序，分为两个或两个以上相互独立企业的法律行为。企业分立前的债务由分立后的所有企业承担连带责任。但是，企业分立前与债权人就债务清偿另有约定的除外。

1966 年，法国公司法首次设立了公司分立制度。1982 年，欧共体发布公司法第 6 号指令，要求各成员国建立公司分立制度。[1]

---

〔1〕　赵旭东主编：《公司法学》（第 2 版），高等教育出版社 2006 年版，第 478 页。

所谓国有企业分立，是指一家国有企业通过签署分立协议，不经过清算程序，分为两家或两家以上企业的法律行为。国有企业股份制改革大多是将部分优质资产分拆出来上市，从法律性质上看属于国有企业分立。因而，国有企业分立是国有企业股份制改革及其重组的重要方式，也是国有企业混合所有制改革的重要手段和途径。普通商事企业的分立更多的是市场行为，而国有企业分立则更多地贯彻了履行国有资本出资人职责的公权力意志，多具有强制性。

在美国等市场经济发达国家，根据反垄断立法，法院有时会根据利害关系人的请求，下令分拆已构成严重垄断行为的巨型公司。[1]这说明，企业分立不单是企业自身的市场行为，有时也是反垄断需要的强制行为。在我国市场经济社会中，包括国有企业在内的企业分立也不例外。

（二）国有企业分立类型

（1）新设分立。所谓新设分立，是指一个企业分解为两个或两个以上的企业，各自独立经营，原企业注销的法律行为。在我国，国有企业采取新设分立方式的较少，更多地因国企改制需要而将部分优质资产分离上市，进而采取派生分立方式。

（2）派生分立。所谓派生分立，是指一个企业将其部分财产分离出去，从而成立一个或一个以上的企业，原来的企业法人资格继续保留并发生注册资本等变更的法律行为。在国有企业股份制改革中，多为派生分立。典型的国有企业派生分立如原仪征化纤工业联合公司分立为仪征化纤工业联合公司（后更名为仪化集团公司）和仪征化纤股份有限公司；原中国电信分立为中国电信、中国移动和中国卫星通信等三个公司。

（三）国有企业分立程序

根据《企业国有资产法》《公司法》等相关规定，国有企业分立程序不完全等同于一般意义上的企业分立程序。主要包括如下：

（1）董事会或企业内部决策机构拟定分立事宜。国有独资企业（公司）设立董事会的，由董事会讨论拟定分立事宜；国有独资企业未设立董事会的，

---

〔1〕 甘培忠：《企业与公司法学》（第8版），周淳、周游修订，北京大学出版社2017年版，第346页。

由企业负责人按照企业决策议事规则讨论拟定分立事宜。国有资本控股公司由董事会拟定分立事宜，并报请股东大会讨论决定。

（2）履行国有资本出资人职责的机构决定或股东大会决议。国有独资企业（公司）将拟分立的决议报请履行国有资本出资人职责的机构审批决定。国有资本控股公司将拟分立事宜报请股东大会决议，履行国有资本出资人职责的机构委派股东代表履行相应的股东权利。国有控股股东或其授权代表在出席股东大会前将公司股东大会关于拟分立事宜报请履行国有资本出资人职责的机构授权指示。根据股权比例，国有控股股东对公司分立事宜有较大话语权，一般多由国有控股股东发起企业分立动议。

对于国有控股公司而言，根据《公司法》的规定，公司分立的决议必须经2/3以上有表决权的股东通过。

根据《企业国有资产法》第34条的规定，根据国务院规定所确定的重要的国有独资企业（公司）、国有资本控股公司的分立，履行国有资本出资人职责的机构在作出决定或者向其委派参加国有资本控股公司股东大会会议的股东代表作出指示前，应当报请本级人民政府批准。

（3）听取工会及其职工意见。《企业国有资产法》第37条规定："国家出资企业的合并、分立、改制、解散、申请破产等重大事项，应当听取企业工会的意见，并通过职工代表大会或者其他形式听取职工的意见和建议。"

（4）通知债权人和公告。根据《公司法》第175条的规定，公司分立，应当自作出分立决议之日起10日内通知债权人，并于30日内在报纸上公告。

但对于国有企业而言，由于企业分立除了企业内部决议外，还需要履行国有资本出资人职责的机构同意，必要时还需要得到同级政府的审批。因此，通知债权人和公告的时间应当自企业分立决议通过履行国有资本出资人职责的机构甚或同级政府审批后开始计算。

（5）资产评估。根据《企业国有资产法》第47条的规定，国有企业分立应当按照规定对其资产进行评估，进行清查登记，核实债权债务，编制资产负债表、利润分配表和财产清单等。

《企业国有资产法》第48条规定："国有独资企业、国有独资公司和国有资本控股公司应当委托依法设立的符合条件的资产评估机构进行资产评估；涉及应当报经履行出资人职责的机构决定的事项的，应当将委托资产评估机构的情况向履行出资人职责的机构报告。"同时，还应报送国资监管机构审核。如同本书第五章所述，笔者建议企业国有资本出资人机构由财政部门担任，国资委不再履行出资人职责，仅作为纯粹的国资监管机构。

（6）订立分立协议。在资产评估的基础上，订立分立协议。分立协议一般包括分立各方企业基本信息、分立后企业基本信息、分立后企业的投资总额和注册资本、分立形式、财产分割方案、分立协议各方债权债务的继承方案、职工安置方案、违约责任、解决争议的方式等。

（7）通过分立协议。在签署分立协议后，需要经过职工代表大会审议通过，然后再报送企业最高权力机构审批决定。对于国有独资企业（公司）分立，分立协议报送履行国有资本出资人职责的机构审批。对于国有资本控股公司分立，分立协议报送公司股东大会审批，须经出席会议的股东所持表决权的2/3以上的特别决议通过，国有股东或其授权代表表决前需报请履行国有资本出资人职责的机构授权指示。

对于根据国务院规定所确定的重要的国有独资企业（公司）、国有资本控股公司的分立，分立协议还需要报请本级政府审核批准。

（8）实施分立协议。根据批准的企业分立协议，分割企业业务、资产、负债及人员，以及调整分立后的公司法人治理结构等。

（9）办理登记手续。企业分立既有可能涉及一方法人资格的解散或登记事项发生变化，也有可能涉及新设企业。因此，企业分立涉及登记事项发生变更的，应当依法办理变更登记手续；涉及企业人格消灭的，应当依法办理注销登记手续；涉及设立新公司的，应当依法办理设立登记手续。

第二节　国有企业组织形式变更

一、国有企业组织形式变更概述

国有企业组织形式变更是指国有企业在保持企业人格连续性的情况下不经过清算程序从一种企业组织形式变更为另一种企业组织形式的法律行为。国有企业组织形式变更是国有企业变更的重要内容。

在我国，国有企业组织形式主要包括有限责任公司、股份有限公司，以及非公司制的国有独资企业等。国有企业从国有独资企业变更为国有独资公司，或从有限责任公司变更为股份有限公司等均为国有企业组织形式变更。

比如，中国石油天然气总公司改制为中国石油天然气集团有限公司、中国铁路总公司改制为中国国家铁路集团有限公司等。

《企业国有资产法》第39条规定："本法所称企业改制是指：（一）国有独资企业改为国有独资公司；（二）国有独资企业、国有独资公司改为国有资本控股公司或者非国有资本控股公司；（三）国有资本控股公司改为非国有资本控股公司。"

由此可见，国有企业改制必然涉及国有企业组织形式变更。国有企业组织形式变更不同于一般意义上的企业组织形式变更，主要通过国有企业组织形式变更达到国有企业改制的目的，这是国有企业改革的重要途径和方式。正如有学者所指出的，以吸收其他投资者加入、转让股权、"债转股"或者发行股票等方式成立有限责任公司或股份有限公司都是改制的方式和途径。[1] 我国当前提出的国企混合所有制改革就是产权多元化的过程，也必然涉及国有企业组织形式变更。

因此，国有企业组织形式变更也就是通常所说的国有企业改制的重要内容。国有企业改制不是单纯的企业组织形式的转换，而是国有企业公司化改制、产权多元化的过程，从而达到有效公司治理的目标。

从现有法律适用来看，早先的国有企业以及现有全民所有制性质的国有独资企业都是全民所有制企业，适用《全民所有制工业企业法》等相关法律法规；一旦国有独资企业改制为国有独资公司、国有资本控股公司或非国有资本控股公司，便均适用《公司法》等普通商事企业法。如同本书第二章所述，作为国有企业性质的国有独资公司和国有资本控股公司具有特殊企业性质，不同于一般意义上的普通商事企业，不宜在《公司法》等普通商事企业法中加以一般性调整规定，应主要通过特殊企业立法加以调整。因此，现有法律适用因国有企业组织形式的变更而简单地从传统意义上的全民所有制工业企业法向现代公司法调整的变迁具有阶段性特征，不符合市场经济社会国有企业法律适用的发展趋势。

二、国有企业组织形式变更类型

世界各国关于企业组织形式主要有个人独资企业、合伙企业和公司等。

---

[1]　参见钱卫清：《国有企业改制法律方法：从传统形态向现代机制转变》，法律出版社2001年版，第42页。

传统资本主义发展经历了从典型私有制的个人业主制、个人独资企业、合伙企业等家族制性质的企业向社会化企业性质的公司变迁，从而突破了传统的私有制与公有制的界限。公司类型也因不同国家和地区的法律体系差异而存有差异。传统大陆法系国家和地区的公司类型主要包括无限责任公司、有限责任公司、两合公司、股份有限公司、股份两合公司等；传统英美法系国家和地区的公司类型主要有开放式公司和封闭式公司等。以传统大陆法系公司类型为例，公司组织形式变更主要包括如下几种：无限公司与两合公司的互为变更、有限责任公司与股份有限公司的互为变更等。

根据我国《公司法》的规定，公司类型只有两种，即有限责任公司和股份有限公司。我国《公司法》第95条规定："有限责任公司变更为股份有限公司时，折合的实收股本总额不得高于公司净资产额。有限责任公司变更为股份有限公司，为增加资本公开发行股份时，应当依法办理。"有限责任公司变更为股份有限公司也是我国公司组织形式变更的主要形式，适应了我国现阶段企业尤其是国有企业改革的发展趋势。

我国现阶段国有企业组织形式主要有如下几种：①非公司制的全民所有制性质的国有独资企业，随着国有企业改革深化，这种类型的国有企业比例越来越少；②有限责任公司组织形式的国有独资公司和国有资本控股公司；③股份有限公司组织形式的国有资本控股公司。

从理论上说，国有企业组织形式变更主要包括如下几种类型：①国有独资企业与有限责任公司（含国有独资公司）的互为变更；②国有独资企业与股份有限公司的互为变更；③有限责任公司（含国有独资公司）与股份有限公司的互为变更。

但从实践来看，鉴于我国从计划经济向市场经济走向的经济体制改革，国有企业改革总体趋势是公司制及其产权多元化的混合所有制方向，并有进一步深化国企改革的必要，因而现阶段国有企业组织形式的变更总体上呈现为单向性。主要包括如下几种类型：①国有独资企业变更为国有独资公司；②国有独资企业变更为国有资本控股或非国有资本控股甚或非国有资本的有限责任公司；③国有独资企业变更为国有资本控股或非国有资本控股甚或非国有资本的股份有限公司；④国有独资公司或国有资本控股的有限责任公司变更为国有资本控股或非国有资本控股甚或非国有资本的股份有限公司。以上国有企业组织形式变更实际上在《企业国有资产法》第39条有关国有企业改制中予以体现。

根据《关于国有企业功能界定与分类的指导意见》等相关规定，对于非市场竞争领域的主要提供社会公共产品和公共服务的公益类国有企业，原则上以国有独资公司或国有资本控股公司为主；对于主业处于关系国家安全、国民经济命脉的重要行业和关键领域、主要承担重大专项任务的商业二类（特定功能类）国有企业，适度推行混合所有制改革，原则上以国有资本控股公司为主；对于主业处于充分竞争行业的商业一类（一般竞争类）国有企业，将进一步深化混合所有制改革，不断降低国有股比重甚或退出一般市场竞争领域，相对控股、参股或退出国有资本将是其发展趋势。以上应当作为国有企业改制及其组织形式变更的重要原则。

三、国有企业组织形式变更程序

虽然国有企业组织形式变更程序因变更的类型不同而略有差异，但总体而言，国有企业组织形式变更的一般程序大体相似。根据《企业国有资产法》第40条到第42条的规定，结合《公司法》等相关规定，国有企业组织形式变更的一般程序主要包括如下几个方面：

（1）董事会或企业内部决策机构拟定企业组织形式变更方案。在我国国有企业改革发展的现阶段，国有企业组织形式变更方案一般即为通常所说的"改制方案"。根据《企业国有资产法》第41条的规定，企业改制方案应当载明改制后的企业组织形式、企业资产和债权债务处理方案、股权变动方案、改制的操作程序、资产评估和财务审计等中介机构的选聘等事项。

国有独资企业（公司）设立董事会的，由董事会讨论拟定改制方案；如国有独资企业未设立董事会的，由企业负责人按照企业决策议事规则讨论拟定改制方案。国有资本控股公司由董事会拟定改制方案，并报请股东大会讨论决定。

（2）履行国有资本出资人职责的机构决定或股东大会决议。国有独资企业（公司）将改制方案的决议报请履行国有资本出资人职责的机构审批决定。国有资本控股公司将改制方案报请股东大会决议，履行国有资本出资人职责的机构委派股东代表履行相应的股东权利。国有控股股东或其授权代表在出席股东大会前将公司股东大会提出的改制方案报请履行国有资本出资人职责的机构授权指示。根据股权比例，国有控股股东对公司改制方案有较大话语权，一般多由国有控股股东发起企业组织形式变更动议。

对于国有控股公司而言，根据《公司法》的规定，公司组织形式变更的决议必须经 2/3 以上有表决权的股东通过。

《企业国有资产法》第 40 条规定："企业改制应当依照法定程序，由履行出资人职责的机构决定或者由公司股东会、股东大会决定。重要的国有独资企业、国有独资公司、国有资本控股公司的改制，履行出资人职责的机构在作出决定或者向其委派参加国有资本控股公司股东会会议、股东大会会议的股东代表作出指示前，应当将改制方案报请本级人民政府批准。"

（3）听取工会及其职工意见。《企业国有资产法》第 37 条规定："国家出资企业的合并、分立、改制、解散、申请破产等重大事项，应当听取企业工会的意见，并通过职工代表大会或者其他形式听取职工的意见和建议。"

《企业国有资产法》第 41 条第 2 款规定："企业改制涉及重新安置企业职工的，还应当制定职工安置方案，并经职工代表大会或者职工大会审议通过。"

（4）通知债权人和公告。在规定期限内，通知债权人并公告国有企业改制及其企业组织形式变更事宜，同时就解决企业债务问题与债权人达成协议。现有《企业国有资产法》等相关法律法规对此存在规定缺失。对此，《企业国有资产法》或有关国有企业特殊立法应当作出相应规定。

（5）资产评估。根据《企业国有资产法》第 42 条和第 47 条的规定，企业改制应当按照规定进行清产核资、财务审计、资产评估，准确界定和核实资产，客观、公正地确定资产的价值。企业改制涉及以企业的实物、知识产权、土地使用权等非货币财产折算为国有资本出资或者股份的，应当按照规定对折价财产进行评估，以评估确认价格作为确定国有资本出资额或者股份数额的依据。不得将财产低价折股或者有其他损害出资人权益的行为。

《企业国有资产法》第 48 条规定："国有独资企业、国有独资公司和国有资本控股公司应当委托依法设立的符合条件的资产评估机构进行资产评估；涉及应当报经履行出资人职责的机构决定的事项的，应当将委托资产评估机构的情况向履行出资人职责的机构报告。"同时，还应报送国资监管机构审核。如同本书第五章所述，笔者建议企业国有资本出资人机构由财政部门担任，国资委不再履行出资人职责，仅作为纯粹的国资监管机构。

（6）完成新企业组织形式所要求的各种条件。根据《企业国有资产法》

《公司法》等相关法律法规，变更后的企业组织形式应当具备相应的条件，如企业名称预先核准、注册资本、企业章程、企业组织构架等。

（7）办理变更登记手续。企业组织形式变更涉及企业名称、注册资本、企业章程、组织机构等都将发生变化，为此，需要到原企业登记机关办理变更登记手续。

第十二章 国有企业终止

第一节 国有企业终止概述

一、国有企业终止的概念和特征

国有企业终止是指国有企业依据法定程序消灭企业法人资格或主体资格，从而结束企业经营活动的法律行为及其法律后果。

国有企业终止不同于企业停产，企业停产是暂时中止企业生产经营活动，并不消灭企业法人资格或主体资格。早在 1993 年，当时的国务院经济贸易办公室和国家经济体制改革委员会联合发布的《关于全民所有制工业企业实行产品结构和组织结构调整的规定》（已失效）第 16 条第 1 款规定："企业停产，系指政府或企业依照法律法规和企业经营管理状况，在规定期限内暂时中止企业生产经营活动，以整顿企业内部管理的行为。企业停产整顿期限原则为六个月之内，最长不得超过一年。企业因季节性停产或因限产而形成的临时性停产及处罚性停产，不在此列。"我国早先关于国有企业停产整顿的规定受到了破产法重整制度的影响。

国有企业终止不仅具有一般意义上的公司终止的特征，而且还具有自身特征，主要包括如下：

（1）体现了公权力意志。在市场经济社会，国有企业主要存在于市场机制无法或难以发挥作用的领域，为社会提供公共产品和公共服务，或承担特殊任务和特定功能等。因此，国有企业的进退都充分体现了公权力意志，不同于私人的意思自治行为。根据《企业国有资产法》第 31 条到第 34 条的规定，国有企业解散或破产需要由履行国有资本出资人职责的机构决定或由履行国有资本出资人职责的机构授权股东代表通过股东（大）会决议；重要的国有企业解散或破产，履行国有资本出资人职责的机构在作出决定或者向其委派参加国有资本控股公司股东（大）会会议的股东代表作出指示前，应当报请本级人民政府批准。

（2）依据法定程序。由于企业终止涉及市场主体、债权债务、股东、企业员工、利益相关者等诸多利益，而且国有企业终止还涉及国家利益需求和社会公共利益，因此，无论是国有企业还是非国有企业，企业终止行为均需要根据法律法规规定的程序办理。即便是企业自愿解散，也需要遵循法定程序。

（3）经过清算程序。无论是国有企业还是非国有企业终止行为均需要经过法定的清算程序，即对企业清产核资，处理完毕企业债权债务和企业剩余财产后，方可办理注销登记手续。

（4）消灭企业法人资格或经营主体资格。在国际上，虽然国有企业一般具有法人资格，但也存在非法人资格的国有企业。在我国现阶段，国有企业分为公司制和非公司制两类。公司制国有企业均具有企业法人资格。非公司制国有企业即全民所有制企业，根据《全民所有制工业企业法》第2条的规定，全民所有制企业也具有法人资格。因此，我国国有企业目前均具有法人资格。

国有企业终止不是停产整顿，而是对企业完成清算程序后办理注销登记手续，消灭企业法人资格或经营主体资格，从而彻底结束企业经营活动的法律行为及其法律后果。

二、国有企业终止的原因

世界各国关于公司终止的原因规定大同小异，主要包括自愿解散、司法解散、倒闭或破产、行政机关命令解散等四种情况。[1]我国《公司法》也作了类似规定。概括而言，公司终止原因主要包括解散和破产两种情形。

《民法总则》第68条规定："有下列原因之一并依法完成清算、注销登记的，法人终止：（一）法人解散；（二）法人被宣告破产；（三）法律规定的其他原因。法人终止，法律、行政法规规定须经有关机关批准的，依照其规定。"

由此可见，法人企业终止的原因主要包括解散和破产。所谓解散，是指

---

〔1〕　赵旭东主编：《公司法学》（第2版），高等教育出版社2006年版，第490页。

企业除了破产原因外，因发生法律或企业章程规定的解散事由而停止经营活动，并进行清算和办理企业注销登记手续的行为。所谓破产，是指企业不能清偿到期债务，依据企业自身或债权人申请，由法院依照法定程序对其财产强制进行清算，从而消灭企业法人资格的行为。

国有企业终止的原因也不例外，主要包括解散和破产两种情形。1993 年发布的《关于全民所有制工业企业实行产品结构和组织结构调整的规定》（已失效）第五、六章规定了解散和破产。《全民所有制工业企业法》第 19 条规定："企业由于下列原因之一终止：（一）违反法律、法规被责令撤销。（二）政府主管部门依照法律、法规的规定决定解散。（三）依法被宣告破产。（四）其他原因。"《企业国有资产法》等相关法律法规也作了相应规定。同样，我国《公司法》第十章也作了类似规定。

三、国有企业终止的意义

从一般意义上说，在市场经济社会，企业必须遵循优胜劣汰的竞争法则，其进入与退出是市场竞争的结果。无论是理论界还是实务界一般均多从优胜劣汰的市场竞争视角看待国有企业终止的意义。在改革开放及其经济体制改革早期，我国于 1986 年颁布了针对全民所有制企业的《企业破产法（试行）》（已失效）。1993 年发布的《关于全民所有制工业企业实行产品结构和组织结构调整的规定》（已失效）第四、五、六章规定了企业停产整顿、解散和破产。1993 年颁布的《公司法》也对企业破产等作了原则性规定。2008 年颁布的《企业国有资产法》对国有企业解散和破产等作了原则性规定。2016 年，国务院发布的《关于推动中央企业结构调整与重组的指导意见》强调，通过大力化解过剩产能、清理处置长期亏损企业和低效无效资产、退出不具有发展优势的非主业、剥离企业办社会职能和解决历史遗留问题等措施，解决好"退得出"的问题。2016 年，国资委发布的《关于中央企业开展压缩管理层级减少法人户数工作的通知》要求进一步清理"僵尸企业"，压缩和淘汰一批国有企业。2019 年，国家发展和改革委员会发布的《加快完善市场主体退出制度改革方案》强调，对符合破产等退出条件的国有企业，各相关方不得以任何方式阻碍其退出，防止形成"僵尸企业"。

以上立法及其政策性文件规定均体现了国有企业仍大量存在于一般市场竞争领域的现实，以及必须不断深化国有企业改革，从而适应市场经济要求。

因而，上述有关国有企业终止的立法及其政策性文件规定均有其合理性，更多地体现了国有企业改革要求及其改革历程。从国有企业改革的特定发展阶段讨论国有企业终止的优胜劣汰的市场竞争结果具有阶段性意义，在这一特定发展阶段，国有企业终止更多地蕴含着国有企业原则上从一般市场竞争领域逐渐退出或降低国有股比重的国有企业改革的特殊意义。

但从市场经济社会的本质要求来看，立足于我国国有企业在市场经济社会的合理定位及未来发展趋势，国有企业主要存在于市场机制无法或难以发挥作用的领域，以弥补市场失灵。因此，国有企业终止不能被简单地理解为是市场竞争优胜劣汰的结果。这只能作为国有企业终止的例外情形。国有企业终止更多的是基于市场经济社会有关社会公共产品、公共服务，或国家特定功能和任务需求的变化而导致政府意志的决定。因此，国有企业破产因受到严格限制而不多见；国有企业终止多以国有企业解散为主，这也是国际惯例。以美国为例，美国国有企业终止多采取解散方式，如宾夕法尼亚大道发展公司、维尔京群岛公司、泛美导航公司、无线电广播公司等。而这也正是国有企业终止不同于一般意义上的企业终止的原因所在。

第二节　国有企业解散

一、国有企业解散概述

（一）国有企业解散的含义

关于解散的概念，学理上存在不同理解。从狭义上理解，"解散"被与撤销、吊销、关闭、责令停产停业等行政处罚方式并用或混用。但在这类情形下，上述概念往往均有着特定的含义，背后有着相应的具体法律制度支撑和特定的语境。从广义上理解，"解散"为除破产之外的企业终止的原因，其中包括了吊销执照、关闭、撤销以及狭义上的特定法律制度下的"解散"等情形。从最广义上理解，"解散"包括了"破产"，破产只是解散的方式之一，"解散"等同于"终止"，企业终止就是企业解散。

正因为对"解散"存在理解差异，或在不同法律制度及其特定语境下的理解及其使用，"解散"被与撤销、吊销、关闭、责令停产停业、终止等并用或混用。这不能被简单地理解为"解散"概念的混乱使用，而是基于"解散"的广狭义理解，以及不同法律制度及其特定语境下的理解。

从立法层面上来看，我国普遍从广义上理解"解散"，即企业终止的原因包括解散和破产两种情形。对此，《关于全民所有制工业企业实行产品结构和组织结构调整的规定》（已失效）、《公司法》、《企业国有资产法》等相关法律法规和政策性文件均作了上述规定。

所谓解散，是指企业除了破产原因外，因发生法律或企业章程规定的解散事由而停止经营活动，并进行清算和办理企业注销登记手续的行为。

关于国有企业解散，《全民所有制工业企业法》《企业国有资产法》等相关法律法规对此并没有作出明确定义和解释。《关于全民所有制工业企业实行产品结构和组织结构调整的规定》（已失效）第22条规定，企业解散（即关闭），系指政府依照法律法规和宏观调控的需要，决定终止企业生产经营活动的行为。如果从当时的全民所有制企业大量存在于市场竞争领域，乃至现在仍有相当一部分国有企业存在于市场竞争领域来看，上述关于企业解散的规定似有不妥之处，有违市场竞争法则。但如果从市场经济社会国有企业的合理定位来看，上述关于企业解散的规定则有合理之处，即国有企业解散更多地体现了公权力意志。

所谓国有企业解散，是指除了破产原因外，政府因国家及地方情势变更或宏观调控需要而决定终止经营活动，或因发生法律或企业章程规定的解散事由而终止企业经营活动（必要时需经政府同意），并进行清算和办理企业注销登记手续的行为。

在此，需要强调的是，对于国有企业而言，即便企业章程规定的解散事由出现（如营业期限届满等），在必要时也需要得到政府同意方可解散企业。因而，国有企业解散的意思自治原则受到了极大限制。

（二）国有企业解散的法律适用

关于国有企业解散制度，我国现有的《全民所有制工业企业法》和《企业国有资产法》等国有企业相关立法并没有作出详细规定。1993年发布的《关于全民所有制工业企业实行产品结构和组织结构调整的规定》（已失效）对全民所有制企业解散作了详细规定，但该规定已经于2001年12月废止。虽然《民法总则》和《公司法》等对解散制度作了较为详细的规定，但难以兼顾市场经济社会国有企业特殊性。而且，作为普通商事立法的《民法总则》

和《公司法》也没有必要对国有企业特殊性作出相应的规定。

因此，条件成熟时，《企业国有资产法》等国有企业相关立法修订时，如同本书第二章所述，笔者建议将《企业国有资产法》变更为《国有企业法》或《国有公司法》，作为国有企业基本法，应当在其中详细规定国有企业解散制度。

鉴于此，本着特别法优于一般法原则，国有企业解散优先适用未来修订的《企业国有资产法》等国有企业相关立法；未予规定部分，适用《民法总则》和《公司法》等普通商事企业立法。

二、国有企业解散的原因和分类

（一）国有企业解散的原因

国有企业解散的原因也就是国有企业解散的事由。现有的《全民所有制工业企业法》《企业国有资产法》等国有企业相关立法对此并没有作出明确规定。《关于全民所有制工业企业实行产品结构和组织结构调整的规定》（已失效）第22条规定，凡转产无条件；合、兼并无对象；停产整顿无好转；长期严重亏损、濒临倒闭或者违反国家法律法规的，在保证清偿债务的前提下，可批准实行解散。企业一经宣布解散，并办理产权、工商注销手续，企业法人即行消亡。虽然上述规定并未具体说明企业解散的原因，且其中也存在疏漏与不足，但也多少提及了国有企业解散的事由。

我国《民法典》规定了法人解散的原因。《民法典》第69条规定："有下列情形之一的，法人解散：（一）法人章程规定的存续期间届满或者法人章程规定的其他解散事由出现；（二）法人的权力机构决议解散；（三）因法人合并或者分立需要解散；（四）法人依法被吊销营业执照、登记证书，被责令关闭或者被撤销；（五）法律规定的其他情形。"

我国《公司法》规定了公司解散的原因。《公司法》第180条规定："公司因下列原因解散：（一）公司章程规定的营业期限届满或者公司章程规定的其他解散事由出现；（二）股东会或者股东大会决议解散；（三）因公司合并或者分立需要解散；（四）依法被吊销营业执照、责令关闭或者被撤销；（五）人民法院依照本法第一百八十二条的规定予以解散。"

综上所述，主要作为公司法人，结合其自身的特殊性，国有企业解散的原因主要包括如下：①国家及地方情势变更或宏观调控需要；②企业章程规定的营业期限届满或者企业章程规定的其他解散事由出现；③履行国有资本出资人职责的机构决定或股东（大）会决议解散；④因企业合并或者分立需要解散；⑤依法被吊销营业执照、责令关闭或者被撤销；⑥人民法院依法强制企业解散。

（二）国有企业解散的原因分类

企业解散的原因一般分为自愿解散和强制解散两种。但对于国有企业而言，由于国有企业在市场经济社会中的特殊地位，国有企业解散有着严格的限制和特殊规定。《企业国有资产法》第34条第1款规定："重要的国有独资企业、国有独资公司、国有资本控股公司的合并、分立、解散、申请破产以及法律、行政法规和本级人民政府规定应当由履行出资人职责的机构报经本级人民政府批准的重大事项，履行出资人职责的机构在作出决定或者向其委派参加国有资本控股公司股东会会议、股东大会会议的股东代表作出指示前，应当报请本级人民政府批准。"因此，不同于一般意义上的普通商事企业的自愿解散和强制解散，国有企业解散是一种限制性自愿解散和强制解散。具体如下：

1. 限制性自愿解散

自愿解散又被称为任意解散，主要包括：①企业章程规定的营业期限届满，履行国有资本出资人职责的机构或股东（大）会没有形成延长营业期限的决议；②企业章程规定的其他解散事由出现，如企业设立的目的已经实现或根本无法实现；③履行国有资本出资人职责的机构决定或股东（大）会决议解散，股东（大）会决议解散需持有2/3以上有表决权的股东通过；④因企业合并或者分立需要解散。

但对于国有企业而言，一方面，上述事由的出现除了履行国有资本出资人职责的机构决定或授权股东代表参加股东（大）会表决从而体现公权力意志外，重要的国有独资企业（公司）和国有资本控股公司的解散依据法定程序还需要报请政府审批。另一方面，根据《企业国有资产法》第37条的规定，国有企业基于上述事由解散的，还应当听取企业工会的意见，并通过职工代表大会或其他形式听取职工的意见和建议。由此可见，国有企业解散的意思自治原则受到了严格限制，并非是一般意义上的普通商事企业的自愿解散，而是一种限制性自愿解散。

2. 强制解散

强制解散主要包括行政解散和司法解散。具体如下：

（1）行政解散。主要包括两种：第一种，政府因国家及地方情势变更或宏观调控需要而决定解散国有企业。这需要通过履行国有资本出资人职责的机构履行相应的法定程序。对于国有独资企业（公司）而言，这不存在问题；但对于国有资本控股公司而言，需要协调和平衡国有股东与非国有股东以及国家或社会公共利益与私人利益的关系，不能剥夺非国有股东的诉权及其相应的补偿权。第二种，依法被吊销营业执照、责令关闭或者被撤销而致国有企业解散。这是因国有企业违法经营而受到行政处罚的结果。比如，《全民所有制工业企业法》第59条规定，企业向登记机关弄虚作假、隐瞒真实情况的，给予警告或者处以罚款；情节严重的，吊销营业执照。

（2）司法解散。司法解散又分为命令解散和判决解散。所谓命令解散，是指法院应利害关系人或检察官请求，或依据职权以危害社会公共利益为由而颁布司法令予以解散企业。我国公司法等相关法律法规对此并没有规定。

所谓判决解散，是指公司经营陷入困境，继续存续会使股东利益严重受损，在无其他救济途径的情况下，法院根据股东请求而判决解散公司。我国2004年及之前修订的《公司法》尚无"司法解散"的规定。现行《公司法》第182条规定："公司经营管理发生严重困难，继续存续会使股东利益受到重大损失，通过其他途径不能解决的，持有公司全部股东表决权百分之十以上的股东，可以请求人民法院解散公司。"但我国《企业国有资产法》等相关国有企业立法对此并没有规定，这也是以后修订时需要弥补之处。

国有独资企业（公司）一般不存在司法解散问题，涉及此类情形完全可以通过履行国有资本出资人职责的机构决定等方式解决。但对于国有资本控股公司而言，一般也不存在处于控股地位的国有股东请求司法解散的情形，因为可以通过股东（大）会决议解散等方式解决；主要是非国有股东发起的司法解散的请求权。为了更好地保护非国有的中小股东权益，应当确立若干中小股东联合起来达到持有公司全部股东表决权1/10以上发起司法解散的请求权。

最后，需要说明的是，无论是行政处罚导致的行政解散还是司法解散都有可能影响到国有企业的存在及其国家和社会公共利益。因而，也不排除存在公权力或司法权与行政权通谋，进而降低国有企业法治标准的问题，这有违法治精神。毫无疑问，国有企业应当与其他企业一道遵循法治，加强行政权内部不同权力间的制衡，尤其是要强化司法权的制衡功能，以达到监督国有企业的功效。至于因这种行政解散和司法解散而致国有企业及其国家或社会公共利益的影响，只能通过其他救济途径解决。这也是国有企业相关立法需要考虑的问题。

三、国有企业解散的清算

包括国有企业在内的企业解散无论采取哪种解散方式均需要进行清算。所谓企业清算，是企业解散或破产后，依照法定程序清理企业未了结事务，包括收回债权、变现资产、清偿债务、分配剩余资产等，从而完成企业终止前的所有剩余业务的活动总称。企业清算有破产清算与非破产清算之分，在此，本书仅讨论国有企业解散的非破产清算。

鉴于国有企业在市场经济社会的特殊性，国有企业解散清算在有些情况下可能是特别清算。所谓特别清算，是指国有企业因某些特殊事由解散后，由政府有关部门或法院介入而进行的清算。对于国有企业而言，多存在由政府有关部门介入而进行的清算。

（一）清算组

根据《民法典》第 70 条的规定，法人解散的，除合并或者分立的情形外，清算义务人应当及时组成清算组进行清算。法人的董事、理事等执行机构或者决策机构的成员为清算义务人。法律、行政法规另有规定的，依照其规定。

国有企业自被决定解散之日起，即进入清算阶段，需要及时成立清算组。清算组又被称为清算机构、清算人等，是清算事务的执行人。

《全民所有制工业企业法》和《企业国有资产法》等国有企业相关立法对清算并未作出详细规定。根据《公司法》第 183 条的规定，应当在解散事由出现之日起 15 日内成立清算组。有限责任公司的清算组由股东组成，股份有限公司的清算组由董事或者股东大会确定的人员组成。如果国有企业［尤其是国有独资企业（公司）］对此有特殊要求，需要在国有企业相关立法中予以规定。届时，优先适用国有企业特殊立法，未予规定部分适用《公司法》等。

国有企业不同于一般意义上的普通商事企业，有其特殊性，产权主体的特殊性及其国有资产流失问题等决定了国有企业解散的清算组组成并非完全适用股东意思自治原则。而且，我国当前阶段的国有企业组织形式有其特殊性，除了一般情况下的有限责任公司和股份有限公司外，还有国有独资公司和非公司制的全民所有制企业（即国有独资企业）。因此，国有企业解散的清算组组成要复杂一些。

关于国有企业解散的清算组组成，在我国全民所有制企业尚未推行公司制以及尚未明确国有资本出资人职责的机构时期，企业主管部门是清算义务人，由其牵头成立清算组。根据已经废止的《关于全民所有制工业企业实行产品结构和组织结构调整的规定》第 23 条的规定，全民所有制企业解散清算，一般由政府指定部门牵头，组织有关部门成立清算组，负责企业的清理工作和善后事宜。在此，"指定部门"一般由企业的主管部门牵头。

随着我国国有企业公司化改制改革的深化，尤其是相关立法和政策性文件明确了国有资本出资人职责的机构时，包括履行国有资本出资人职责的机构在内的全体股东或董事会是国有企业解散清算的清算义务人。国有企业解散的清算组由履行国有资本出资人职责的机构授权代表、其他股东代表或股东（大）确定的人员等组成。同时，根据本书第五章所述，在履行企业国有资本出资人职责的机构与国资监管机构分别设置的情况下，作为纯粹履行国资监管职能机构的国资委应当委派代表进入国有企业清算组。在必要的情况下，政府有关部门代表应当介入清算组。

根据《民法典》第 70 条和《公司法》第 183 条的规定，清算义务人未及时履行清算义务，造成损害的，应当承担民事责任；清算义务人逾期不成立清算组进行清算的，主管机关、债权人或利害关系人可以申请人民法院指定有关人员组成清算组进行清算。人民法院应当受理该申请，并及时组织清算组进行清算。

国有企业进入清算程序后，虽然企业法人资格仍然存在，但已进入特殊状态，由清算组对外代表企业并执行企业相关事务活动。关于清算组的职权，《公司法》第 184 条规定："清算组在清算期间行使下列职权：（一）清理公司财产，分别编制资产负债表和财产清单；（二）通知、公告债权人；（三）处理与清算有关的公司未了结的业务；（四）清缴所欠税款以及清算过程中产生的税款；（五）清理债权、债务；（六）处理公司清偿债务后的剩余财产；（七）代表公司参与民事诉讼活动。"

（二）清算程序

（1）通知和公告债权人。清算组成立后应当在法定期限内通知已知的债权人，并公告未知的债权人，要求债权人在法定期限内向清算组申报债权。《公司法》第 185 条规定："清算组应当自成立之日起十日内通知债权人，并于六十日内在报纸上公告。债权人应当自接到通知书之日起三十日内，未接到通知书的自公告之日起四十五日内，向清算组申报其债权。债权人申报债权，应当说明债权的有关事项，并提供证明材料。清算组应当对债权进行登记。在申报债权期间，清算组不得对债权人进行清偿。"

（2）清理企业财产。清理企业全部财产，收回企业债权，清理债务，编制资产负债表和财产清单。履行国有资本出资人职责的机构应当企业资产负债表和财产清单报送国资委审核，必要时报送本级政府审批。如果企业资产不足以清偿债务，应当依法向法院申请宣告破产。

（3）资产评估和编制清算方案。清算组按照《国有资产评估管理办法》等相关规定委托资产评估机构对国有企业财产进行估价，提出合理的估价方案和清算方案，以供股东、债权人、其他利益相关人等审查和质疑；听取工会意见，并通过职工代表大会听取职工意见和建议；同时，报履行国有资本出资人职责的机构或股东（大）会审核确认，必要时，履行国有资本出资人职责的机构将其报送本级政府审批。

（4）分配财产。分配财产的顺序依次为：①支付清算费用；②职工的工资、社会保险费用和法定补偿金；③缴纳所欠税款；④清偿企业债务；⑤分配剩余财产，由股东按照出资比例或持有的股份比例分配，国有独资企业（公司）的剩余财产分配给履行国有资本出资人职责的机构。

（5）制作清算报告。清算结束后，清算组制作清算报告，报送履行国有资本出资人职责的机构或股东（大）会审核，必要时，由履行国有资本出资人职责的机构将其报送本级政府审批。

清算报告审核确认后，由清算组将其报送企业登记机关办理企业注销登记手续，并公告企业终止。

第三节　国有企业破产

一、国有企业破产概述

所谓国有企业破产，是指国有企业不能清偿到期债务，依据企业自身或债权人申请，由法院依照法定程序对其财产强制进行清算，从而消灭企业法人资格的行为。

根据《企业破产法》第 2 条的规定，企业破产的界限或破产条件主要包括企业法人不能清偿到期债务，并且资产不足以清偿全部债务或者明显缺乏清偿能力。一般来说，企业破产界限，简而言之就是"资不抵债"。这是基于我国国情的一种过渡性考虑，主要考虑到市场经济发展水平、社会保障程度和社会稳定等因素。

在市场经济社会，国有企业发展定位主要存在于市场机制无法或难以发挥作用的领域，承担着提供社会公共产品、公共服务、完成特定功能或特殊任务等，多是不以营利为目的的公益性企业或特定功能类企业，许多国有企业主要靠财政支持。因此，国有企业破产是非常慎重也是需加以限制的事情，通常所说的市场机制中企业破产的界限——"资不抵债"——不能完全用来衡量国有企业破产。

鉴于此，国有企业破产主要包括如下几种情形：①主要存在于非市场竞争领域的公益类国有企业，原则上以国有独资企业（公司）或国有资本绝对控股公司为主，严格限制企业破产。如若涉及企业终止问题，一般多以企业解散方式解决。②对于主业处于关系国家安全、国民经济命脉的重要行业和关键领域、主要承担重大专项任务的商业二类（特定功能类）国有企业，原则上以国有资本控股公司为主，适度限制企业破产，企业解散也是企业终止的主要选项。③对于主业处于充分竞争行业的商业一类（一般竞争类）国有企业，原则上以国有资本相对控股公司为主。这类企业需要进一步推行混合所有制改革，逐渐降低国有股比重甚或使国有资本逐渐退出一般市场竞争领域。因此，应当鼓励这类国有企业遵循市场竞争机制，通过企业破产方式优胜劣汰，从而实现国有企业改革目标。

从我国国有企业破产的现状来看，虽然国有企业经历了四十年的改革，但国有企业仍较大程度地存在于市场竞争领域，这也是我国进一步深化国有企业改革及其混合所有制改革的缘由所在。因此，现阶段，上述国有企业破产的第三种情形仍占据主导地位。目前，我国大型企业破产案例仍以国有企业为主，比如重钢集团破产重整、中国长江航运集团南京油运股份有限公司破产重整等。由此，我们也就不难理解 2016 年国务院发布的《关于推动中央企业结构调整与重组的指导意见》、国资委发布的《关于中央企业开展压缩管理层级减少法人户数工作的通知》以及 2019 年国家发展和改革委员会发布的《加快完善市场主体退出制度改革方案》等为什么强调进一步清理"僵尸企业"，通过破产方式压缩和淘汰一批国有企业了。

但从国有企业在市场经济社会合理定位和未来发展趋势来看，国有企业主要存在于市场机制无法或难以发挥作用的领域，以公益类和商业二类（特定功能类）国有企业为主，商业一类（一般竞争类）国有企业并不占据主导地位。因此，未来企业破产将以普通商事企业为主，国有企业破产将受到严格限制而并不多见；即便国有企业破产，破产重整也将是主要手段；国有企业终止将来多以国有企业解散为主，这也是国际惯例。

二、国有企业破产法律适用

中华人民共和国成立后，长期的计划经济并不需要破产法。改革开放以来，随着社会主义计划经济向商品经济的转型改革，我国于 1986 年颁布了只适用于全民所有制企业的《企业破产法（试行）》（1988 年实施，现已失效）。这是因为在从计划经济向商品经济转型的过程中，为了适应商品经济需要，作为当时商品经济活动的最主要主体的全民所有制企业很有必要建立破产制度，这是商品经济发展到一定程度的必然产物。至于集体所有制企业等非全民所有制法人企业的破产则适用 1991 年颁布的《民事诉讼法》第十九章中的"企业法人破产还债程序"。

尽管当时作为商品经济活动主体的全民所有制企业与其他类型企业区别适用破产法律制度有违市场主体平等原则，但在当时，考虑到计划经济向商品经济转轨阶段的全民所有制企业的特殊性，为了降低改革风险和社会稳定，这种区别法律适用是必要的。

1992 年，党的十四大明确提出了建立社会主义市场经济体制。1993 年发布的《关于全民所有制工业企业实行产品结构和组织结构调整的规定》（已失效）第四、五、六章规定了企业停产整顿、解散和破产。这是对《企业破产法（试行）》（已失效）破产制度的补充。比如，该规定第34条规定："企业可以与破产企业清算组订立接收破产企业的协议，按照协议承担法院裁定的债务，接受破产企业财产，安排破产企业职工，并享受本规定有关兼并企业的待遇。"在此基础上，该规定还增加了全民所有制企业停产整顿和解散制度。这是对当时全民所有制企业适用《企业破产法（试行）》的重要补充。

1993年颁布的《公司法》对公司破产作了原则规定，2005年修订的《公司法》又补充了一些破产内容，上述公司立法适用于包括国有公司在内的所有公司。2017年颁布的《民法总则》也对法人破产作了原则性规定。该法第73条规定："法人被宣告破产的，依法进行破产清算并完成法人注销登记时，法人终止。"《民法总则》和《公司法》之所以对破产制度只作原则性规定，主要是考虑到有单独的企业破产法。虽然《民法总则》和《公司法》关于破产制度的规定也适用于国有企业，但只作了原则性规定，并没有兼顾到市场经济社会国有企业的特殊性，而且作为普通商事立法的《民法总则》和《公司法》也没有必要对国有企业特殊性作出相应规定。

2006年颁布了《企业破产法》（2007年实施），代替了原来的《企业破产法（试行）》（已失效）。我国现有的《企业破产法》只适用于包括国有企业在内的所有法人企业和非法人的合伙企业，但并不适用于非法人的个人独资企业等其他组织和自然人等，因而仍是有限的企业破产主义。2008年颁布的《企业国有资产法》对国有企业破产作了原则性规定。

如果从当时国有企业大量存在于市场竞争领域并作为重要的市场主体来看，将国有企业与其他类型企业一道平等适用《企业破产法》是必要的，符合市场法则。但如果从市场经济社会国有企业合理定位的改革趋势来看，国有企业主要存在于非市场竞争或特定市场领域，对所有国有企业与普通商事企业笼统地一道适用《企业破产法》是不妥的，并没有考虑到国有企业破产的特殊性。尽管《企业国有资产法》有关于国有企业破产特殊性的规定，但仅原则性规定了国有企业破产的决定权，其他破产事宜均没有涉及。

因此，立足于市场经济社会国有企业合理定位的改革趋势，在条件成熟时，如同本书第二章所述，笔者建议将《企业国有资产法》变更为《国有企业法》或《国有公司法》，作为国有企业基本法，应当在其中详细规定国有企业破产的特殊性。届时,《企业破产法》也要作出相应的修订,甚或更名为诸如《破产法》等,从而扩大破产适用范围,更加符合普通商事立法精神。

鉴于此,本着特别法优于一般法的原则,国有企业破产优先适用未来修订的《企业国有资产法》等国有企业相关立法;未予规定部分,适用未来修订的《企业破产法》等普通商事立法。其中,公益类和商业二类(特定功能类)国有企业破产更多地适用未来修订的《企业国有资产法》等国有企业相关立法;商业一类(一般竞争类)国有企业破产适用未来修订的《企业破产法》等普通商事立法的情形较多。

三、国有企业破产程序

随着国有企业改革的深化,国有企业在市场经济社会的合理定位,国有企业破产将受到严格限制。但一旦进入破产程序,无论是现在还是将来,也多是商业一类(一般竞争类)国有企业,其破产程序问题与普通商事企业的差别不大。因此,主要结合《企业破产法》规定,以及国有企业破产程序中的特殊性问题,分析国有企业破产程序。具体而言,主要包括如下:

(一)破产申请

根据《企业破产法》的规定,债务人可以向法院提出重整、和解或者破产清算申请。债务人不能清偿到期债务的,债权人可以向法院提出对债务人进行重整或者破产清算的申请。企业法人已解散但未清算或者未清算完毕,资产不足以清偿债务的,依法负有清算责任的人应当向法院申请破产清算。

根据《企业破产法》等相关规定,一般而言,破产申请人主要包括债务人自身和债权人,同时也包括依法负有清算责任的人。对于国有企业而言,也不例外。但国有企业的特殊性主要在于:债务人自身(即需要申请破产的国有企业)申请破产受到严格限制。这不仅因为作为企业破产界限的"资不抵债"不能完全衡量国有企业,而且还会受到公权力意志的限制。主要包括如下:

(1)根据《企业国有资产法》的规定,国有独资企业(公司)申请破产,除了要履行企业内部决策程序(企业负责人讨论或董事会决议)外,还要由履行国有资本出资人职责的机构决定。国有资本控股公司申请破产,由履行国有资本出资人职责的机构推荐的董事或委派的股东代表通过董事会或股东(大)会决议。

重要的国有独资企业（公司）、国有资本控股公司申请破产应当由履行国有资本出资人职责的机构在作出决定或者向其委派参加国有资本控股公司股东（大）会会议的股东代表作出指示前，应当报请本级政府批准。

（2）根据《企业国有资产法》的规定，国有企业申请破产应当听取企业工会的意见，并通过职工代表大会或者其他形式听取职工的意见和建议，尤其是关于企业财务会计报告、职工安置预案以及职工工资的支付和社会保险费用的缴纳情况等。

（3）国有企业尤其是公益类和商业二类（特定功能类）国有企业申请破产前，优先考虑国有企业解散方式；即便考虑国有企业破产方式，也要优先考虑国有企业重整和和解途径。国有企业破产在实践中也多是如此。

（二）破产受理

无论是债务人还是债权人，破产申请均应当向债务人所在地法院提出。县（区）或县级市工商登记的国有企业破产案件由债务人所在地基层法院管辖。地级市（自治州）及以上工商登记的国有企业破产案件由债务人所在地中级人民法院管辖。

根据《企业破产法》的规定，债权人提出破产申请的，法院应当自收到申请之日起5日内通知债务人。债务人对申请有异议的，应当自收到法院的通知之日起7日内向法院提出。法院应当自异议期满之日起10日内裁定是否受理。

对于国有企业而言，基于其特殊性，所谓的企业破产界限——"资不抵债"——不能完全被用来衡量国有企业。因此，当债权人提出破产申请时，被申请人的国有企业有权提出异议，法院需要作出相应的裁定。如何让被申请人的异议权和法院的裁定有法可依，避免法律模糊或缺漏，需要对公益类、商业一类（一般竞争类）和商业二类（特定功能类）等不同类型国有企业的"不能清偿到期债务"以及所谓的"资不抵债"等破产界限事宜作出更为详细的区别法律规定。这也正是《企业国有资产法》等国有企业相关立法在未来修订时需要考虑之处。

即便如此，基于国有企业在市场经济社会的特殊性，无论债务人是否提出异议申请，法院对于裁定是否受理仍有一定程度的司法自由裁量权。从某种意义上而言，这也是对债权人提出破产申请的一种限制。

一般情况下，法院应当自收到破产申请之日起15日内裁定是否受理。如国有企业破产受理有特殊时间要求，或有特殊情况需要延长期限等，应当在《企业国有资产法》等国有企业相关立法修订时予以考虑。

法院裁定是否受理破产，主要包括三种情形：一是受理裁定；二是不予受理裁定；三是驳回裁定。其原理如同《企业破产法》。

法院裁定受理国有企业破产案件，如果是债权人提出破产申请，作为债务人的国有企业应当将此裁定结果通过适当方式及时告知企业工会及其职工；并报送履行国有资本出资人职责的机构，必要时由履行国有资本出资人职责的机构报送本级政府。同时，作为债务人的国有企业应当自裁定送达之日起15日内，向法院提交财产状况说明、债务清册、债权清册、有关财务会计报告以及职工安置预案、职工工资的支付和社会保险费用的缴纳情况。在提交上述材料之前，作为债务人的国有企业应当听取企业工会的意见，并通过职工代表大会或者其他形式听取职工的意见和建议。

（三）破产管理人

破产管理人是指由法院指定的专门负责管理被申请破产清算的债务人企业事务的人。[1]根据《企业破产法》的规定，法院裁定受理破产申请的，应当同时指定破产管理人。

根据《企业破产法》的规定，破产管理人可以由有关部门、机构的人员组成的清算组或者依法设立的律师事务所、会计师事务所、破产清算事务所等社会中介机构担任。之所以如此，考虑到国有企业、商业银行、证券公司、保险公司等破产的特殊情况，政府有关部门和机构势必组织清算组介入破产企业事务处理。因此，我国《企业破产法》规定清算组可以担任破产管理人。[2]其中，如同本书第五章所述，一旦履行国有资本出资人职责的机构与国资监管机构被分别设置，作为国资监管机构的国资委便应当参与甚或牵头组织清算组；审计机关也应当参与清算组；但与本破产案件有利害关系的履行国有资本出资人职责的机构不能进入清算组。清算组应当作为法院指定国有企业破产管理人的优先选项；如破产清算事务所等社会中介机构担任破产管理人，

---

[1] 甘培忠：《企业与公司法学》（第8版），周淳、周游修订，北京大学出版社2017年版，第409页。

[2] 甘培忠：《企业与公司法学》（第8版），周淳、周游修订，北京大学出版社2017年版，第409页。

作为国资监管机构的国资委和审计机关应当介入其中。对此，《企业国有资产法》等国有企业相关立法在未来修订时应当予以明确规定。

根据《企业破产法》的规定，破产管理人主要履行下列职责：①接管债务人的财产、印章和账簿、文书等资料；②调查债务人财产状况，制作财产状况报告；③决定债务人的内部管理事务；④决定债务人的日常开支和其他必要开支；⑤在第一次债权人会议召开之前，决定继续或者停止债务人的营业；⑥管理和处分债务人的财产；⑦代表债务人参加诉讼、仲裁或者其他法律程序；⑧提议召开债权人会议；⑨法院认为管理人应当履行的其他职责。

（四）债权申报和债权人会议

根据《企业破产法》的规定，法院应当自裁定受理破产申请之日起 25 日内通知已知债权人，并予以公告。债权申报期限自法院发布受理破产申请公告之日起计算，最短不得少于 30 日，最长不得超过 3 个月。如果国有企业相关立法对上述期限有特别规定，从其规定。债权人应当在法院确定的债权申报期限内向破产管理人申报债权。破产管理人收到债权申报材料后，应当登记造册，对申报的债权进行审查，并编制债权表。债权表和债权申报材料由破产管理人保存，供利害关系人查阅。

债务人所欠职工的工资和医疗、伤残补助、抚恤费用，所欠的应当划入职工个人账户的基本养老保险、基本医疗保险费用，以及法律、行政法规规定应当支付给职工的补偿金，不必申报，由破产管理人调查后列出清单并予以公示。

债权人会议是由全体申报债权的债权人组成的，为处理有关破产问题而成立的临时议事机构。依法申报债权的债权人为债权人会议的成员，有权参加债权人会议，享有表决权。债权尚未确定的债权人，除法院能够为其行使表决权而临时确定债权额的外，不得行使表决权。债权人可以委托代理人出席债权人会议，行使表决权。代理人出席债权人会议，应当向法院或者债权人会议主席提交债权人的授权委托书。债权人会议应当有债务人的职工和工会的代表参加，对有关事项发表意见。债权人会议设主席 1 人，由法院从有表决权的债权人中指定。

债权人会议行使下列职权：①核查债权；②申请人民法院更换管理人，审查管理人的费用和报酬；③监督破产管理人；④选任和更换债权人委员会成员；⑤决定继续或者停止债务人的营业；⑥通过重整计划；⑦通过和解协议；⑧通过债务人财产的管理方案；⑨通过破产财产的变价方案；⑩通过破产财产的分配方案；⑪法院认为应当由债权人会议行使的其他职权。债权人会议应当就所议事项的决议作成会议记录。

债权人会议根据需要可以决定设立债权人委员会。债权人委员会由债权人会议选任的债权人代表和一名债务人的职工代表或者工会代表组成。债权人委员会成员不得超过9人。债权人委员会成员应当经法院书面决定认可。债权人委员会行使下列职权：①监督债务人财产的管理和处分；②监督破产财产分配；③提议召开债权人会议；④债权人会议委托的其他职权。

（五）破产和解

所谓破产和解，是指债务人出现破产原因，由债务人发起，旨在与债权人达成协议，从而避免债务人陷入破产清算的一种法律制度。破产和解是挽救债务人的一种途径，更多地体现了当事人意思自治原则。同一申请人不得同时提出和解和重整。

根据《企业破产法》的规定，债务人可以直接向法院申请和解；也可以在法院受理破产申请后、宣告债务人破产前，向法院申请和解。债务人申请和解，应当提出和解协议草案。

如果作为债务人的国有企业在法院受理破产申请前直接向法院申请和解，应当听取企业工会及其职工意见，由履行国有资本出资人职责的机构决定，或由履行国有资本出资人职责的机构委派的股东代表通过股东（大）会决议；必要时，应当由履行国有资本出资人职责的机构在作出决定或者向其委派参加股东（大）会会议的股东代表作出指示前，报请本级政府批准；同时，如同本书第五章所述，一旦履行国有资本出资人职责的机构与国资监管机构分别设置，还应当报送作为国资监管机构的国资委审核。

法院裁定准予和解的，应当进行公告，并召集债权人会议讨论和解协议草案。债权人会议通过和解协议的决议，由出席会议的有表决权的债权人过半数同意，并且其所代表的债权额占无财产担保债权总额的2/3以上。债权人会议通过和解协议的，由法院裁定认可，终止和解程序，并予以公告。破产管理人应当向债务人移交财产和营业事务，并向法院提交执行职务的报告。和解协议草案经债权人会议表决未获得通过，或者已经债权人会议通过的和解协议未获得法院认可的，法院应当裁定终止和解程序，并宣告债务人破产。

债务人应当严格执行和解协议，按照和解协议规定的条件清偿债务。债务人不能执行或者不执行和解协议的，债权人可以随时请求法院裁定和解协议无效或终止和解协议的执行，并宣告债务人破产。和解失败后，同一申请人不得再申请重整，只能由法院宣告债务人破产。

（六）破产重整

破产重整制度最早起源于 19 世纪末的英国，我国现代破产重整制度主要源自美国于 1978 年颁布的《破产法》第十一章的 "Reorganization"。我国于 1986 年颁布的《企业破产法（试行）》（已失效）并没有规定 "重整"，但却规定了具有中国特色的 "和解与整顿"，1993 年发布的《关于全民所有制工业企业实行产品结构和组织结构调整的规定》（已失效）提及的 "停产整顿" 与此类似。2006 年颁布的《企业破产法》保留了 "和解"，取消了 "整顿"，采用了国际通用的 "重整"。无论是和解还是重整，都是挽救债务人并给予债务人再生的机会和途径。

所谓破产重整，是指对那些已经存在或可能存在破产原因但又有营运价值和希望的企业，由债务人、债权人或其他利益相关者向法院提出申请，在法院主导和利益相关者的配合下，制定重整计划，进行业务及其债务重组，以此摆脱企业财务及其经营困境，从而使企业恢复生机的一项法律制度。

在国有企业破产案件中，破产重整制度将是重要优先选项。从国有企业在市场经济社会的合理定位来看，这是由国有企业的特殊性决定的。从我国现有国有企业破产案件中，破产重整制度被大量使用。在全面深化改革的社会转型期，这不仅是挽救企业的途径，也是维护债权人合法权益和社会稳定的需要，更是国有企业在特定发展时期借此深化改革重组的一种契机。比如，中国第二重型机械集团公司控股子公司二重集团（德阳）重型装备股份有限公司破产重整、重钢集团破产重整、中国长江航运集团南京油运股份有限公司破产重整等。

但在设计国有企业破产重整制度中，既要考虑到国有企业在市场经济社会的合理定位及其特殊性，也要防范通常情况下债务人借助重整制度以逃避债务、损害债权人和中小股东权益，以及过度承担职工就业压力等情形。尤其是国有企业更要注意防范上述情形。因此，设计破产重整制度的同时，深化国有企业改革、建立健全市场经济体制、完善社会保障制度和司法体制等应当相应推进。

根据《企业破产法》的规定，债务人或者债权人可以直接向法院申请对债务人进行重整。债权人申请对债务人进行破产清算的，在法院受理破产申请后、宣告债务人破产前，债务人或者出资额占债务人注册资本 1/10 以上的出资人，可以向法院申请重整。换言之，债务人、债权人以及出资人都可以提出重整，而和解制度只能由债务人自身提出。

如果作为债务人的国有企业直接向法院申请重整，应当听取企业工会及其职工意见，由履行国有资本出资人职责的机构决定，或由履行国有资本出资人职责的机构委派的股东代表通过股东（大）会决议；必要时，应当由履行国有资本出资人职责的机构在作出决定或者向其委派参加股东（大）会会议的股东代表作出指示前，报请本级政府批准；同时，如同本书第五章所述，一旦履行国有资本出资人职责的机构与国资监管机构分别设置，还应当报送作为国资监管机构的国资委审核。如是履行国有资本出资人职责的机构提出重整，必要时应报请本级政府审批，并报送国资监管机构国资委审核。

经法院审查重整申请符合规定的，由法院裁定债务人重整，并予以公告。自法院裁定债务人重整之日起至重整程序终止，为重整期间。在重整期间，经债务人申请，法院批准，债务人可以在破产管理人的监督下自行管理财产和营业事务。

在重整期间，有下列情形之一的，经破产管理人或者利害关系人请求，法院应当裁定终止重整程序，并宣告债务人破产：①债务人的经营状况和财产状况继续恶化，缺乏挽救的可能性；②债务人有欺诈、恶意减少债务人财产或者其他显著不利于债权人的行为；③由于债务人的行为致使管理人无法执行职务。

债务人或者破产管理人应当自法院裁定债务人重整之日起 6 个月内，同时向法院和债权人会议提交重整计划草案。债务人自行管理财产和营业事务的，由债务人制作重整计划草案。破产管理人负责管理财产和营业事务的，由破产管理人制作重整计划草案。债务人或者破产管理人未按期提出重整计划草案的，法院应当裁定终止重整程序，并宣告债务人破产。

法院应当自收到重整计划草案之日起 30 日内召开债权人会议，对重整计划草案进行表决。债务人的履行国有资本出资人职责的机构及其他股东代表可以列席讨论重整计划草案的债权人会议。经过法定程序通过重整计划草案时，重整计划即为通过。法院裁定批准债权人会议讨论通过的重整计划后，重整程序即告终止，并予以公告。重整计划草案未获得通过，或者已通过的重整计划未获得法院批准的，法院应当裁定终止重整程序，并宣告债务人破产。

法院裁定批准重整计划后，债务人应当执行重整计划。已接管财产和营业事务的破产管理人应当向债务人移交财产和营业事务。在重整计划规定的监督期内，由破产管理人监督重整计划的执行。债务人不能执行或者不执行重整计划的，法院经破产管理人或者利害关系人请求，应当裁定终止重整计划的执行，并宣告债务人破产。

（七）破产清算

法院裁定宣告债务人破产后，即进入破产清算阶段。债务人被宣告破产后，债务人称为破产人，债务人财产称为破产财产，法院受理破产申请时对债务人享有的债权称为破产债权。

根据《企业国有资产法》的规定，国有企业破产清算，破产管理人应当委托依法设立的符合条件的资产评估机构对破产财产进行资产评估；必要时，应当将委托资产评估机构的情况及评估报告报送履行国有资本出资人职责的机构。如前所述，鉴于国资监管机构的国资委介入破产管理人，故无需再报送国资委。

根据《企业破产法》的规定，破产管理人应当及时拟订破产财产变价方案，提交债权人会议讨论。破产管理人应当按照债权人会议通过的或者法院裁定的破产财产变价方案适时变价出售破产财产。变价出售破产财产应当通过拍卖进行。但是，债权人会议另有决议的除外。按照国家规定不能拍卖或者限制转让的财产，应当按照国家规定的方式处理。国有企业财产尤其要注意该等情形。对此，《企业国有资产法》等国有企业相关立法在未来修订时应当予以考虑。

破产财产在优先清偿破产费用和共益债务后，依照下列顺序清偿：①破产人所欠职工的工资和医疗、伤残补助、抚恤费用，所欠的应当划入职工个人账户的基本养老保险、基本医疗保险费用，以及法律、行政法规规定应当支付给职工的补偿金；②破产人欠缴的除前项规定以外的社会保险费用和破产人所欠税款；③普通破产债权。破产财产不足以清偿同一顺序的清偿要求的，按照比例分配。破产企业的董事、监事和高级管理人员的工资按照该企业职工的平均工资计算。

破产财产的分配应当以货币分配方式进行。但是，债权人会议另有决议的除外。破产管理人应当及时拟订破产财产分配方案，提交债权人会议讨论。债权人会议通过破产财产分配方案后，破产管理人将该方案提请法院裁定认可后，由破产管理人执行。

在破产财产分配结束后，破产管理申请终结破产程序之前，相关立法应当明确规定破产管理人必须委托法定的审计机关对国有企业破产清算进行审计，内容涉及清算费用、破产债权、破产财产、破产财产分配方案及其清偿情况等，防止国有财产被低估、贱卖或不合理清偿等国有资产流失问题的发生。对此，《企业国有资产法》等国有企业相关立法在未来修订时应当予以考虑。

待破产清算审计结束无异议或经过整改达到审计要求后，破产管理人方可请求法院裁定终结破产程序。如在有破产财产可供分配并分配结束的情况下，破产管理人在请求法院裁定终结破产程序的同时，还需向法院提交经过审计的破产财产分配报告。法院依照法定程序裁定终结破产程序后，应当予以公告。最后，破产管理人根据法定程序向破产人的原登记机关办理注销登记。